中国圣人文化论纲

刘刚　李冬君　著

山西出版传媒集团　山西教育出版社

图书在版编目（CIP）数据

中国圣人文化论纲 / 刘刚, 李冬君著.-- 太原：山西教育出版社, 2014.4

ISBN 978-7-5440-4954-2

Ⅰ.①中… Ⅱ.①刘… ②李… Ⅲ.①孔丘（前551~前479）—哲学思想—影响—中华文化—研究Ⅳ.①B222.2②K203

中国版本图书馆CIP数据核字(2014)第037642号

书　　名 / 中国圣人文化论纲
作　　者 / 刘　刚　李冬君

出 版 人　雷俊林
出版策划　孙　轶
责任编辑　杨　文
复　　审　张沛泓
终　　审　刘立平
装帧设计　王春声　王耀斌　崔文娟
印装监制　郭　勋　贾永胜

出版发行　山西出版传媒集团 · 山西教育出版社
（地址：太原市水西门街馒头巷7号　电话：0351-4729801　邮编：030002）
印　　装　北京顶佳世纪印刷有限公司
版　　次　2014年4月第1版　2014年4月第1次印刷
开　　本　960×1340　1/32
印　　张　9.625
字　　数　260千字
印　　数　1—5 000册
书　　号　ISBN 978-7-5440-4954-2
定　　价　29.80元

目 录

前 言："圣化"之引论

一、问题之缘起与"圣化"之要旨

研究中国文化，尤其是政治文化，必然要讨论孔子。讨论孔子，千头万绪，从何说起？是沿着思想史研究的传统路径，从"礼"与"仁"等观念的辨析入手，然后对其整个思想体系作价值评判，还是走出思想史研究的传统路径，把他放在一个更为广泛的"思想文化"领域，看其思想体系是怎样转化为中国文化的质的规定性，并以何种方式主导着中国文化的价值趋向？我们选择了后者。这不仅是因为后者在学术领域属于更高一级的范畴，需要更多的学术探讨和理论创新，更因为后者能为历史问题提供更加完整的解决方案，能给予现实以更为深刻的启示。

经由这一思路，我们对孔子进行了新的探讨，从而提出"圣化"的范畴。我们认为，"圣化"比"礼"与"仁"等概念能更为深入地把握中国文化的质，能更为清晰地展示中国文化之趋势。"圣化"并非儒家的专利，它是先秦诸子的一个共同的文化认同。在这一共同的文化认同中，存在着两条路线的斗争：一是以法家为代表的"以王为圣"的圣化路线，一是以儒家为代表的"以圣为王"的圣化路线。这两条路线在秦汉之际和西汉初期作殊死之争，最终以独尊儒术和孔子圣化的完成得到解决。从表面看，解决采取了“定于一尊”的方式，而实际上观念的兼并是在学派的融合中完成的，“霸王道杂之”便是对这一融合过程的确切表述。

通过对“孔子圣化”过程的考察，我们可以得知儒家的圣化路线怎样从边缘进入主流进而成为主导，怎样规范并决定着中国文化的质和文化的趋向。我们不仅从王权政治边际平衡的错综复杂的实际需要上，更从“理性的狡计”即思想运动的内在规律上，从儒家的现实选择即学派得以安身立命的本质和策略上，进行更加深入和更为全面的考察。这一考察所起的作用，不光是用历史与逻辑相统一的方法，开拓出新的学术领域，建立起儒学研究的新范式，它还为我们对传统与现代化的关系的理解，提供一个具有现实意义的学术基础，为我们今天的文化转型提供历史的经验和依据。

不管人们怎样评价，孔子一直居于中国文化的显学地位，讨论中国文化谁也绕不开孔子，这是不争的事实。即使在学术研究销声匿迹的“文化大革命”时期，孔子依然成为大批判的对象。在发端于20世纪80年代的思想解放运动中，孔子又作为传统的化身矗立在我们面前，我们不得不对他进行选择：是沿五四之路继续前进，还是回归孔子，复兴儒学？前进派发扬五四精神，高举民主与科学的旗帜；回归派则从儒学经典中，发掘自由与民主的传统。这两派文化认同一致，而文化策略迥异，一取五四精神，一取儒学传统。这两种取向，在学术上表现为两大流派，一是反思派，将孔子还原于历史；一是复兴派，要将儒学发扬光大。本书的立场属于反思派，通过对“孔子圣化”这一历史过程的考察，将孔子还原为一个具体的历史人物，把他放在既定的历史条件下来理解，对其历史作用作客观的、求实的评价。然而这种历史化的处理方式同样面临着一个问题，即对“历史条件”如何看待和怎样理解的问题。是将“历史条件”理解为孔子生前所面对的历史和现实环境，抑或将其延伸至他死后的秦汉大一统，或是将其继续下延至秦汉以后的各朝各代？我们没有对“历史条件”作这种以王朝为本位的历史分期式理解，而是从政治文化的角度将其定位为“圣化时期”。

因此，我们从孔子圣化入手，提出中国文化“三段论”——“神化”、“圣化”和“公民化”，圣化文化“两条路线”——圣王路线和王圣路线，“三种模式”——孔子“下学上达”、孟子“反身而诚”、荀子“化性起伪”，并揭示出圣化文化的两个核心理念——人民性和革命性，以及它们在秦汉之际是怎样推动着儒者革命，在汉初之时又如何在继续革命中实现儒术大一统，如何通过意识形态化使一家之言上升为王权主义，使野人孔子成为王者万世之师。与此同时，我们还指出文化转型的关键在于“走出圣化”——以公民取代人民，以民主取代民本，以法治取代革命。简言之，就是中国文化自由化。

二、文化“三段论”与圣化“两核心”

我们认为，从古至今的中国文化，就其文化形态而言，大致经历了三个历史时期。一是神化时期，这一时期的政治文化，以神道设教，率民事神，它集中在神话与历史交错的夏、商、周三代；二是圣化时期，这一时期的政治文化从事神转向尊圣，从神道设教转向以民为本，从君权神授转向内圣外王，时间划分在三代以后民国以前；三是公民化时期，这一时期的政治文化从君权转向民权，人民的具体身份从臣民转为公民，政治理念从民本转为民主，其阶段发轫于近代以至于今。

我们对孔子的考察和评价，是将他置于圣化时期内作为历史人物进行反思，而非超越历史条件对他一如既往地作什么“万世师表”式的评价，这种评价与新的历史时期文化质的规定性格格不入。我们的立场是要走出圣化，站在新的历史时期回眸那个圣化的孔子。作为历史人物，你仰之弥高也好，叹为观止也好，他的使命毕竟已成历史。给他一个恰如其分的历史定位，重新感受一下古典时代的文化精神，体验一下文化传承中搏动的生命激情，与各种思想的幽灵作无拘束的对话，使我们当下的存在，在对先哲们的同情的了解中进入永恒的生命之旅，这无疑是一种最为奢侈和诱人的享受——让生命诗意地栖居于历史。当然我们也要注意那种单纯的发思古之幽情，一不留神就会再度萌生“六亿神州尽舜尧”式的憧憬，会在新的历史条件下莫名其妙地激活圣化的幽灵，使我们堕入历史的怪圈而再度沉沦，无论尊孔还是批孔都难以走出圣化的历史性宿命。

五四以来，各种各样的反传统的思潮和运动，虽然波澜壮阔，改变了文化的面貌，推动着历史的进程，但都没有取得根本性的进展。包括五四新文化运动本身，在指出了目标和方向之后却迷失了路径，歧路亡羊的故事在自命不凡的新文化运动中同样发生。过分自信的新文化，无论其整理国故还是全盘西化，都不妨碍两个圣化的幽灵借尸还魂，它们以神圣的名义使新文化保持沉默，使各种反思的运动退避三舍。这两个幽灵是圣化的核心理念，一是民本主义，二是圣人革命，它们“好风凭借力”，在革命救国的口号中依然青云直上。新的文化还来不及区分民本主义革命和民主主义革命，就被泥沙俱下、鱼龙混杂的革命洪流推向前去。进入新文化的民本主义革命，被称为新民主主义革命而得到新文化的认同。于是，我们的思想在这两个幽灵的诱惑下以最激进的方式堕入圣化的怪圈。当继续革命的口号响彻云霄之时，这两个徘徊的幽灵正如日中天；当反思也需要下地狱的勇气时，我们的思想就长期被禁锢在圣化的怪圈里裹足不前。

三、两个概念区分与政治文化定性

走出圣化不仅是一个巨大的学术工程，更是一项重要的历史使命，我们这一代学人，不管自觉与否，都或多或少要承担这一使命。本书作为这项工程的基础性工作的一部分，它的任务不是全方位探讨如何走出圣化等一系列涉及政治、经济、文化诸方面的理论问题，而是为将来从事多方面的理论研究作一些必要的学术史的准备。

在这里我们先要区分两个似是而非的概念，一个是在思想史研究领域里司空见惯的“圣人观”的概念，另一个是在近几年开始兴起的“圣化”概念。这两个概念有什么不同？“圣人观”是对圣人的看法，具有面面观的性质，它是传统人性论的终极追求，被古典伦理学确立为人格范式、人生理想，在古代政治思想中，它又被赋予了与最高政治权威“王”合一的属性。而“圣化”的概念则不对人性进行品分，也不在政治思想中为圣人确立坐标，而是在文化的总体框架即天人古今关系中阐明圣人的主体性和主导作用，不断强调其核心理念民本主义和圣人革命的普世性功能，以及这一功能对于文化的价值取向的引导和评价作用，使被动的作为文化载体的个人，自觉地将其个体性消解在“人民”这一虚拟的普遍性中，从而以“人民”的名义建立起圣王合一的王权主义的意识形态和政治体系。

因此，“圣化”首先是指一种文化质的规定性。当我们提出“文化”这一命题时，通常总是不假思索、不作任何分辨地将“文”和“化”两个字随便连在一起，其实“文化”是一个主谓结构，“文”是主语，“化”是谓语，以“体用”言之，则“文”为体，“化”为用。所谓“文化转型”，一般是指作为“文”的主语、主体的转换，而作为谓语的“化”的功能总是不变。中国文化转型中作为主语的“文”已经换了两次：第一次是以“圣”替换“神”，文化转型是从“神化”到“圣化”。“神化”是以“神”为文即以“神明”为主体的文化，而“圣化”则是以“圣”为文即以“圣人”为主体的文化。第二次是以“公民”替换“圣人”，文化转型是从“圣化”到“公民化”，“公民化”是以“公民”为文即以“公民”为主体的文化。第二次转型就其语态而言仍处于“正在进行时”，“公民”作为文化的主体虽被确认但尚未确立。其次，是在文化的句式中如何确立宾语，并使宾语达到对主语的完全认同，从而上升到主语的问题。例如在“神化”文化中，“率民以事神”，“民”就成了“神化”的宾语，“事神”就是宾语“民”对主语“神”的认同。但是，在“绝地天通”以后，“民”与“神”绝对二分，作为宾语的“民”不可能上升为主语“神”，因而有了圣人革命。在“圣化”文化中，“以民为本”，“民”也成了“化”的对象——宾语，在这一文化句式中，圣人作为主体，人民作为载体，圣人作为主导，人民作为基础，作为宾语的“民”除了向主语“圣人”认同，还可以向圣人转化，“人皆可以为尧舜”不仅透露出这种转化的消息，而且还对“民”提出了“自化”的要求。“自化”的对象是自我，化到“无我”时宾语就上升为主语。因此，在“圣化”的文化句式中，作为宾语的“民”处在“圣化”与“自化”的对立统一之中。

然而，当普遍的“自化”形成一种文化的自觉时，“圣化”与“自化”的潜在对立便显现出来。一旦历史机遇成熟，作为宾语的“民”的“自化”最终要回到对自我的肯定上来。这种对自我的认同，便以民主革命的方式，推动“圣化”向“公民化”转型，从而达到对民的本质的绝对肯定。在这种绝对肯定中，“民”从宾语状态解放出来，完全上升为主语。在“公民化”的文化句式中，“化”的对象不再是作为整体的“民”，而是作为个体的“我”，正是在个体“我”的自律中，实现文化个体性的自觉。

本书不对文化转型问题作全面的研究，而是把它当做一个可资参照的理论背景和可以借用的理论框架。本书着重考察在先秦诸子普遍的圣化思潮中，孔子是怎样脱颖而出，从宾语上升为主语，从载体上升为主体，以及与孔子圣化有关的学术演进、学派兴衰及其政治沉浮，在时间上我们将它约定在春秋至秦汉大一统时期。这一时期是中国文化圣化模式的成型期，也是孔子及其儒家学派由私学转变为官学，从一家之言上升为意识形态，以一介布衣而为万世师表的时期。此后这一圣化模式经历了唐宋之间三教合一的融合期，明清以来西学东渐的维新期，在新文化运动中又开始进入转型期。那些打倒孔家店的英雄们一只脚走出了圣化，另一只脚却留在圣化的门槛内，因为他们之中没有一个人能完全从民本主义的情感里走出来，没有一个人敢独立反对以圣人革命的方式来开创历史的新局面。也就是说，这些文化英雄们的文化个体性仍处于转型之中。直到如今，政治文化从“圣化”向“公民化”的转型仍未完成，公民化的思想观念已经出现，公民化的历史趋势已经形成，而公民化作为一种文化却尚未成型。

本书的学术研究定位在“圣化时期”的成型期，以后将逐步进入融合期、维新期乃至于转型期的研究领域。本书除了坚持“反思”的思想立场，还遵循“通古今之变”的学术路径，并以“王权主义”对中国文化的定性为思想前提。在研究方法上，本书除了坚持思想史的研究传统，即历史的与逻辑的相结合的方法，还着眼于“观念的考据学”，不仅对观念的结构作静态的功能性分析，还对观念的起源及其演进作动态的变现性描述，尽可能地将历史的观念及其作用，置于具体的政治文化的背景中，使之凸显出来作为牵引时代及其历史事件的绳索和灵魂。它不是思辨的历史哲学，不是让历史事件按先验理性的逻辑预设逐步展开；也不是分析的历史哲学，仅仅对历史的性质作知识论的诠释；而是反思的历史哲学，从文化的个体性出发去认识历史本身，并以个体性为基础来建立历史本体论。

四、“孔子再评价”与“王权主义”反思

对孔子及其儒学的研究，一直是中国学术史的显学。顾颉刚先生在1927年发表的《春秋时代的孔子和汉代的孔子》一文中，指出孔子生前及其死后命运的变迁，描述了孔子由君子而圣人，由圣人而教主，最终又复返君子的历程。作为君子的孔子是真实的孔子，他被圣化的思潮推到圣人的地位，又基于意识形态的需要被改造成教主。当圣化及其意识形态需求逐渐淡化时，他自然而然要回归其本来面目。如果说作为圣人的孔子是文化的象征，作为教主的孔子是意识形态的代表，那么作为君子的孔子则是个诲人不倦的教师和学者。在“打倒孔家店”中被打倒的孔子是作为圣人和教主的孔子，而非作为君子的孔子。作为君子的孔子，他的位置在中国学术史上，不在意识形态上。

在以阶级斗争为纲的时代，作为君子的孔子也被历史唯物主义确立了阶级属性，划分了阶级成分。他时而成为新兴地主阶级的代表，以相当时髦的革命者的面目出现（以郭沫若等为代表）；时而又作为没落的奴隶主阶级的代表，以声名狼藉的反革命的面孔出现（以杨荣国等为代表）。在“批林批孔”运动中，他又被古为今用地与林彪捆在一起接受历史的审判。

“文化大革命”以后，政治上的拨乱反正推动了学术上的思想解放，这一时期出了一系列孔子再评价的文章。这些文章或多或少受了大批判的影响，有的依然是从政治的夹缝里挤出来的，就其学术性而言还缺乏独立的品格，其倾向大都带有一些平反的意味，由于种种局限而言不尽意。其中庞朴的《孔子思想的再评价》较具代表性。该文1978年发表在《历史研究》第8期上，其特点是将孔子从大批判中解放出来，把他重新放到批判与继承的历史地位上作学术的评价。1978年10月21日~30日在山东大学召开的全国文科理论会上，蔡尚思、孙叔平、张岂之、庞朴等纷纷著文，由山东大学历史系辑成

《孔子及孔子思想再评价》一书，于1980年由吉林人民出版社出版，该书可谓这一时期对孔子研究的代表。

在孔子再评价中真正具有开创性的学术工作，是李泽厚于1980年在《中国社会科学》第2期上发表的《孔子再评价》一文。该文在国内学术界首次提出孔子“仁学结构”四要素及其实践理性特征，形成汉民族具有普世性的文化——心理结构，它源于氏族社会的民主遗风，表现着原始的人道主义和个体人格的追求。他指出，应该把孔子放在更为广阔的历史视野内进行考察，把孔子放在中国文化和世界文化交融会合的前景上来评价。该文当时影响甚大，那些充满激情的思想，那些富于美感的理念，那些与国际接轨的学术范式，曾激动并启迪过许多青年学者的心灵。但是，随着文化热的兴起和对历史反思的更加深入，该文的局限性便明显地表现出来。一是“旧瓶装新酒”的局限，新的思想、理念被置入旧的理论背景和学术框架内，很难再激发新的思想，产生新的理念；二是思想的原创性基础薄弱，循着他的思路学者很难把研究往前推进，因此，青年学者们便回过头来对他的思路进行批判和反思，“孔子再评价”时期至此已告终结。

20世纪80年代中期，中国人文学界兴起文化热，文化热与当时的经济体制改革相辅而行，形成自五四新文化运动以来又一次新的文化运动和社会思潮。作为中国文化轴心期的古典文化的集大成者，孔子受到“文化热”的高度关注，各种各样的观点和评价纷至沓来，无论在深度上还是在广度上都有了新的发展。

庞朴继其《孔子思想的再评价》之后，又著《儒家辩证法研究》一书，该书于1984年由中华书局出版。书中提出，道家用“弱”、法家用“强”、儒家用“中”，而用“中”则是对立统一，其特点不是一分为二，而是“三分法”，“中”不仅连接着对立的双方，而且坚持着自立的原则自成一体，成为与对立的双方鼎足而立的“三”。这是国内学界从思维方式上对孔子及其儒学进行研究的一部力作，其价值不仅在思想史研究的学理性方面，更在于政治文化的应用性方面，它实际上为当时政治方向上的“左”与“右”的争执与选择，提供了一个新的用“中”的解决方案。然而当局者迷，其苦心孤诣难免付之东流。一年以后，匡亚明编著的《孔子评传》由齐鲁书社出版，该书共十章，对孔子推崇备至，名曰评孔，实则尊孔。作者将孔子从君子的地位上提升起来，使之重新成为文化象征和学者偶像，开了20世纪80年代圣化孔子的先河，为新儒学回归大陆学界作了学术先导。

在文化热中，作为主流思潮的是对传统的批判和反思，史学界的代表人物是刘泽华。1987年10月，刘泽华著《中国传统政治思想反思》一书，由三联书店出版，该书以独创性和批判性而一鸣惊人，学术界和读书界对该书作了高度评价。该书在对中国传统政治思想作整体性反思的基础上，对孔子及儒家政治思想作了深刻的理性批判，并将其纳入王权主义的范畴。虽然该书涉及的所有问题在学术上都有其深刻的原创性，但是该书最重要的贡献却是王权主义这一学术范畴的提出和确立。也许著者本人并没有清醒地意识到这一点，更谈不上什么能动的策划和设计。书中最重要的一篇文章是《中国传统人文思想与王权主义》，人文思想比政治思想的外延要宽，在政治思想的基础上提出人文思想并将二者打通，著者无意间进入了一个新的学术领域，“政治文化”作为一个引人注目的问题被提了出来。从1988年开始，刘泽华在南开大学历史系开设了“中国传统政治文化”课，并跨学科组织研究力量对中国传统政治文化进行深入探讨。

1989年，刘泽华和他的学生葛荃、刘刚合写了《中国传统政治文化导论》一文，该文发表在《天津社会科学》1989年第2期上，这是国内第一篇系统提出并确立“中国传统政治文化”研究对象和方法的文章。该文从政治价值系统、政治社会化、政治一体化三方面，指出王权主义是中国传统政治文化的核心。但同时又感到用王权主义全面概括中国传统政治文化尚有一定的局限性，例如主张“民贵君轻”的民本主义虽然与王权主义互动互补，却不能完全纳入王权主义；主张“从道不从君”的主体人格，也不能一律视为王权主义的补充等。它们需要有一个更高的范畴来概括这并立的双方，这更高的范畴便是圣化。其实刘泽华早在《中国传统人文思想与王权主义》一文中就提出过圣化，但它只是作为一个提法，并未作为一个更高的范畴提出来。

1990年，刘泽华又与他的学生李冬君合作撰写了《宋代理学圣人无我及其向圣王专制的转化》一文。该文提出并解决了圣化与王权主义的关系问题，阐明了圣人如何从“内圣”的“无我”——自我专制，向“使人不成其为人”的“外王”的社会专制转化的，强调圣化的本质依然是王权主义，从而将《中国传统人文思想与王权主义》一文中的提法，系统性地向前推进了一步，与当时风头十足的新儒学的观点表明了截然相反的立场：无我的内圣只能开出专制的外王。

对圣化问题做全面研究和整体性思考的是刘刚的《圣化：道、王、神一体化》，该文收入1991年10月由吉林教育出版社出版的刘泽华主编的《中国传统政治思维》一书，其价值有三：一是对圣化的起源及其演进作了充分的描述；二是提出了一个关于圣化即道、王、神一体化的结构功能模型；三是以圣化作为中国文化的质的规定性，指出中国文化在当代的发展关键是要走出圣化。与刘刚对圣化作整体性把握的同时，李冬君则从个案研究入手，对孔子及其儒学的圣化作了专门探讨。作为探讨成果之一的《儒家分化与孔子圣化》一文，发表在《南开学报》1998年第3期上，该文首次将“儒家分化”这一学术史问题，与“孔子圣化”、儒术独尊等政治问题联系起来考察，产生了一些新的观点。将这些新的观点作系统性的发展，就形成本书。

第一章　从“神化”到“圣化”

王国维说：“中国政治与文化之变革，莫剧于殷周之际。”*1殷周之际，乃上古历史中的大革命时代。其革命的精神和理念，集中反映在《周易》的“革”卦里。《易》曰：“天地革而四时成。汤武革命，顺乎天而应乎人。革之时，大矣哉！”这是反映那个时代最响亮的口号，这一口号是针对殷人的“神化帝王”观提出来的，其核心是“求民主”。

一、殷周之际的革命

1. 殷人的“神化帝王”观

［1］天、帝、王统一性之滥觞

殷商时期，天是否已经成为一种带有普遍性的抽象的概念，由于《尚书》与甲骨卜辞表义有异而引起学界的质疑。

*1《殷周制度论》，《王国维文集》第4卷，中国文史出版社1997年版。

作为一种观念形态的天，在《尚书》的所有“商书”中已经频繁出现。但甲骨卜辞中的天似乎比较单纯，据赵诚编《甲骨文简明词典》释天有两义：第一，从一从大，像人形；颠也，有至高无上之义。第二，上口像人之颠顶，即人之上所戴之天，或以口突出人之颠顶以表天。不过在卜辞中仅个别辞例用为颠顶之义，其余皆读为大。从这一解释来看，其义原始古朴，且具有特指性，比较符合殷人文字的习惯。因此，郭沫若认为，殷人所崇拜的至上神，卜辞中称帝或上帝，但决不称之为天。*[1]日本著名儒学者沟口雄三也认为：“在中国，天的观念始于周，殷代的天与大相同，并不含有天所具有的抽象或超越的意义。换句话说，殷代的天不是作为形而上的观念而存在的。”*[2]学界诸多方家也认为，天作为一种观念应肇始于周。

我们认为，诸说的合理性，在于确证《尚书》的编定在周以后，但这并不能说明其中的“商书”部分反映的不是商人的观念及思想。后人在整理前人的文献时，一般来说，总是尽可能以接近前人思想的观念来加以阐释。或许反映某一时代的某些文献并非原版，但我们不能否认后人尽一切可能恢复其本来面目的努力。

甲骨文中虽未见以天为上帝的观念，却有上帝神的观念。事实上，天作为最高主宰，对殷人与周人都具有同样的意义，只不过两者的理解不同罢了。在殷人那里， 天不含有德、民、人等内质，它是一个纯粹的、至上的主宰神，甲骨卜辞中有关帝的材料，可与文献中的天互为补正。

甲骨文中关于帝的卜辞，多至几百片，帝在卜辞中作“”，吴大澂释为“蒂”；郭沫若依帝像花蒂立说，因其字形而断，认为由农业社会的植物崇拜升华而来；丁山则以为是“束茅为藉”的宗教形式。西方学者认为

*1　郭沫若：《郭沫若全集》历史编第1卷，人民出版社1982年版，第321页。
*2　沟口雄三：《中国之思想》，日本放送大学教育振兴会1994年版。

“帝”字是由巴比伦的“”字变来的，不仅字形与甲骨文“帝”字相似，而且读音也相近。*1但它们之间，不一定就存在必然的演变关系，它更多的是基于人类生存与发展的共性，在不同的地域、由不同的路径、以不同的方式殊途同归。现代人类学和考古学提供的资料，大都倾向于世界文化多源论而非中心论。

上帝观念殷已有之，它是殷人的最高神，由自然神发展为主宰一切的至上神。其功能主要有三方面的内容：一是支配自然界，如“令雨”、“足年”等；二是主宰人间祸福，如帝令“往来无灾”等；三是佑王，如“帝受我又（佑）”等。其中“佑王”观念，对后世影响最深，衍生出王权主义的政治文化。在帝、王关系中，王并非单纯的受佑者，它有很强的能动性，能动性主要表现在对“帝命”和“天意”的垄断上。

据《尚书·吕刑》载，蚩尤作乱，苗民不堪酷刑，告于上天，上帝因命重和黎断绝天地间的往来，一个管天，一个管地。而在此之前，天人往来是不受任何限制的（顾颉刚亦有此说），人人都有祷告于天及解释天意的自由，人人皆有神性，人皆可以通神；神也具有人类性的品格。

《国语·楚语下》指出，上古时期，民神关系经历了三个发展阶段：“民神不杂”——精英化阶段，这一阶段原始灵媒借个人天赋而自发地显现，能自发地与神沟通的个体，在男曰“觋”，在女曰“巫”；“民神杂糅”——大众化阶段，这一阶段原始灵媒泛滥，具有广泛的群众性，家家祭祀，人人作巫，在神面前众生平等；“绝地天通”——权威化阶段，这一阶段王权垄断了神，由王来颁发天地间的通行证。董仲舒在《春秋繁露·王道通三》中对“王”字的解释与此义相通：“古之造文者，三画而连其中，谓之王。三画者，天地与人也，而连其中者，通其道也。取天地与人之中以为

*1 参见丁山：《中国古代宗教与神话考·帝与上帝》，上海文艺出版社1988年版。

贯而参通之，非王者孰能当是？”《说文》亦释“王”为三横连其中者，三横者，天、地、人，通之者，王也。

通过“绝地天通”的宗教改革，神已落入王的彀中，众人再无权直接过问天事。从表面看，这次改革起因于“民匮于祀”所引起的经济危机，而其根本则在于“民神同位”对王权的威胁。颛顼“绝地天通”导致神的异化，为了反抗这异化，共工奋起，头触不周山，天柱折，地维绝，以神话的方式显示了原始自由思想与信仰的力量。

“绝地天通”所反映的神权意识，正是商代政治权威神化的现实写照。王作为人间的最高政治权威，同时又是最大的巫觋，成为绝对的统治者。绝对的统治者即使在观念上也不愿安分守己，他不肯在帝命天佑的形式下做个故步自封的王，王有王的逻辑，王有王的追求，他不能满足于与天和帝的那种浅尝辄止的统一性，他要求的是绝对的统一性，要与天、帝合而为一成为最高存在。于是，他找来一把梯子——祖先，先让祖先上天，实现帝祖合一；再让祖先下地，完成帝王合一。神化的逻辑是如此简单，而其历史过程却较为复杂。

商代从上甲进入有史时代，此前，属于传说时期，称祖先为先公；此后，史称先王。《尚书·汤誓》中，没有提到祖先观念，而《尚书·盘庚》中，却连篇累牍。在迁殷问题上，盘庚不断借用祖先神的名义警告其臣民，让祖先助天对子孙降灾或降福，助王治理天下:“汝万民乃不生生，暨予一人猷同心，先后丕降与汝罪疾，曰：‘曷不暨朕幼孙有比？’”“我先后绥乃祖乃父，乃祖乃父乃断弃汝，不救乃死。”“乃祖乃父，丕乃告我高后，曰：‘作丕刑于朕孙。’迪高后丕乃崇降弗祥。”

王不仅可以利用自己的祖先，威胁不顺从的臣民，而且还将自己的意志，假托他人祖先，恐吓其后人。如果臣民顺从，殷王还可以在“大享先王”的同时，使“尔祖其从与享之”。

祖先神与上帝的关系，在甲骨文中有反映。甲骨文中的“祖”字，或曰其形如男性生殖器，为父权之象征；或曰为祭祀时盛肉的器皿，后转为祖先之祖。商人以牺牲祭祖，但不祭天，商人的祭祀体系并不完全等同于信仰体系。商人信仰上帝，而祭祀祖先，祖先是牺牲的唯一享用者，上帝却无此特权。

人死归天，是先民的普遍信念，殷人从其功利的立场出发，利用祖先，沟通天人，以求其庇佑，故祭祖是通过祖先去影响上帝。上帝和祖先是二分的，但其功能和作用却大体相同。

日本学者沟口雄三认为，殷人崇“天”，但对太阳更具关怀，他们把时空变化分成十个太阳，平均每天一个太阳出没于空中，十天为一周。十个太阳分别名之为日甲、日乙、日丙、日丁……日壬、日癸，即天干。与之对应，并以天干分别名其祖先（中国亦有持此说者。见赵诚主编《甲骨文简明词典》），就像十个太阳轮流统治天空一样，其祖先亦交替统治人间。虽然太阳信仰与祖先崇拜结为一体，但并不排除他们之上还有个高高在上的上帝。不过，沟口先生的观点使我们明确一个事实：初始时，殷的祖先与上帝已经很接近了，至少体现出某种自然必然性，与天干合而为一。这种天有十日的观念，多少留有一些部落民主制的痕迹。

到商代晚期，随着王权的强化，殷人关于天的观念，亦从天有十日趋于天无二日。后羿射日的故事，便反映着这一观念和历史演进的趋势，这一趋势必然导致祖先与上帝乃至帝与王的最终结合。

刘泽华指出，“到商代晚期才出现帝与祖合而为一的现象”。还有些学者干脆将上帝视为殷人的祖先。从殷晚期的甲骨卜辞中，我们发现祖先的作用几乎与上帝一样，而且其名前也都开始冠以帝号，如帝辛、帝乙、帝甲等。《曲礼》云：“措之庙，立之主，曰帝。”其注云：“至夏殷，生称王，入庙称帝。”《白虎通·谥》云：“帝者，天号也。”其义为：（1）

帝乃天下最高称号，帝即是天；（2）帝乃天赐王号；（3）帝是当时最高神。三者之意均为天之最，配以祖先神，便意味着帝与祖先的合而为一，权威神与权威人的合而为一。故殷人称其祖先为“神后”，《盘庚》篇中多次出现高后、神后、先后等。“神者，配天之称，《说文》天神曰神。”*1

殷祖先从初期的配以天干，到晚期的与上帝合一，是现实王权不断强化以至于登峰造极这一历史过程的观念反映。

［2］“民”的意义检索及其引申

现有文献材料中的民，大都是以周人的思想来阐释的。周人的阐释虽有维新的成分，但殷文化所赋予的本义则一以贯之，这是文化传承的一个基本要求。

“民”字在金文中作“”，郭沫若视为锥刺目，作奴隶解，其依据为“古人民、盲每通训”，因而认定“民、盲殆是一事”。《说文》释盲：“目无牟子也。”《释名》曰：“盲，茫也。茫茫无所见也。”然而，盲一目之民与“天视自我民视”之民似有天壤之别，一为瞎奴，另一则代表着天命。以盲释民，则金文中的民与《尚书》中的民，不仅没有任何内在统一性，而且充满了矛盾。《尚书》中的民，或为殷人之祖，或为殷民贵族，“恭承民命”之民，绝非瞎奴，似可认定。以此定论为前提，我们再来讨论金文中的民。

先论字形，如将“”作以锥刺目解，则与目形有关诸字如“”、“”、“”、“”均与瞎奴相近或相关了，孤立一字，或可强解，推而论之，则不免无稽。殷人五刑，指墨、劓、刵 、宫、大辟，无刺目之刑。如以民指奴隶，商以奴隶立国，则普天之下皆为盲一目之

*1　以上均转引自孙星衍注《尚书今古文注疏·盘庚》卷六，中华书局1986年版。

瞎子，考诸文献，无此蛛丝马迹。殷人战俘中，或有被刺一目者，然而牧野之战，商王驱使大批战俘上阵，未闻战俘为盲一目之独眼军。以此论之，则刺目之说可以休矣。

然而民形究竟当作何解？我们知道，“人民”一词最早见于周代彝器齐侯壶。“人”在甲骨文中作“”，乃人体简化之象形，民乃特指人体之目，似锐物者，乃汉字六法中指事之形，如启蒙幼儿，以手指目曰“眼睛”，“”即手形。至于“民、盲通训”一说，亦不必拘泥，“盲”之古义通“望”，作仰视或远视貌，亦眼睛之功能。

又《说文》释“民”曰：“众萌也。”何谓“萌”？萌之本义，指植物发芽，《礼记·月令》云：“天地和同，草木萌动。”又引申为发生，颜师古注“萌芽”曰：“言始有端绪，若草之始生。”以之喻民，则萌必与目相关，目上似草者，乃眉毛也、睫毛也。以冥昧释萌，乃闭目之谓也，引申之，则无知之谓也；以发生释萌，乃启蒙也，即睁眼看世界也。

又有“萌”、“氓”假借相通之说，《管子·山国轨》：“谓高田之萌曰：‘吾所寄币于子者若干。’”“萌”之为“氓”，以氓“萌而无识也”，故假借之。其实“氓”之本义为流民和郊野之民，朱骏声《说文通训定声·壮部》：“自彼来此之民曰氓。”《战国策·秦策一》：“不忧民氓。”高诱注曰：“野民曰氓。”因此，“无识”只是对氓的价值评估，而非其本义，其本义是指民的某种生存状态和社会身份。

后来氓由meng而mang，出现“流氓”一词，则含有某种谴责的意味。然而中国文化亦承认，在某些特定的时代，流氓也能创造历史，如陈胜、吴广、刘邦、朱元璋等，借其天生之权变，乘势而起，亦能于风云际会之时，一展其龙翔凤舞之姿。“窃钩者诛，窃国者侯”，虽然都是“窃”，但是，一为贼，一为王，其因皆由“钩”与“国”之量的差异，量变引起质变，上了规模和档次，流氓也能当皇帝。后世又有“欲为官，杀人放火受招安”一说，指出走向官场并非只有科举一条道，人在江湖做流氓亦能青云直上。

从文献材料来看，殷人关注神、帝、祖等，对民及众人的记载少而又少，在金文里，它不光是身份的符号，还有众多之意。“商书” 中的“民”，字义并不固定。或指殷王之祖先，据孙氏注疏，商王称先王为民，是相对于天而言，天为至尊，故谦先王为下民。“惟天监下民”*1之民，绝非普通民众，而是指殷祖先和殷民贵族。如“何震动万民以迁”、“汝共作我畜民”*2、“将监殷民用”等皆指殷氏族全体，或主要指殷贵族。而“小民方兴，相为敌雠”*3，其“民”指其他部落族群。

孙氏引《洛诰》云：“承保乃文祖受命民。”“‘承者，受也；保者，任保也。’盖言任使。”此言其祖先能任民所使，才得天保佑。“恭承民命”之民，应指上述殷民贵族。《盘庚》亦云：“予迓续乃命于天，予岂汝威？用奉畜汝众。”他一方面表示要“奉畜汝众”，一方面又以天祖神威强迫：“汝共作我畜民！”*4这样的辩证思维，基本上代表了商代对民的认识水平。殷政权的基点在天上，而不在民中；直到殷末期，纣王还没有觉醒，使殷在“我生不有命在天”的固执中灭亡。

综上所述，殷民具有两种特质，一指权威的对立面，二指群体。它们在不同的时代所包含的内容可能不同，却具有某种绝对性。这一点即使在周人的民本主义里也没有改变。我们已经注意到，在周公以后的传世资料中，对于民有褒有贬，有抑有扬。扬之者，谓“民贵君轻”、“先民而后神”；抑之者，则以愚、贱、顽、刁、奸等词为民定性。抑扬之间，反差如此巨大；矛盾双方，依据究竟何在？

*1 《尚书·高宗肜日》。
*2 《尚书·盘庚》。
*3 《尚书·微子》。
*4 《尚书·盘庚》。

通观诸子论民，无非轻、重二端。与君相对而论其权力合法性，则民为君本，作重民说。《荀子·大略》说：“天之生民，非为君也。天之立君，以为民也。”此乃诸子公论，即使“攻民”如法家者亦不敢违。然而，就其治民方略而言，则民可愚，重民如孔子者，亦曰“民可使由之，不可使知之”，与法家“愚民说”相似。与天、君相对的“天听之民”、“君本之民”，是作为群众性的整体而论的；而“可愚之民”，则是针对私欲之表现形式的个体来说的。

重群众而轻个体是人民价值论的根柢，不仅周孔之教的精髓在此，而且中国整个传统政治文化的精神亦在此。即使在今天，我们仍然一方面说群众是真正的英雄，说人民是历史发展的动力，另一方面又说个人是可笑的、渺小的，将个体性置于人民的对立面，接受着所谓“革命”理性的审判。

2. 周人的“圣化民主”观

〔1〕“圣化”革命之缘起

中国历史从三代开始就是一部“革命”史。三代以前流行着各种版本的“禅让”传说，然而有文献可据的却是不断“革命”的历史。三代的历史以“汤武革命”为核心，革命的目标是对神权的争夺，故谓之“神化革命”；殷周之际，文王演《易》，武王征伐，周公制礼，使革命的目标从人格化的神权转向必然性的天命，“耳听天命”的圣人成为革命的主体，故谓之“圣化革命”。圣化革命发端于殷周之际，而革命之缘起则在于人民价值论即民本主义的确立。

周公将民本主义引入天命观，以人民替代上帝，使天命观发生了一个“从神化到圣化”的根本性倒转，这一倒转似乎是在向“绝地天通”之前的神人状况的回归。但是这一回归，是抽象的，而非具体的；是形式的，而非实质的；是理念的，而非实体的。在人民的概念里，个体性完全被蒸发了，呈现出某种“无我”的真空状态，唯一的实体是圣人，而圣人的本质是“无我”。

革命的需求在人间，而革命的依据却在天上，它是“天命无常”给人类留下的缺陷，革命的全部可能性都包含在这一缺陷中；革命的主体是圣人，它是“天命有德”对人类的选择，革命的全部可行性都建立在这一选择中。“天命无常”的提出，为革命建立了本体论依据；而“天命有德”的提出，则为革命确立了主体性原则。“天命无常”使革命成为永恒的事业，而“天命有德”则使革命神圣而崇高。

周人的民本主义，是针对“殷人尊神，率民以事神”的政治文化状况提出来的。“事神”的文化，虽然神秘而恐怖，但在本质上仍有其崇高的一面。先民建立了与自然必然性相对抗的神化体系，使人类超越自然循环成为万物之灵，从而开发出人类的本质，并确立起人类对于自然界的主体性。这种人类主体性的人格化的象征就是神，正是人类本质中所具有的神性不断提升着人类，推动人类走向超越自然的历程。然而“事神”毕竟是一种原始的超越，而且也未能摆脱氏族化的制约达到普遍性的高度。

殷人神化体系中的上帝，有着鲜明的种族化的特征，还不具有普遍的世界性品格，正如《旧约》中的耶和华一般，这一点在殷人盛行的祖先崇拜中表现得相当充分。卜辞中帝、祖合一，便是明显的例证。即使殷初帝、祖二分时，在权威的来源及其合法性方面，也有其同一性。而且这一种族化的神化体系，还将帝、祖与现实中的王连接起来，使帝、王合一之势初露端倪。

殷代的最高统治者称“王”，王在甲骨文中作斧钺之形，以主刑杀之斧钺象征王者的权威，正所谓“能攻人者也”*[1]。卜辞中，殷王谥帝和称帝者有之。上帝所具有的权威和功能王都具有，王承天继祖成为上帝在人间的化

*1 《韩非子·五蠹》。

身。殷人的神化革命，在造就上帝的同时也造就了帝王，在以后的历史进程中，人格化的上帝逐渐淡化为一个形而上的影子，而帝王则成为历史进程的真正的主宰者。

革命导致异化。先民以神化革命提升人类，同时又将人类置于一个虚拟人格的控制之下，崇拜神明本来是要将人类提升到天上，结果却反而使人匍匐在地下成为虚拟人格的奴仆。人类为了获得地下的权力，必须在天上进行斗争，争夺对神这一虚拟人格的所有权。当人类的一部分为了自身的利益，以神的名义否定其另一部分时，其彻底性往往超过其他一切所谓正当的理由。

王是治民的，巫是通神的，当巫、王合一时，王便拥有了以神的名义统治人民的特权。陈梦家在《商代的神话与巫术》一文中，对“率民以事神”的商王作了这样的论断：“王者自己虽为政治领袖，同时乃为群巫之长。”商王是政权与神权合一的载体，他有着不受任何制约的权力。不受制约的权力，不仅是滋生腐败的温床，更是产生罪恶的摇篮。商王杀殉无度，制作成千上万的人牲，却是以神的名义进行的，噬人未咽的饕餮以极其浓缩的方式表达了殷文化的本质特征。

当作为人类力量的集合和人类本质的象征的神，仅仅具有庇佑王权的实用性功能时，它所具有的提升人类境界、提供人文范式的宗教意义便彻底失落了，靠意义来滋养的神一旦失去了意义，等待它的便是异化；当商王自以为他所拥有的权力完全取决于他与神的必然性关系，而与人民毫无关系，因而作出“我生不有命在天”的自我肯定时，他也就死到临头了。周人看到了这一点，于是他们以人民的名义，发动了一场意义深远的圣化革命。

［2］周人“圣化”之端倪

“圣”在金文中，指口耳相通，后来此义衍变，“耳通”转化为“心通”。这一转变，我们在《易》和《尚书》中都可以看到。《尚书·大禹谟》云："圣者，无所不通之谓也。"《易·系辞上》曰："夫易，圣人之所以极深而研几也。"非"心通"之圣人不能"研几"。周人"研几"之最著名者为文王，文王"拘羑里，演《周易》"，不仅为革命作了理论和策略的准备，而且将"耳通"的圣人改造为"心通"之圣，心明曰圣，文王之谓也。

周人坚信文王是受天命的革命者，《诗经·大雅》云："有命自天，命此文王"，"文王在上，于昭于天，周虽旧邦，其命维新"。周公圣化文王更是不遗余力，《尚书·多方》说，商灭夏，周伐殷，都是天命，"天休于宁王，兴我小邦周"，"宁王"意为受命之王，此指文王；又说"天惟时求民主"，"民主"，民之主也，亦特指文王，"天惟五年，须暇之子孙，诞作民主"。

"民主"观念的提出，是以"天命靡常"为前提的。"天命靡常"打破了帝、王合一的模式，明确规定了二者的不同职能。"皇矣上帝"的职能是"求民主"，"监观四方，求民之莫"*1；王的职能是"德"，德者，得也，得天命，得天下。帝与王二分，是一场文化革命，它一方面解放了上帝，使上帝超越了种族的局限性，而具有普遍的世界性；另一方面它也解放了王权，使王权从面向上帝以求"帝、王合一"，转而面向人民以"求民主"，"民主"者，民、王合一之谓也。

如果说"帝王合一"是神化的终极目标，那么"民王合一"则为圣化之端倪。殷周之际发生的"易姓革命"，不仅是一场政治大变革，而且在文化上也开了从神化到圣化的先河，儒学经典便是对这一时期文化思潮和历史运动的概括和总结。《易》是周人革命的圣典，《书》是周王代天命立言的汇编，而《诗》则是"求民主"和"作新民"的文化宣言。

*1 《诗·大雅·皇矣》。

圣化是从周公开始的。周公虽然还没有明确提出圣化的命题和目标，却以自发的方式为圣化的兴起准备了两个过渡性的价值前提。这两个前提，其一为“民”，其二为“德”，“德”是对民而言的。周公立制虽“因于殷礼”，但其根本精神却在“重民彝”，“作新民”，“其所以祈天永命者，乃在德与民二字……文、武、周公所以治天下之精义大法胥在于此”。*1

周公革命的意义在于，他以理论的方式将天命还给了人民，将天命转化为民心，这一转化使自然规律与政治原则具有先天的统一性，它虽然被赋予了王权的意志，但是要确认这种意志，却不再经由作为“余一人”的王本身，而是通过更为抽象也更具有普遍性的“民心”来体现。这样，基于帝、王先天统一性的永恒之王，就变成了强调后天习性的以德为本的无常之王。这在一定程度上是向“绝地天通”之前的自由化的巫觋状况的回归，后来孟子强调“人皆可以为尧舜”，更加鲜明地提出了天人关系的这种原始统一性，人人通天的神化式的理想境界被天在人心的合理化的解释所代替。

［3］“德”在周文化中的意义

“德”的提出，为天命所在提供了依据，解决了王权更迭的合法性问题，它在保留神的主宰地位的前提下，强调了人的能动性对于天命的反作用，尽管这种反作用被限制在神的选择的范围内。

“德”在甲骨文中作“”，表示目光向十字路上望去，周人加心作“德”，《说文解字》解作：“外得于人，内得于己。”“外得于人”者，目也；“内得于己”者，心也。目为人之感觉中最灵敏者，故为感性之尤，而心则突出了理性。强调理性的选择和判断，是周人对文化的一大贡献。

如果说殷人是恐怖的浪漫主义者，那么周人则是严峻的现实主义者；浪漫主义充分发挥人的感官功能。殷人酒池肉林，便是其感官功能的无量宣

*1　《殷周制度论》，《王国维文集》第4卷，中国文史出版社1997年版。

泄，而周人则更重视人的理性功能，对于政治以及与之相应的天人关系有着更为清醒的认识。在目光“”之下加“心”，便反映了周人的世界观和价值观，一个“德”字画龙点睛般地道出了周人的实用主义的理性精神。周人不仅为“德”增添了“心之官则思”的形而上的新内容，而且将“德”提到天命的高度。

周人认为，德与天命的关系是密不可分的，天命是一种必然的主宰，而它对人事善恶的主宰，是以有德和无德来划分的，因此，德与民心一样，也是天的意志在人间的具体体现。有德者即受天命的庇佑，无德者必遭天命的遗弃。德，成为周人革殷命的合法依据。天命无形无象无声，何以知之？以有德者得天下可知也。天何丧殷而佑周？以“其稽我古人之德，矧曰其有能稽谋自天”。*[1]

周人在天命面前，战战兢兢而又充满自信。夏与殷的灭亡，时刻敲打着他们的政治神经，使他们一再警醒：“我不可不监于有夏，亦不可不监于有殷。”他们认为夏、殷之亡，是由于滥用天命，而不培养德行。于是周人提出“敬德”观念，以“敬德”而“祈天永命”。“王敬所作，不可不敬德。”德是政治生命的根基和养料，没有德就等于放弃了天命，“呜呼！曷其奈何弗敬？天既遐终大邦殷之命”。*[2]小邦周灭大国商，既非力取，亦非智取，而以德取，是以有德胜无德。

在“敬天保民”的旗帜下，周人提出了“克明德慎罚”的德政纲领，“惟乃丕显考文王，克明德慎罚”。*[3]“敬德”乃对天命而言，慎用天命之谓也；而“明德”则对人民而言，慎用刑罚之谓也。“惟曰：欲至于万年惟

*1 《尚书·召诰》。
*2 《尚书·召诰》。
*3 《尚书·康诰》。

王，子子孙孙永保民。”*1“万年惟王”的前提是“敬德”，其保证为“明德”。王者以德受命，是谓“敬德”；王者以德行刑，则为“明德”。

以德行刑，以刑齐民，德与刑都承担着“天齐于民”的使命。“齐民”的原则是德，而“齐民”的手段则为刑。王者之德政，“受命”以德为主，“齐民”以刑为主。然而不“齐民”何以“有德”，不“有德”又以何“齐民”？二者互动，乃为德政。所谓德政，即由“受命”之“敬德”落实为“齐民”之“敬刑”也。以德行刑之“德”，非为刑之主，乃为刑之度也。所谓“刑之度”者，其一曰态度惟敬，其二曰尺度惟民，由民而至“余一人”也。有德之王者曰：“呜呼！敬之哉……朕敬于刑，有德惟刑。”*2

对于刑与德的关系，周人看得很明白。“敬刑”甚于“敬德”，“敬德”便是“敬刑”，“敬刑”便是有德，德之表现为“敬刑”。故为政以德，即是为政以敬刑也。敬刑又谓之“刑中”，即用刑适“中”。“中”的标准，由天定而不由人定，故谓之“天罚”。然而“天何言哉”？天无言，又何以知“中”、用“中”？“天听自我民听，天视自我民视”，民心所向即为“中”。然而民心所向又由谁定？当然不是代表私欲的个人，而是由民王合一的“民主”来定，这样天命又回到了“余一人”。殷商时期天命与王的直接统一性，在这里变成了曲径通幽式的间接统一性。

在周人的观念中，德与王是二分的，以德外在于王，从而构成对王权的制约。“德”是周人解释天命变易的一种理论，商纣无德，天欲夺其命，故命“有德”之周取而代之，但“天命有周”并不是永恒的，周若失德，天命也将俱往矣。德作为一种纯粹的观念，其中本没有王的影子，而王本身也不天生就有德。王要想“祈天永命”，就必须时时养德，以德自律。德作为政

*1 《尚书·梓材》。
*2 《尚书·吕刑》。

治纲领的提出，使上古王权政治改弦易辙，从“事神”的宗教化之路向，转入“重民”的伦理化一途，并借此而完成了上古政治文化从“神化”到“圣化”的转变。

综上所述，我们对殷周时期的政治文化作了一个概括性的了解。“殷人尊神，率民以事神”是对殷人政治文化的准确概括，殷人政治从“事神”出发而走向“帝王合一”，此一过程我们称之为“神化”；周人“重民”以“祈天永命”，其政治从以神为本转向以民为本，以民本主义为“其命惟新”之原点，而走向“民王合一”以“求民主”，此一过程我们称之为“圣化”；周人所言之“民主”，即后世儒者所谓之“圣王”也。

二、春秋圣化大趋势

春秋战国时期，是中国历史上的大变革时代。在五百多年的时间里，历史跌宕多姿，异彩纷呈，前后变化之大，堪称两个截然分明的时代。但是，多年来人们习惯于以春秋战国并称来概括这两个不同的时代，使它们的界限尤其是文化上的差别，变得模糊不清。

春秋时期的文化，是周代礼乐文化的下移与普及；而战国时期的文化，则是诸侯耕战文化的崛起与扩张。尽管诸子争鸣与诸侯争霸，作为“文化轴心”贯穿了这两个时期，但是它们在这两个时期的表现却有很大的不同。春秋诸子争鸣和诸侯争霸，仍带有礼乐文化的封建气质；而战国时期诸子争鸣和诸侯争霸，则带有耕战文化的军国作风。它们不仅理想之风采不同，而且欲望之取向迥异，正所谓貌合神离者。

如前所述，西周之政教，为圣化之滥觞；至春秋时，有相沿而未变者，有发扬而光大者。周室虽然衰微，而周道却在复兴，子曰“吾从周”，不仅仅是其文化个体性的自白，更是对时代精神的理解和把握；其所从者，非周之以往也，而为周之所往；所往者，乃圣化之大趋势也。

1. 圣化之一：从民心到人性

春秋时代的人性论，是从传统民本主义中萌发起来的，而战争则成为人性论的催化剂。“民”在西周时期，还是一个悬在天上、显示天命的概念，到了春秋时代，诸侯国君与卿大夫们争权夺利，又使民意回到地面。价值理性的“民”，成为实实在在的政治斗争的工具。正是基于这一点，春秋人将“民”排在了神的前面。

桓公六年（前706），楚师侵隋，隋季梁对隋侯说：“臣闻小之能敌大也，小道大淫。所谓道，忠于民而信于神也。上思利民，忠也；祝史正辞，信也。今民馁而君逞欲，祝史矫举以祭，臣不知其可也。”隋侯辩解说，他祭神时“吾牲牷肥腯，粢盛丰备，何则不信？”对曰：“夫民，神之主也。是以圣王先成民，而后致力于神……今民各有心，而鬼神乏主，君虽独丰，其何福之有！”故“隋侯惧而修政，楚不敢伐”。*[1]虢国的史嚚直接反对敬神，他说：“吾闻之，国将兴，听于民；将亡，听于神。”*[2]虞国的宫之奇则认为：“鬼神非人实亲，惟德是依。”“非德，民不和，神不享矣。”*[3]宋公要用人祭，司马子鱼劝谏曰：“民，神之主也。用人，其谁飨之？”*[4]

在民与君的关系上，民的地位也被置于君之上。邾文公卜迁于绎。史曰：“利于民而不利于君。”邾文公曰：“苟利于民，孤之利也。天生民而树之君，以利之也。民之利矣，孤必与焉。”*[5]庄公十一年（前683），宋国发大水，宋公自责：“孤实不敬，天降之灾。”臧文仲听说立即赞曰：

*1 《左传・桓公六年》。
*2 《左传・庄公三十二年》。
*3 《左传・僖公五年》。
*4 《左传・僖公十九年》。
*5 《左传・文公十三年》。

“宋其兴乎。禹、汤罪己，其兴也勃焉；桀、纣罪人，其亡也忽焉。”臧孙达曰：“是宜为君，有恤民之心。”*[1]

站在民本主义的立场上，来看君与民的关系，不管是先民而后君也好，民贵而君轻也好，价值优先并不能改变对待性关系中民的被动地位。相反名义上居于次要地位的君，在实际政治中却天然地具有主动性，无论积极还是消极，正面还是反面，君天经地义就是能动的主体。这样的例子，在《左传》里可以信手拈来。

陈逢滑对陈君说：“臣闻，国之兴也，视民如伤，是其福也；其亡也，以民为土芥，是其祸也。”*[2]在这里，“民”纯粹是作为被动的对象而存在的，“民”的地位完全取决于君怎么看，当然其后果要由君来承担。隐公四年（前719），卫州吁弑君自立。隐公问众仲曰：“卫州吁其成乎？”对曰：“臣闻以德和民，不闻以乱。”无论“以德”还是“以乱”，主动权都在君的手里，“民”只是作为被操作的对象而作出相应的反应。反应可以是顺从，也可能是叛逆，其结果皆取决于君。

君要作出正确的决策，就要时时观察民心。而民心所向又多歧路，君随之而歧路亡羊。子产作丘赋，国人谤之。子宽担心地说：“政不率法，而制于心；民各有心，何上之有？”*[3]子产劝子皮亦云：“人心之不同，如其面焉。吾岂敢谓子面如吾面乎？抑心所谓危，亦以告也。”*[4]民心如流水，因地而制宜，因势而利导，所因不同，其心必异，异而必危。

于是人性问题被提了出来，人心多变，而人性永恒。错综复杂的政治斗争，淡化了春秋诸子对于民的信念，虽然我们时不时还能听到他们关于

*1 《左传·庄公十一年》。
*2 《左传·哀公元年》。
*3 《左传·昭公四年》。
*4 《左传·襄公三十一年》。

"民"的高谈阔论，但他们在肯定了作为价值理性的"民"之后，更多的则是在盘算着怎样使"民"变成可以被操作的工具理性的"民"，怎样利用"民"的力量来达到他们永无止境的政治目的。像周公那样简单朴实的"天听自我民听"的信念，春秋时期已经成了老生常谈，他们关心的是在那些充满激情的口号中怎样作出冷静的政治算术。孙子曰："多算胜，少算不胜，而况无算乎！"人性也要计算。

中国传统人性论，一开始就是政治的产物。人性的觉醒，并非经由生命个体的自我反思，而是通过政治文化来启蒙；不是生命本能的自由释放，而是政治权术的循循善诱。因此，它天然就缺乏那种启蒙时代所特有的自由化的青春意味，与生俱来的则是因少年老成而深思熟虑的智者风采。从民本主义出发的人性论，最终又回到民本，而没有走向个体，大前提里早已宿命似的包含了它的全部结论。

人性论的提出，是从对人本质的考察入手的，在人心叵测的背后，有没有相对稳定的人本质？又如何从人本质里提撕出人性来？春秋诸子可谓绞尽脑汁。

先是"质"的问题的提出。晋文公想让大夫阳处父为子傅，问于胥臣："其能善之乎？"胥臣以为："质将善，而贤良赞之，则济可俟。若有违质，教将不入，其何善之为！……文王非专教诲之力也。"又问曰："然则教无益乎？"对曰："胡为文？益其质。故人生而学，非学不入……夫教者，因体能质而利之者也。"*[1]胥臣提出了"质"的问题，"质"善与不善，非"教"所能为也，"教"只有"文益其质"的作用。这是先天之"质"与后天之"教"的关系问题。

管仲将四民分居定业后，齐桓公曾多次亲问"四民之乡"，举拔"聪

*1 《国语·晋语》（四）。

慧质仁”者，并“召而与之语，訾相其质”。*[1]晋大夫祁奚举荐自己的儿子为“军尉”，谓其子“有直质而无流心”*[2]。周以来的习惯，多以文质相对应，故“质”当为本，而“文”则有修饰之义。不仅人之本质应“文”之以为品行，天地之质亦必以“数文”经纬之。“天六地五，数之常也。经之以天，纬之以地。”*[3]“质”可以教而“文”，比抽象地谈民心更具有操作性。但是，要以“质”与“文”的概念来与“民心”相对应，似乎不够成熟，而且也难以达到普遍性。而人性的问题则从“日用”处提出，很快就达到与“民心”相提并论的普遍性的高度。在探讨作为普遍原则的人性论之前，我们不妨先了解一下在孔子以前出现的一些“具体而微”的人性论。

晋悼公即位后，栾伯请求立“公族大夫”，以教贵族子弟。悼公说：“夫膏粱之性难正也，故使惇惠者教之，使文敏者导之，使果敢者谂之，使镇静者修之。”*[4]襄公二十六年（前547），楚王因许灵公死于楚，不得不出兵伐郑做做样子。郑人欲抵抗，子产却认为：“晋、楚将平，诸侯将和，楚王是故昧于一来。不如使逞而归，乃易成也。夫小人之性，衅于勇，啬于祸，以足其性而求其名焉者，非国家之利也。若何从之？”“小人之性”与“膏粱之性”相近，均为人的社会性一面。

子产的继任子大叔向赵简子解释子产的“礼”时涉及了“地性”、“天地之性”、“民性”等。他认为，人“则天之明，因地之性”，而为“五味”、“五色”、“五声”，但过分了就会失掉本性，所谓“淫则混乱，民失其性”。“故为礼以奉之”，以礼养性，此“性”为自然之本性。但他又接着说：“民有好、恶、喜、怒、哀、乐，生于六气。是故审则宜类，以制

*1 《国语·齐语》。
*2 《国语·晋语》（七）。
*3 《国语·周语》（下）。
*4 《国语·晋语》（七）。

六志。”看来这六种感情也生于自然，所以“制六志”以养之，使六者“能协于天地之性”，才可“谓之成人”*1。人的自然性必须接受“礼”的规范，才能“成人”，所谓“民之所以生”也。子大叔提出了人的自然性和社会性的关系问题。

晋师旷亦有此论。晋侯对师旷说：“卫人出其君，不亦甚乎？”对曰：“或者其君实甚。良君将赏善而刑淫，养民如子，盖之如天，容之如地。民奉其君，爱之如父母，仰之如日月，敬之如神明，畏之如雷霆，其可出乎？夫君，神之主而民之望也。若困民之主，匮神乏祀，百姓绝望，社稷无主，将安用之？天生民而立之君，使司牧之，勿使失性……天之爱民甚矣。岂其使一人肆于民上，以从其淫，而弃天地之性？必不然矣。”*2

师旷与子大叔的观点一致，即民性与天地之性相统一，“民性”是天生的、自然的，当然也是合理的。但是若没有天“立君”或“立礼”来管理它，即使民勿失其“性”，其性也会淫乱。“民性”与“民心”不同，“民心”唯顺，而“民性”可化，化民之性，是谓圣化。

最早提出人性概念的，是周卿单襄公，他说：“夫人性，陵上者也，不可盖也。求盖人，其抑下滋甚，故圣人贵让。且谚曰：‘兽恶其网，民恶其上。’《书》曰：‘民可近也，而不可上也。’……是以圣人知民之不可加也。”*3人性可化，但不能高压。晏子也说：“让，德之主也，让之谓懿德。凡有血气，皆有争心，故利不可强，思义为愈。义，利之本也，蕴利生孽。”*4以“让”息争，以“义”制利，这样就对人性提出了伦理规范，以圣化来引导人性。

*1 《左传·昭公二十五年》。
*2 《左传·襄公十四年》。
*3 《国语·周语》（中）。
*4 《左传·昭公十年》。

2. 圣化之二：从“有德”到“有道”

“德”在周人的政治文化中居于核心地位，是天子得天独厚的专利。相对于殷王是神的化身而言，周天子则是天命的代理——以德配天。“德”高悬天空，一般人不配享用。然而到了“王命不行”的春秋时代，德也开始游离于王权之外，一方面它充分展开其自身所固有的意义内涵，另一方面它也不断扩张其价值外延。于是，它开始了“上下求索”的流放过程。虽然它不再处于与王权形影不离的核心地位，但它也不再被王权政治的需要所束缚，当它在政治社会化过程中与鲜活的社会群体和生命个体互动时，这样反倒使它在自由地摄取了新的伦理要素之后获得了普遍性。

仁、义、礼、智、信、孝、敬等，作为“德”的新要素，开始为时人所津津乐道：“礼乐，德之则也。德义，利之本也。”*1“成礼义，德之则也。”*2“孝敬、忠信为吉德。”*3“恕而行之，德之则也，礼之经也。”*4“忠，德之正也；信，德之固也；卑让，德之基也。”*5“让，德之主也，让之谓懿德。”*6

在“德”与传统权威分离之后，普通的生命个体也来分享“德”的穿透生命的不朽。范宣子问穆叔不朽。对曰：“豹闻之，太上有立德，其次有立功，其次有立言。虽久不废，此之谓不朽。若夫保姓受氏，以守宗祊，世不绝祀，无国无之。禄之大者，不可谓不朽。”*7可是随着“德”的道德功能的普遍化和具体化，人的认识又面临一个新课题。过去周天子以德配天，可

*1　《左传·僖公二十七年》。
*2　《国语·周语》(上)。
*3　《左传·文公十八年》。
*4　《左传·隐公十一年》。
*5　《左传·文公元年》。
*6　《左传·昭公十年》。
*7　《左传·襄公二十四年》。

以把握天命，获得天命的启示与认可。如今“德”不再是沟通天人关系的渠道，“德”虽能得到天、神的保佑，但在“德”之外，却还有一种“德”所难以左右的力量，制约着人事。春秋人已经意识到，他们不能仅仅局限在“德”的范畴里去编织未来的理想，更不能在“德”的旧文化体系内解释眼前的现象。有一种远在“德”之上的强大力量在推动着春秋社会的大变动，这种力量不以人的意志为转移，春秋人称之为“道”或“天道”。

“道”在《尚书》中就已出现，《顾命下》有“道扬末命”，《康王之诰》有“皇天用训厥道”。春秋初期，“道”虽渐趋多就义，而其义仍在行“德”。周内史叔兴父看到晋文公对周王恭敬有礼，以为“其君必霸”，故曰：“敬王命，顺之道也；成礼义，德之则也。”*[1]单子也有此论：“夫正，德之道也；端，德之信也；成，德之终也；慎，德之守也。守终纯固，道正事信，明令德矣。”*[2]内史叔兴父与单子均为周朝卿士，故思不出其位，仍以“德”为本，“道”为行“德”。

叔向在聘于周时有一段“痛感”，颇能说明时人对“德”的矛盾心态。他见到周卿士单朝，异骇之至，说：“异哉！吾闻之曰：‘一姓不再兴。’今周其兴乎！其有单子也……动莫若敬，居莫若俭，德莫若让，事莫若咨。”周“以为卿佐，其有不兴乎”！不过叔向对周兴还是存有疑虑的，所以他又补充说：“单子俭敬让咨，以应成德。单若不兴，子孙必蕃，后世不忘。”*[3]

虽然单子之德令叔向钦佩不已，但却无法改变“一姓不再兴”的客观必然性。有德改变不了客观规律，因此，卫大夫彪傒提出天道与德的关系问

*1 《国语·周语》（上）。
*2 《国语·周语》（下）。
*3 《国语·周语》（下）。

题，彪傒到周见单穆公说：“今苌、刘欲支天之所坏，不亦难乎？自幽王而天夺之明，使迷乱其德……以亡其百姓，其坏之也久矣。而又将补之，殆不可矣！”他认为，周久已无德，为天所弃，若尽人事以补救，则违反天道，若“将天以道补者”，是以人事干预天道，必先亡。*[1]“天为刚德，犹不干时，况在人乎？”*[2]

春秋中期以后，人们对于天道的认识趋于成熟。有德与无德者都必须接受天道的检验，天道以其客观性和必然性，使它的权威远在“德”、“礼”之上，成为普遍的法则。从文化意义上来讲，“道”对“德”的超越，是春秋人对周文化的整体提升。如果说周公开创的“德”文化，为圣化的源头活水，那么春秋时期的“道”文化，则以必然性将圣化再度提升起来，形成以“道”为核心的圣化文化。

如果说“礼”是制度性权威，“德”是伦理性权威，那么“道”则是必然性权威。归根结底，“礼”和“德”的权威，皆根源于“道”。春秋时期，诸子将客观规律都归结为天道，因天道以观人事。

赵简子问于史默曰：“季氏出其君，而民服焉，诸侯与之，君死于外，而莫之或罪也。”对曰：“鲁君世从其失，季氏世修其勤，民忘君矣。虽死于外，其谁矜之？社稷无常奉，君臣无常位，自古以然……天之道也。”*[3]楚武王将伐随，入告夫人邓曼曰：“余心荡。”邓曼叹曰：“王禄尽矣。盈而荡，天之道也。”*[4]伍子胥曰：“吴其亡乎！三年，其始弱矣。盈必毁，天之道也。”*[5]晋伯宗曰：“谚曰：‘高下在心。’川泽纳污，山薮藏疾，

*1 《国语·周语》（下）。
*2 《左传·文公五年》。
*3 《左传·昭公三十二年》。
*4 《左传·庄公四年》。
*5 《左传·哀公十一年》。

瑾瑜匿瑕，国君含垢，天之道也。”*1然而天道又因人事而起，“天因人，圣人因天”*2，故天道不可违。晋欲救宋伐楚，晋宗伯则曰：“天方授楚，未可与争。虽晋之强，能违天乎？”*3尽管如此，春秋人还是坚信“天道无亲，惟德是授”*4，赋予天道以至高无上的价值理性和无所不包的规律性特征。

晏子曰：“君人执信，臣人执共，忠、信、笃、敬，上下同之，天之道也。”*5范蠡云：“天道盈而不溢，盛而不骄，劳而不矜其功。”*6天道落实在人事上，成为人道。“所谓道，忠于民而信于神也。”*7“救灾恤怜，道也。”这些“道”本属于周人的“德”的范畴，春秋诸子以“道”言之，竟也合情合理，自然而然。春秋时期“道”和“德”一体化，在“道”的体系里，“德”其实就是人道。“道”可以兼容“德”，而“德”不能代替“道”。“道”在春秋，有本体论、方法论及主体性诸方面，而“德”仅与“道”的主体性相关联，且纳入“道”的主体性之中。“道”为最高本体，为普遍法则，与之相应的主体则为圣人。“道”非圣人不行：“若武丁之神明也……故三年默以思道。既得道，犹不敢专制，使以象旁求圣人。”*8

法天道而立人道，春秋诸子为人类理性树立了权威，这一权威在与王统政治权威的“相生相克”中形成道统。王朝更迭不已，而由人类理性建立的权威，却在一代代思想者的努力下发扬。无论是在什么样的年代里，“道”总是以其独特的方式诠释着人类的尊严。这是春秋诸子的一大贡献，王权失

*1 《左传·宣公十五年》。
*2 《国语·越语》（下）。
*3 《左传·宣公十五年》。
*4 《国语·晋语》（七）。
*5 《左传·襄公二十二年》。
*6 《国语·越语》（下）。
*7 《左传·桓公六年》。
*8 《国语·楚语》（上）。

落了，而理性益显其尊严。

3. 圣化之三：从礼仪到礼义

春秋之历史，人们常用“礼崩乐坏”来描述。《汉书·货殖传序》曰：“周室衰，礼法隳。”《汉书·游侠传序》又云：“周室既微，礼乐征伐自诸侯出。”此二言者，皆以“共主衰微，王命不行”*1为非礼，似为古今学者之共识。然而共识往往带有盲目性，司空见惯处常常就是认识的盲点。如果我们超越周室与王命的局限来看当时的历史，就会发现春秋一世可谓周礼之最盛时期。正如柳诒徵先生所言：“春秋之风气，渊源于西周，虽经多年之变乱，而其踪迹犹未尽泯者，无过于尚礼一事。观《春秋左氏传》所载，当时士大夫，觇国之兴衰以礼。”*2在王命不行之时，礼却成为诸侯各自为政的国际惯例，并沿着两个路径——礼仪和礼义发展下去，在此消彼长中，逐渐由世俗的规则上升到普遍的法则，并享有必然性的绝对权威。春秋时期人们已经开始强调礼的精神功能和本体意义，其结果是使理性思维的自由能量得到空前释放，思想获得意外的收获。

《左传·昭公五年》载，鲁侯去晋国，自郊劳至于赠贿，全无失礼之处。晋侯谓女叔齐曰：“鲁侯不亦善于礼乎？”对曰：“鲁侯焉知礼！”公曰：“何为？自郊劳至于赠贿，礼无违者，何故不知？”对曰：“是仪也，不可谓礼。礼，所以守其国，行其政令，无失其民者也。今政令在家，不能取也。有子家羁，弗能用也。奸大国之盟，陵虐小国。利人之难，不知其私。公室四分，民食于他。思莫在公，不图其终。为国君，难将及身，不恤其所。礼之本末，将于此乎在？而屑屑焉习仪以亟。言善于礼，不亦远乎？”君子谓：“叔侯于是乎知礼。”女叔齐的礼仪之辨，将时代精神注入

*1　钱穆：《国史大纲》“霸政时期”。

*2　柳诒徵：《中国文化史》（上卷），东方出版中心1996年版，204页。

礼中，把礼从琐屑的仪式中解放出来，以礼作为政治综合指数，来评价一国的政治状况，并预测其发展趋势，从而确立起“礼所以守其国”的标准。

赵简子问子大叔：“揖让周旋之礼焉？”对曰：“是仪也，非礼也。”简子曰：“敢问何谓礼？”对曰：“吉也闻诸先大夫子产曰：夫礼，天之经也，地之义也，民之行也。天地之经，而民实则之。则天之明，因地之性，生其六气，用其五行。气为五味，发为五色，章为五声，淫则昏乱，民失其性。是故为礼以奉之。为六畜、五牲、三牺，以奉五味。为九文、六采、五章，以奉五色。为九歌、八风、七音、六律，以奉五声。为君臣、上下，以则地义。为夫妇、外内，以经二物。为父子、兄弟、姑姊、甥舅、婚媾、姻娅，以象天明。为政事、庸力、行务，以从四时。为刑罚、威狱，使民畏忌，以类其震曜杀戮。为温慈、惠和，以效天之生殖长育。民有好、恶、喜、怒、哀、乐，生于六气。是故审则宜类，以制六志。”于是简子曰：“甚哉，礼之大也。”对曰：“礼，上下之纪，天地之经纬也，民之所以生也，是以先王尚之。故人之能自曲直以赴礼者，谓之成人。大，不亦宜乎？”简子曰：“鞅也请终身守此言也。”*1

礼因天、地、人之性而设立，天地间的万物因礼而生、依礼而行。人亦如此，人的整个生命过程是围绕着礼来展开的。对于个体生命，礼不仅是“他律”的，还是“自律”的。所谓“人之能自曲直以赴礼者，谓之成人”。礼由“他律”转向“自律”，是人的主体意识的一次觉醒，人发现了自我，觉醒了人性中的“善质”。因此，子产的贡献不仅在于他把礼提升到具有自然法性质的高度，成为人类“他律”的必然性规则，而勿使“民失其性”；而且他以礼容纳了天地人之间的共性，使礼转化为人的内在制约，构成了普遍的道德法则。

*1 《国语·周语》（上）。

“礼所以观忠、信、仁、义也。”*[1]“礼，无毁人以自成。”*[2]“忠信，礼之器也。卑让，礼之宗也。”*[3]“诗书，义之府也。礼乐，德之则也。德义，礼之本也。”*[4]“孝，礼之始也。”*[5]“让，礼之主也。”*[6]“恕而行之，德之则也，礼之经也。”*[7]“君子贵其身，而后能及人，是以有礼。”*[8]“礼，身之干也。敬，身之基也。”*[9]“礼，人之干也。无礼，无以立。”*[10]

礼只有从“仪”中破茧而出，才能被赋予精神的内涵，才能被抽象为普遍原则。“普遍原则”使礼拥有绝对价值，而其开放性又使它具有“博施于众”的平等的实践理性。因此，当礼作为天子和贵族的特权而一落千丈时，它反而因普遍的价值认同而上升为绝对精神。春秋诸子将礼提升为超越于特权的理性权威，使礼脱胎换骨而成为普遍的原则，而仪则因特权之提倡而愈益繁琐，在陈陈相因的繁琐中迷失权威，最终在“礼不下庶人”的自我封闭中解构。

关于礼的起源问题，春秋人还没有专门作为一个理性命题来认识，只是在强调礼的重要性时，把它归结到天或祖先。晏子认为：“礼之可以为国也久矣，与天地并。”而“先王所禀于天地，以为其民也，是以先王尚之”。*[11]《左传·成公十三年》载，成肃公在宗庙接受祭肉时态度不敬。于是刘康公

*1 《左传·昭公二十五年》。
*2 《左传·昭公十二年》。
*3 《左传·昭公二年》。
*4 《国语·周语》（下）。
*5 《左传·文公二年》。
*6 《左传·襄公十三年》。
*7 《左传·隐公十一年》。
*8 《左传·昭公二十五年》。
*9 《左传·襄公十三年》。
*10 《左传·昭公七年》。
*11 《左传·昭公二十六年》。

讲了一番礼的原始意义。他说："吾闻之，民受天地之中以生，所谓命也。是以有动作礼义威仪之则，以定命也。能者养之以福，不能者败以取祸。……今成子惰，弃其命矣。"

师服对礼的起源则另有新解，即"义以出礼"*1。与礼相比，春秋人对"义"的解释更为精彩，他们将"义"注入礼中，使礼获得新生。"义"属于"德"的范畴，为"德质"，是礼的精神。如果说礼是文、是规则，那么义就应该是礼之"质"，"义，文之制也"*2。"制"，亦通"质"，质为"朴"，朴为天性，故义为先天之质，而礼为后天之文。

春秋人还多以"义、利"作为相对应的两个范畴并提，地以生利，义因地利而生礼。所谓"言义必及利"，"义以生利，礼以丰民"*3，"夫义者，利足也"，"废义则利不立"*4等等。"利"，以"义"生之，以礼约之，才能为无害之利。

春秋人在溯源礼宗时，仍是沿着周的人文精神走下来的，他们没有到神那里去寻找"礼"的根据，而是在天道和祖先那里找到"礼"之源。作为自然必然性，天道是超人类的；作为"为生民立命"的根本，天道亦具人文关怀，成为"礼"生生不息的原点。

其实春秋人并不过于看重"礼"的起源问题，在他们看来，"礼"与天地并生乃自明的前提，且有"先圣作则"，循之即可。他们更加强调"礼"的世俗意义——礼义："君令臣共，父慈子孝，兄爱弟敬，夫和妻柔，姑慈妇听，礼也。君令而不违，臣共而不贰，父慈而教，子孝而箴，兄爱而友，

*1 《左传·桓公二年》。
*2 《国语·周语》（下）。
*3 《国语·晋语》（一）。
*4 《国语·晋语》（二）。

弟敬而顺，夫和而义，妻柔而正，姑慈而从，妇听而婉，礼之善物也。”*[1]春秋时代，“礼”无处不在。在王权衰落、战争频仍之时，“礼”取代王权成为最高权威，作为内政、外交及个人行为的基本准则而发挥其积极作用。管仲对桓公说：“臣闻之，招携以礼，怀远以德。德礼不易，无人不怀。”*[2]维护“礼”是社会的普遍要求，并非政治保守主义的“一家之言”。

因此，当周内史叔兴父在谈到晋文公必霸诸侯时，他说：“晋侯其能礼矣”，“成礼义，德之则也。则德以导诸侯，诸侯必归之。”*[3]齐侯问仲孙：“鲁可取乎？”对曰：“不可，犹秉周礼。周礼所以本也。臣闻之，国将亡，本必先颠，而后枝叶从之。鲁不弃周礼，未可动也。”*[4]《左传·襄公三十一年》载，北宫文子对卫侯说：“郑有礼，其数世之福也，其无大国之讨乎！”郑“子驷氏欲攻子产，子皮怒之曰：‘礼，国之干，杀有礼，祸莫大焉。’”*[5]齐侯攻打鲁国，季文子大骂：“齐侯其不得免乎。己则无礼，而讨于有礼者，曰：‘女何故行礼！’礼义顺天，天之道也，己则反天，而又以讨人，难以免矣。”又说：“奉礼以守，犹惧不终。”*[6]齐使聘鲁，彬彬有礼，臧文仲言于公曰：“服于有礼，社稷之卫也。”*[7]颇有尊“礼”之国际主义精神。

“礼”在国际关系中的仲裁作用，虽然主要是基于王权和主权相结合的礼义原则，但是民意也很重要。在霸政之下，民心所向，往往是反映“礼”的一个重要指标，国际制裁常常受这一指标的引导。“凡君不道于其民，

*1 《左传·昭公二十六年》。
*2 《左传·僖公七年》。
*3 《国语·周语》（上）。
*4 《左传·闵公元年》。
*5 《左传·襄公三十年》。
*6 《左传·文公十五年》。
*7 《左传·僖公三十三年》。

诸侯讨而执之。”*[1]楚王听说蛮氏动乱和蛮子没有信用，派兵杀之，征服蛮氏，“既而复立其子焉”。世人以此为“礼也”*[2]。《左传》记载的此类事情甚多。以论战而著名的曹刿说：“夫礼，所以整民也。”*[3]以此类推，由内政而延伸至外交，自然就得出这样的结论：夫礼，所以整诸侯也。

4. 圣化之四：孔子之道“一以贯之”

孔子一生活动，大约在春秋中晚期，稍晚于在《左传》《国语》里频繁出现的春秋诸子，《史记·仲尼弟子列传》载：“孔子之所严事：于周，则老子；于卫，蘧伯玉；于齐，晏平仲；于楚，老莱子；于郑，子产；于鲁，孟公绰。数称臧文仲、柳下惠、铜鞮伯华、介山子然，孔子皆后之，不并世。”当诸子以“性与天道”推动春秋时代的时候，孔子则姗姗来迟，没有赶上风云际会。

“其生也晚”的孔子，虽未亲历齐桓、晋文之霸政时代，但霸政的余音却不绝于耳。对齐桓、管仲的“尊王攘夷”运动，他尤为神往，说：“微管仲，吾其披发左衽矣。”这不仅是基于“华夷之辨”的立场，更是基于“礼”的立场。没有齐桓、管仲“立于礼”以为当时之中流砥柱，天下滔滔必归于野蛮，“吾从周”又从何谈起？

先行者固然辉煌，后来者亦毫不逊色，晏子晚年就感受到了这个后生的咄咄逼人的力量。那个关于美人计的故事，虽然白纸黑字，言之凿凿，但总给人难以信任而且带有偏见的滑稽感。作为惺惺相惜而又旗鼓相当的对手，他们都给予对方以应有的尊重。作为一个平民政治家，孔子并不讳言自己的出身，他自称“吾少也贱，故能多鄙事”。当他在鲁做“委吏”和“乘田”

*1 《左传·成公十五年》。
*2 《左传·昭公十六年》。
*3 《左传·庄公二十三年》。

时，子产、晏子等早已是叱咤风云、名满天下的大政治家了。

但是，春秋时代毕竟是政治文化多元化的时代，也是权威下移的时代，没有政治的偶像，没有神的偶像，当然也没有圣的偶像。所有神圣的原则，都从周的“天命”的空中降到凡俗。当然也有新的原则在冉冉升起，天命在下降过程中，将隐于民间“潜龙勿用”的圣人呼唤出来。其时有称圣、圣人、圣王、圣哲等，但基本都是针对先人或先王而言，而且仅仅是作为聪明人来看待的。

也有言及同时代人，如《左传·襄公二十二年》载，鲁大夫臧武仲到晋国看望御叔，遇雨。御叔在自己的封邑里，将饮酒，讥讽臧武仲曰：“焉用圣人！我将饮酒而已，雨行，何以圣为？”臧武仲很聪明，他逃到齐国，能预见齐庄公被杀而设法辞掉庄公的赐田。故孔子称其“若臧武仲之知”*1，这样的智者，当时也被称作圣人。

春秋以前所谓圣人者，通人也；春秋人仍袭此习惯用法。“古之王者知命之不长，是以并建圣哲。”*2“圣哲”谓贤能之人，范文子论圣人，以为：“且唯圣人能无外患，又无内忧，讵非圣人，必偏而后可。”*3在当时，圣人没有统一标准，后来春秋诸子不断以“性与天道”的理念赋予圣人，使圣人从一个普通的语词上升为一个普遍的概念，从“耳听天命”的聪者变成“通天地万物为一心”的主宰者。《洪范》曰：“心明曰圣。”此即孔子“从心所欲”之谓也。

子贡说：“夫子之文章，可得而闻也；夫子之言性与天道，不可得而闻也。”*4其所言者，只是“不闻”而已，并非夫子不言。所谓“不闻”，是

*1 《论语·宪问》。
*2 《左传·文公六年》。
*3 《国语·晋语》(六)。
*4 《论语·公冶长》。

强调“性与天道”并非诉诸感官的“闻见之知”，而是要通过“明心见性”去体认的“心通之知”，要“以心传心”。

关于天道，《论语》里不仅涉及，而且涉猎颇深。《论语·泰伯》曰：“巍巍乎！唯天为大，唯尧则之。”天命只能听从，天道方能“则之”。《论语·阳货》曰：“天何言哉？四时行焉，百物生焉。天何言哉？”天言而行之，是谓天命；不言而行，是谓天道。《论语·卫灵公》曰：“人能弘道，非道弘人。”与人相对应的道，当然是天道，“人能弘道”，乃天人合一之谓也；“非道弘人”，乃天而不人之谓也。

又《论语·里仁》曰：“吾道一以贯之。”曾子曰：“夫子之道，忠恕而已。”曾子所言，本于一己之学问与性情，既非达诂，亦非通解，不足为据。“忠恕”两字，在儒学诸范畴中并非“大而化之”者，子曰“三达德”——仁、智、勇，就非区区“忠恕”两字所能包含与兼容，相反以此两字作为“三达德”的子目倒恰如其分。曾子平庸，其学既不足以致孔学之广大，亦难以尽孔学之精微，作为一个“述而不作”的教师倒也能尽其本分，而以其所言去贯穿孔子之道，则难免要削足适履。以“忠恕”之足适天道之履，此曾子之谓也？

然而孔子何以不言天道、人道？我们知道，春秋时期天道与人道是当时最为流行的话语，当春秋诸子们不断提出并争论着有关天道与人道的问题时，孔子却没有参与诸子之间的对话，也没有对当时的言论作出什么具体的评价。早年的孔子“其生也贱”，没有资格进入以“君子”为代表的主流社会。《论语·先进》曰：“先进于礼乐，野人也；后进于礼乐，君子也。如用之，则吾从先进。”存在决定意识，作为“野人”的孔子，其价值取向自然亦趋于野人。“礼失而求诸野”，与其说是在描述客观事实，而毋宁说是他对自我的肯定。因此，当作为“君子”的子产放言高论“天道远，人道迩”时，作为“野人”的孔子则未置一词，表现出一种“天何言之”的高傲的沉默。

孔子的“不言”并非无话可说，亦非对人云亦云的回避，而是另有主张和解决的方案。他的方案其实不止一次提起过，除了向曾子说过“吾道一以贯之”，他还对子贡说过此话。当子贡也认为他博学多识时，他说：“非也，予一以贯之。”*[1]对于“一以贯之”，他从未作过任何解释，一改其“诲人不倦”，像老子一样“予欲无言”。

也许孔子也认为，道真的像老子说的那样：“道可道，非常道。”像所有的先知一样，他的生命里有一种刻骨铭心的孤独。他对子贡说：“莫我知也夫！”子贡问缘由，他竟自言自语地说：“不怨天，不尤人，下学而上达。知我者其天乎！”*[2]天，指天道；人，指人道；“下学而上达”，则“一以贯之”也。一贯三为王，通天人则圣也。

孔子言道，仅《论语》中就有六十处，但他既不言天道，也不言人道，而是“一以贯之”，言“天人合一”之道。当子产言“天道远，人道迩”时，他犹有“怨天尤人”之心，其实这是天人相分时诸子普遍存在的忧患意识。春秋人动辄向天呼唤正义，天无回应，他们就既“怨”且“尤”：陈国“公子黄将出奔，呼于国曰：庆氏无道，求专陈国，暴蔑其君，而去其亲，五年不灭，是无天也”。*[3]鲁襄仲杀太子恶，立宣公。夫人姜氏“哭而过市曰：‘天乎！仲为不道，杀适立庶。’市人皆哭，鲁人谓之哀姜”。*[4]他们不仅把天当做批判的武器，而且要求天作为最高的执法者，审判人间无常祸福。

这样处理天人关系，使天人之间存在一条无法逾越的鸿沟，目的性过于

*1 《论语·卫灵公》。
*2 《论语·宪问》。
*3 《左传·襄公二十年》。
*4 《左传·文公十八年》。

直接，功利性过于明显，而且被赋予了强烈的感情色彩。众生的诉求把人间恩怨带到天上，使天承受了过多的个性化要求而丧失其普遍性。当人们纷纷要求天兑现他们的起诉，并履行他们所赋予的种种功能时，他们对于天的反应多半要失望。

赵孟问秦国的后子："秦君何如？"对曰："无道。"又问："亡乎？"对曰："何为？一世无道，国未艾也。国于天地，有与立焉。不数世淫，弗能毙也。"又问："天乎？"对曰："有焉。"又问："其几何？"对曰："国无道而年谷和熟，天赞之也。鲜不五稔。"赵孟对曰："朝夕不相及，谁能待五？"*1春秋诸子虽然认识到天道的必然性的力量，同时也主张法天道而立人道。但是，在天人两分的格局里，对于这对待性的异己力量他们还是缺乏信心，因此，他们对于天道往往采取敬而远之的态度。周卿单襄公与鲁君论晋将有乱。鲁侯曰："今君曰：'将有乱。'敢问天道乎，抑人故也？"对曰："吾非瞽史，焉知天道？"*2昭公十八年（前524），郑及邻国宋、陈、卫等皆大火，裨灶曰："不用吾言，郑又将火。"子产却说："天道远，人道迩，非所及也，何以知之。灶焉知天道？"

孔子的高明之处在于，他没有在天道和人道的关系上立论，而是站在"一以贯之"的立场上，化解了天人关系中的矛盾，消除了诸子在天道和人道之间无所适从的紧张感。因此，一种"天生德于予"的使命感，从个体生命中升华起来，在"替天行道"的文化定位中产生"仁"与"智"的乐感。这种乐感文化是从孔子的智慧里产生的，使孔子成为一个不可救药的乐观主义者。

当孔子周游列国受尽挫折时，他以《诗经·小雅·何草不黄》中"非兕

*1 《左传·昭公元年》。
*2 《国语·周语》（上）。

非虎，率彼旷野”，来表达他进退维谷的尴尬处境。以之言于子路，子路对他的道产生了怀疑；以之言于子贡，子贡认为，不是他的道不对，而是他的道太大，这个世界容不下，让他稍稍修改一下，以适应这个世界；以之言于颜渊，颜渊也认为，他的道太大，这个世界容不下，但是，要改变的不是孔子的道，而是这个世界。于是，孔子欣然而笑曰：“有是哉？颜氏之子！”*1《庄子》中有“相视而笑，莫逆于心”者，此真孔颜之乐也。颜渊死，孔子悲痛欲绝，曰：“天丧予！天丧予！”*2孔子表示：“道之不行，乘桴浮于海。”*3

从天人合一的境界里，孔子汲取着天道的力量，以一介布衣兴私学而欲治国平天下，面对政治文化的重重壁垒“知其不可为而为之”，使盛极一时的春秋诸子相形见绌，使曾经光彩夺目的贵族文化黯然失色。孔子坚信周礼在野，天道在野，而他就是野人的代表。作为“先进于礼乐”的野人，他要为“后进于礼乐”的君子传道授业，使“齐一变，至于鲁；鲁一变，至于道”。*4

齐为太公之后，太公以霸道治齐；鲁为周公之后，周公以王道治鲁。齐桓之霸业，为霸道之发扬；“周礼尽在鲁”，为王道之传承。“齐一变，至于鲁”，言霸道“一变”而进于王道；“鲁一变，至于道”，乃王道“一变”而进于天道。而能使“鲁一变”者，当然就是“一以贯之”的野人孔子。

当时之有识之士，已把“野人”当圣人：鲁国大夫孟僖子“病不能相礼”，临终前嘱其两子孟懿子（仲孙何忌）和南宫敬叔（仲孙阅）曰：

*1 《史记·孔子世家》。
*2 《论语·先进》。
*3 《论语·公冶长》。
*4 《论语·雍也》。

“礼，人之干也。无礼，无以立。吾闻将有达者曰孔丘，圣人之后也，而灭于宋……臧孙纥有言曰：‘圣人有明德者，若不当世，其后必有达人。’今其将在孔丘乎？我若获没，必属阅与何忌于夫子，使事之，而学礼焉，以定其位……故孟懿子与南宫敬叔师事仲尼。”*[1]《史记·孔子世家》中也有记载，但误记为孔子十七岁时之事。其时为鲁昭公二十四年（前518），孔子已三十四岁。

当有人以“夫子圣者欤？何其多能也”问子贡时，子贡的回答耐人寻味，他说：“故天纵之将圣，又多能也。”*[2]时人以“多能”为圣，而子贡却将二者区分开来，同时还将圣与天联系在一起，含有“天人合一”为圣的意思。然而春秋时期，这样的理念和人物，都还没有成型，所以孔子说：“圣人，吾不得而见之矣；得见君子者，斯可矣。”*[3]因此，当子贡问他：“如有博施于民而能济众，何如？可谓仁乎？”他回答说：“何事于仁！必也圣乎！尧舜其犹病诸！”*[4]连尧舜都不算，他当然也要退避：“若圣与仁，则吾岂敢？”*[5]

然而孔子的学生并不这样认为，以子贡为代表，都把他当做“生民未有”的圣人。子贡在许多场合都反复强调“夫子犹天”，“如日月之明”，并非无根之论。孔子除了从道上打通天人，并且身体力行之外，还提出了“性相近，习相远”的人性论，在“性与天道”之间，建立了“习”——圣化的通道。《论语》开篇就说：“学而时习之，不亦乐乎？”*[6]在孔子看来，“学习”就是圣化，他的“下学上达”的圣化模式，就是从“志于学”

*1 《左传·昭公七年》。
*2 《论语·子罕》。
*3 《论语·述而》。
*4 《论语·雍也》。
*5 《论语·述而》。
*6 《论语·学而》。

开始的，以“从心所欲”来完成，为“不亦乐乎”作了一个“天人合一”的注解。

孔子之于“性与天道”，虽然表示“予欲无言”，“行不言之教”，但他还是不得不像老子一样“强为之名”。正如仪封人所云：“天下之无道也久矣，天将以夫子为木铎。”*[1]于是，他宣言：“天下有道，丘不与易也。”*[2]天下无道，遂有“奔车之上”之仲尼也。他对天道和人性充满信心，故秉承知其不可为而为之的精神，向世人发问：“谁能出不由户？何莫由斯道也？”*[3]正如夫子自白：“道之将行也欤，命也；道之将废也欤，命也。”*[4]他对天命的信心完全基于“下学而上达”的圣化模式。

让我们亦“由斯道”而觅其圣化之轨迹，“由斯道”而见其“致广大而尽精微”吧。

*1 《论语·八佾》。
*2 《论语·微子》。
*3 《论语·雍也》。
*4 《论语·宪问》。

第二章　儒家圣化模式与孔子圣化

一、先秦儒家圣化模式

1. 孔子圣化模式——“下学上达”

孔子的“一以贯之”，通过《论语》反映出来。在《论语·为政》里，他说：“吾十有五而志于学，三十而立，四十而不惑，五十而知天命，六十而耳顺，七十而从心所欲不逾矩。”在他看来，圣化是个“始乎为士，终乎为圣人”*1的“学习”过程，在“学习”过程中，主体逐渐上升，至天人合一。从“志于学”到“不惑”是“下学”，从“知天命”到“从心所欲不逾矩”则是“上达”，即天人合一的完成。

圣化从“志于学”始，“学”则“始乎诵经，终乎读礼”*2。“三十而立”，便是“立于礼”。“四十而不惑”，是指“不惑于义”，“义”就是

*1　《荀子·劝学》。
*2　《荀子·劝学》。

“有道则仕，无道则隐”，安贫乐道，“不义而富且贵，与我如浮云。”*[1] 孔子对弟子颜回说：“用之则行，舍之则藏，唯我与尔有是夫！”*[2]“不惑”是君子的最高境界，只有他和颜回可以达到。

“知天命”，使孔子开始了从君子向圣人的转化，但仅仅是“知”，仍未入圣人之域。从“知天命”的必然王国，到达“从心所欲”的自由王国，中间要经过一个彻底放弃自我的“耳顺”阶段。“耳顺”便是听天由命，他说：“予欲无言。天何言哉！四时行焉，百物生焉，天何言哉！”*[3]“无言”乃“耳顺”之极，是对天命的全身心认同。正是这种认同，使他从一个“下学人事”的君子转化为“上达天命”的圣人。孔子并不认为自由仅仅是对必然性的认识，理性层次的“知天命”，并不能把他带到自由王国，唯有无上情感价值和道德价值的忘我投入，才能使他与天命同化，化到无我之境，化到“乐天知命”的自由境界。“上达天命”的过程，概括起来，便是由知命、由命、乐命这三个环节组成和展开。

其中由命之“耳顺”，是圣化的关键。“耳顺”，即“闻而知之，圣也”。甲骨文中，圣字作一人形而特大其耳，金文中圣字作倾耳以听人言之形。古之圣字，乃特指耳聪之人。“耳顺”，便是耳聪之极。因此，圣化只停留在“耳顺”阶段，仍未脱传统圣人之域。*[4]从“耳顺”到“从心所欲”是一个飞跃，使圣人摆脱了感官的局限，而别有一番致广大、尽精微、通神明的实践理性的自由天地。

孔子圣化模式，倘以一言蔽之，可谓“下学而上达”。从“志于学”、

*1 《论语·述而》。

*2 《论语·述而》。

*3 《论语·阳货》。

*4 参见刘泽华主编：《中国传统政治思维》之第十九章“圣化：道、王、神一体化”，吉林教育出版社1991年版。

“立于礼”到“不惑”，是“下学”；从“知天命”、“耳顺”到“从心所欲”，是“上达”。下学造就君子，上达成为圣人。下学，以礼为准绳；上达，以天命为归依。“志于学”是对礼的认识，“立于礼”是对礼的认同，“不惑”是与礼同化。前者以“克己复礼”为宗旨，后者以天人合一为根柢。因此，孔子自述的圣化过程，是个从“克己复礼”走向“天人合一”的渐进过程。

然而在孔子的视野里，圣人尚未出现，历史亦无先例，先王高明如尧舜者，“其犹病诸”，何况他人？然而，尧舜之“病”何在？《子路》篇里孔子向冉有袒露了他的“外王”心迹：“子适卫，冉有仆。子曰：‘庶矣哉！’冉有曰：‘既庶矣，又何加焉？’曰：‘富之。’曰：‘既富矣，又何加焉？’曰：‘教之。’”外王的一个前提条件是要人口众多，在这一前提下，为政首先要使人民都富裕起来，从根本上解决温饱问题；在这一基础上，还要提高人民的素质，教育人民，引导人民“下学上达”，走向圣化之路。

尧舜于民，能“庶”之“富”之，而于教有缺，故其“病”在“教”。而圣人的根本在于教育，使政教合一——“一以贯之”，而能“贯之”者则非孔子莫属。故他自视甚高，自许甚远。同样在《子路》篇里，他说：“苟有用我者，期月而已可也，三年有成。”一年既能“庶之”，三年则能“富之”，而“教之”则需三十年，“如有王者，必世而后仁”。尧舜之教仅此而已，可谓仁政，而非圣王之政。

然而圣王之政的表现又如何呢？他说：“善人为邦百年，亦可以胜残去杀矣。”圣王之政只有文化，与暴力绝缘，以此衡量先王，则无一可称圣王，故曰：“尧舜其犹病诸！”因此，他对于圣王只能望洋兴叹，不仅“为邦百年”是幻想，连“三年有成”都不具条件。故孔子常作“念天地之悠悠，独怆然而涕下”之态，亦可谓空前绝后之一大伤心人也！然而孔子不消极，由此大悲而奋斗之，而得天人合一之大乐也。

2. 孟子圣化模式——“反身而诚”

孔子自述的圣化过程是“下学而上达”。下学是指对人事的学习和历练，上达是指心性方面的内在超越；上达以下学为基础，下学以上达为追求，由下学递进而上达，则以“知天命”为契机。孟子的圣化模式着重在心性方面，通过强调心、性、天的先天统一性，建立天人合一的内在根据。同时也为“人皆可以为尧舜”，确立了思想前提和道德基础。孔子的“知天命”，乃是融合了天人古今的孤独所化，他的“知我者其天乎”的喟叹，如晨曦启明，深沉而凝重，令人不由得而发“念天地之悠悠，独怆然而涕下”的忧思。而孟子的由“尽心一存心”、“知性一养性”、“知天一事天”，终归于“立命”的圣化模式，由于对人的心性充满了乐观的自信，而如晴天丽日，明朗之极，没有像孔子那样的“瞻前顾后”（“前不见古人，后不见来者”）的沉郁之感。

很显然，孔、孟二人追求的内在超越，方向正好相反，孔子由“知天命”而至“从心所欲”，孟子则由“尽心”而至“立命”。二人的这种差异，乃时代使然。孔子处于理性觉醒之春秋时期，而孟子处于理性高扬的战国时期，孔子的圣化模式中尚留有“耳顺”之类的传统圣人观的色彩，而孟子的圣化模式中则已褪尽了这一色彩。孟子以孔子追求的终极点，作为他的思想的起点，一上来便在“心”上立论，所谓“尽心”，即是将心的功能发挥到极致，是“从心所欲不逾矩”的另一种方式的表达。“知命”与“立命”，也有所不同。前者是认同的对象化过程，而后者则是自我操作的主体化过程。孟子将对天命认同的对象化过程，还原为操之在我的主体化过程，为圣化建立了心性论基础。以心性为本位的圣人观淡化了天命色彩，但也失去了孔子那种对天命感受的难以言喻的深度。

由于缺乏筚路蓝缕者的孤独感受，也由于孟子倒转了孔子的圣化模式，将孔子毕生奋斗追求的目标，转化为人生而具有的先天原则，使他产生了人皆可以为圣人的思想。他本人虽然学着孔子的样子，不以圣人自居，但我们从他“五百年必有王者兴”的历史预言中，和他的“当今之世，如欲平治天下，舍我其谁也”的自负中，以及他的将“天下运于掌”的半神话的政治方案中，可知他已将自己设计为十足的圣人。

他把孔子与传统圣人作了比较，伯夷、伊尹、柳下惠，他们都是传统圣人，而孔子是新时代的圣人，是天人合一的“圣之时者”。“时”是对天的各种功能的概括，也是对孔子之道的综述。例如，天以四时而生生，孔子立仁以配天；天以时中行，孔子用中以顺天；天命必然，孔子知命以应天；天道深邃永恒，孔子法天而无言。伯夷、伊尹、柳下惠等尚不“知天”，尧舜虽然“则天”，但不能与天为一成为“时者”。“时者”是圣人的最高境界和最终完成。孟子认为，伯夷、伊尹、柳下惠、尧、舜等，都是处于圣化过程中某一阶段上的圣人。他说：“孔子之为集大成。集大成也者，金声而玉振之也。金声也者，始条理也；玉振之也者，终条理也。始条理者，智之事也。”*1“智之事也”，便是下学人事；“圣之事也”，则是上达天命。

我们将上述两个圣化模式作一比较，便会发现孔孟旨趣之异同。要言之，孔子的圣化模式是“志于学—知天命—从心所欲”，孟子的圣化模式则是“尽心（存心）—知性（养性）—知天（事天）”。孔子重知，以为智慧是道德的根本，他说：“未知，焉得仁？”因此，圣化必自求知始。智慧本身无善恶，经过礼的规范——“立于礼”后，才能升华为正义——仁和义。这里面蕴涵着某种基于真的真与善的统一性，说明了这种统一性便是“不惑”。同时，正义的形上化也须智慧引导，正是智慧的启迪并沟通着正

*1 《孟子·万章下》。

义与宇宙必然性的关联——“知天命”，实现人道与天道同化。圣化的个体在同化中最后完成为圣人，这是个从“知天命”到“从心所欲”的过程，即从必然化到自由化的过程。在圣化的个体从必然化到自由化的过程中，对必然性——天命的认同，起着至关重要的作用。这一认同，我们可以从孔子的“知我者其天乎”的喟叹和“予欲无言”的表白中感受到，它是天人矛盾的一个彻底解决，因而常常伴随着一种孤独的崇高感。这种崇高感是在“无言”之“耳顺”，即听天由命的认同中发生的，是在以自省的方式否定自我来解决天人矛盾的过程中发生的。否定自我是认同必然、获得自由的前提，圣化的个体，通过否定自我，使天人矛盾得以解决，从而实现天人和谐，达到“从心所欲不逾矩”的境界，完成“听天由命”向“乐天知命”的转变，即从必然化进至自由化，将天人矛盾中那悲剧性的崇高融解在大团圆式的天人和谐中。

而孟子的圣化模式，则从他的尚德立场出发，以“尽心”为圣化的起点。“尽心”即发挥人所固有的“良知良能”。孟子将道的属性内化为人的先验的自然本性，他认为在道德的真之外，别无所谓的知识的真，善即是真。人欲之种种表现，并非生命真实的自然流露，而是心失其所、为物所役的结果。因此，“尽心”的第一步，便是要“收放心”。“放心”，即见利而动、逐物而行的“心”。第二步是“反求诸己”以明本心，本心即“四端”之心。由明本心而“知性”，便进入圣化的第二个环节。“天命之谓性”，“知性”即知天命。性有大小之分，大性为天性，小性为欲性。凡人蔽于小性而不知大性，“知性”就是要知大性，用大性驱除小性。因此，“知性”实际上是对天命的认同。孟子将天人矛盾内化为本心与放心，大性与小性的矛盾，通过“收放心”和“除小性”的自我操作解决天人矛盾。“本心”和“大性”源于天，“放心”和“小性”出自人。因此，明本心和知大性，归根结底是知天。孟子把天人矛盾归之为自我矛盾，找到了一条由心性上达天命之路。如果说孔子的圣化是个“下学上达”的过程，那么孟子的圣化则是个“反身而诚”的过程。他的“知天”与孔子的“从心所欲”一样，都是通过自我斗争实现内在超越的自由化的乐感境界。他说：“万物皆备于我矣。反身而诚，乐莫大焉。”*[1]孔子的乐感境界，如登峰造极者反观来路时的“一览众山小”的快感；而孟子的乐感境界，则如攀登者遥望峰巅自信即达的感受。这两种感受，前者是当下即是的顿悟，而后者则是渐入佳境的自觉。

在孟子的圣化模式中，传统圣人可以找到相应的位置。伊尹“以安社稷为悦者也”，故谓之“安社稷臣”；伯夷“达可行于天下而后行之者也”，故谓之“天民”；文、武、周公“正己而物正者也”，故谓之“大人”（《史记索隐》引向秀《易·乾卦》注云：“圣人在位，谓之大人。”）。他们的事业成就和道德水准虽然参差不齐，但在圣化过程中，却都处于“尽心”一环。他说：“尧舜，性之也；汤武，身之也。”“身之”便是“反求诸己”以身体力行，亦即“尽心”之谓，而“性之”则是通达天命、顺应自然之谓。在圣化过程中，“性之”处于“知性”一环。尧、舜虽高于文、武、周公，但并非不可企及。他主张“圣之于民亦类也”*[2]，因此，人皆可以为尧舜。他将自己与舜作了比较说：“舜，人也；我，亦人也。舜为法于天下，可传于后世，我由未免为乡人也，是则可忧也。忧之如何，如舜而已矣。”*[3]能“如舜”，却不能如孔子，孔子处于圣化过程的终极一环，孟子只说了“人皆可以为尧舜”，但他没有说过人皆可以为孔子。他认为孔子比尧舜高明得多，为生民未有。他说：“宰我、子贡、有若，智足以知圣人，

*1 《孟子·尽心上》。
*2 《孟子·公孙丑上》。
*3 《孟子·离娄下》。

污不至阿其所好。宰我曰：‘以予观于夫子，贤于尧舜远矣。’子贡曰：‘……自生民以来，未有夫子也。’有若曰：‘……自生民以来，未有盛于孔子也。’”*1

孔子是“知天”、“事天”的“时者”，他在芸芸众生中，出类拔萃，如麒麟之于走兽，凤凰之于飞鸟，泰山之于丘垤，河海之于行潦。传统圣人的境界，尚努力可至，而孔子的境界则不可及。他说：“充实之谓美，充实而有光辉之谓大，大而化之之谓圣，圣而不可知之之谓神。”*2“充实”，即“收放心”，使仁义而有圣化的历程，故曰“大而化之之谓圣”；圣化之极，则妙用如神，“神”，在这里并非某种人格神，而是孔子讲的“从心所欲不逾矩”*3，心的境界非凡人所能知，故曰“圣而不可知之之谓神”。

圣化过程中的圣人虽有着种种差别，但有一点是共同的，无论伯夷还是孔子，都能“得百里之地”而成王业。如以功利性的客观标准来衡量，伯夷和孔子的王业如画饼充饥，实际上都等于零。但孟子在这里强调的不是现实性的王业，而是富于理想色彩的可能性王业。本来王业的大小，应当由内圣境界的高低来决定，但是从实际情形来看，由于德与命的分立性，使“内圣外王”很难在一个人身上集中起来。德可由“修己”而致，命则由天定。孔子不能“得百里之地而君之”是命，但他具备“朝诸侯，有天下”的素质则是德。因此，衡量圣人的尺度，不是命，而是德，即圣化的个体“反求诸己”的主体化程度。当然，主体化的过程也是对天命的认识、认同并与之同化的过程。但是，由于孟子将作为最高对象的天命先验化为人的内在心性，从而使面向天命的对象化过程还原为“反求诸己”的自我体认过程，这样圣

*1 《孟子·公孙丑上》。
*2 《孟子·尽心下》。
*3 参见李泽厚：《孔子的评价·附论：孟子》，《中国古代思想史论》第117页，人民出版社1986年版。

化的个体即使不能改变自己的命运，也能对自己的命运做能动的、适应性的选择，即“立命”和“正命”。因此，衡量圣人的标准，可以是价值的和主观的，圣与王的统一性应该尽量从可能性方面来考虑。例如，孔子处于圣化极境，与之相应的王业必然是连三代之治也要相形见绌的“大同”社会。所谓“大同”社会，即《礼记·礼运》中提出的政治模式和孔子的“老者安之，朋友信之，少者怀之”的理想社会。实现“大同”社会，便是孔子所说的连尧舜也未能做到的“博施于民而能济众”。当然，这只是一个心驰神往的梦，一个遥远无期的承诺，孔子未成王业，给后世儒生留下了千古遗憾。对于以经验理性为生活准绳的中国儒生来说，可能性是并不圆满的企冀和诱惑，是不值得羡慕的无休无止的望梅止渴。

3. 荀子圣化模式——“化性起伪”

孔子之道，经孟子发扬，于天人心性方面已初具规模，然而于经世致用，尚不免“迂而无当”。于是，有荀子出，于王制事功方面详为阐发。如鸟之有双翼，车之有两轮，孔子之道遂风行于世。儒家圣化模式，至荀子而渐趋完备。

荀子的圣化模式，以圣王为圣化极境，故其最高之理想，已非孟子所顶礼膜拜之孔子，而是开启圣王之治的尧舜。孔子的地位从“贤于尧舜远矣”，降至“德与周公齐，名与三王并”。荀子的弟子，甚至将荀子与孔子相提并论：“为说者曰：‘孙卿不及孔子。’是不然。……孙卿怀将圣之心……所存者神，所过者化。观其善行，孔子弗过，世不详察，云非圣人，奈何！天下不治，孙卿不遇时也。德若尧舜，世少知之……呜呼！贤哉！宜为帝王。”*1

*1 《荀子·尧问》。

连荀子之德也要驾乎孔子之上了。其实，荀子本人对于孔子还是由衷敬佩的。通观《荀子》一书，所言“孔子”之多，几不在《孟子》之下。但是有两个原因，使荀子不得不稍抑孔子。其一，当时思想界颂古非今、认祖归宗的大趋势。对于荀子而言，孔子虽为古人，但已有文献可考，事迹可寻；不如三代之王，有口皆碑，而又无迹可求，将理想集中于孔子，必致种种局限，不如尧舜，可以捕风捉影以虚拟之。其二，荀子重事功，而孔子王业未成。除了这两点原因，荀子对孟子进行批判，也使他不能拾人牙慧地唱什么“生民未有”的高调。

荀子论圣化以人性恶为依据，表现了与孟子的“反身而诚”相反的“化性起伪”的倾向。荀子的圣化模式，以“化性”为本，分成内圣和外王两段。内圣为自我操作的内化过程，包括学礼、修身、明心。学礼作为圣化的起点，突出了知识理性的重要性。他说：“学恶乎始？恶乎终？曰：其数则始乎诵经，终乎读礼；其义则始乎为士，终乎为圣人。”“学至乎礼而止矣，夫是之谓道德之极。”*[1]修身是从知识理性进入道德理性的实践环节。“礼者，所以正身也”；“以修身自强，则名配尧、禹。”*[2]明心是以道德理性启迪先天理性的自明环节，“人何以知道？曰：心。心何以知道？曰：虚一而静。”*[3]

“虚”、“一”、“静”，是心的三种先天功能，将它们开发出来，内圣便告完成。“虚一而静，谓之大清明。万物莫形而不见，莫见而不论，莫论而失位。坐于室而见四海，处于今而论久远，疏观万物而知其情，参稽治乱而通其度，经纬天地而材（裁）官万物，制割大理。而宇宙里（理）

*1 《荀子·劝学》。
*2 《荀子·修身》。
*3 《荀子·解蔽》。

矣。”*[1]这一境界，与孟子所说的“万物皆备于我”和“上下与天地同流”相似。但他与孔孟不同之处在于，孔孟天人合一乃基于对天命的认同，而荀子天人合一则是人的先天功能的合理开发和先天理性的自觉。他说：“唯圣人为不求知天。”*[2]知天当知天之在人者，“圣人清其天君，正其天官，备其天养，顺其天情，以全天功；如是则知其所为，知其所不为矣，则天地官而万物抑矣。”*[3]“天君”，即“虚一而静”之心；“天官”，即人的五官；“天养”，即衣食住行之类；“天政”，即人趋利避害之本能；“天情”，即人的喜怒哀乐。统言之，是谓“天功”。能“全其天功”者，则能“官天地”，“役万物”，“制天命而用之”。心能知“道”，而“命犹道也”*[4],故知“道”即知命。在知命这一点上，孔、孟、荀一脉相承。然而在对命的态度上，三人迥异其趣。孔子由知命而“畏命”，孟子由知命而“立命”，荀子由知命而“制命”，显示了儒家圣人观由神秘化走向理性化，由对象化走向主体化的发展轨迹。

制命是由内圣进入外王的关键环节，而正名和立制则构成外王的两个基本点。正名是解决如何认识世界的问题。荀子提出了一个认识世界的基本模式：“天官役物”—“心征知物”—“约定俗成”。这个模式实际上可分为两个环节，一是“制名”的认知环节，一是“定名”的化俗环节，它强调了人的先天感性、先天理性和人的社会性的统一。名实相符的内在根据，是天与人的内在统一性；而其外部条件，则是社会组织中群体对个体的制约以及作为群性集中反映的非个性的“无我”的圣人权威。群性是约定俗成的基础，也是圣人化性起伪的准绳。“约定俗成”是指圣人教化下的“俗成”，

*1 《荀子·解蔽》。
*2 《荀子·天论》。
*3 《荀子·天论》。
*4 《诗·维天之命笺》。

俗成而名定，名定而制立。这样，我们就从正名进入立制的讨论。立制自然非“王者之人”莫属。“圣也者，尽伦者也；王也者，尽制者也。”*[1] 然而荀子所谓立制，并非标新立异，而是“道不过三代，法不贰后王”*[2]的以礼为归依的“复古”。“声，则凡非雅声者举废；色，则凡非旧文者举息；械用，则凡非旧器者举毁。”*[3]圣化归于“复古”，而“复古”之极为返本。何为本？荀子曰：“礼有三本：天地者，生之本也；先祖者，类之本也；君师者，治之本也。” 所谓立制，即立此“三本”；*[4]所谓“王者之人”，即得“三本”而“举措应变而不穷”者。“三本”立，则外王境界成。至此境界，天地之道、先王之道和孔子之道复通为一。孔门道统，自子贡启其端，由思、孟而发扬，至荀子毕其成。

综上所述，我们可以对荀子的圣化模式作一小结。荀子的圣化模式分为内圣（学礼、修身、明心）和外王（制命、正名、立制）两部分，从过程的角度看，它们前后相续，具有某种因果联系；从结构的角度看，它们内外对应和关联，构成一个整体。从学礼到立制，是个首尾一贯、有始有终的过程。由明心而制命，内化已毕，而外化肇始。明心，即心灵的“大清明”，是心灵超越自我之种种局限，而与整个宇宙融为一体的乐感境界。荀子对于这一境界作了极具美感的描述：“恢恢广广，孰知其极！睾睾广广，孰知其德！涫涫纷纷，孰知其形！明参日月，大满八极，是之谓大人。”*[5]制命，即掌握自然规律——天道，天道即宇宙之真。天道之在人事者为礼，人以学礼而明天道，而知宇宙之真。故制命与内圣过程的学礼相对应，学礼是求

*1 《荀子·解蔽》。
*2 《荀子·王制》。
*3 《荀子·王制》。
*4 《荀子·礼论》。
*5 《荀子·解蔽》。

真，制命是用真。正名，即以命定名，将宇宙之真化为王道之善。如果说修身是内化的以礼正己，那么正名则是外化的以礼正人；修身是求一己之善，而正名是定天下之善，修身与正名相对应，便是所谓成己成人和立己立人。立制，使由正名而得的名教体系凝固化为制度，即在名教体系的基础上建立王道秩序。立制与内圣过程的明心相对应，如果说明心是在内心深处对天道作返璞归真的体认，那么立制便是替天行道，建立王道、王权、王国；如果说明心是具有丰富审美意味的乐感境界，那么立制便是将这一乐感境界转化为富于理想色彩的现实追求。至此，儒家内圣外王的模式大体完成，后世儒家虽有损益，但无一能逾此规范，无怪后人惊叹："两千年之学荀学也！"

由上述三个模式，我们可以看出儒家圣化观念之演进。孔孟的圣化模式以内圣为究竟，外王只是蕴涵在内圣中的可能性。无论是孔子"三年有成"的自诩，还是孟子"运天下于掌"的自负，都缺乏现实性和实践性，在理论上也难以证明。但它作为一种信念，不仅支撑着儒学，而且引导了中国文明。正是以这种可能性为依据，并在对可能性的坚定信念和乐观展望中，孟子才能得出"孔子贤于尧舜远矣"的结论。而实际上这一结论早已暗含在孔子的自述之中，孔子虽不自诩为圣人，但也不推崇尧舜为圣人，而他的自述则以隐喻的方式，表达了他对圣化的整个过程及其终极追求的体认。孟子得此心传，而以"生民未有"标榜孔子。荀子的圣化模式以外王为极致，内圣只是外王得以实现的必要前提，而非终极目标，故孔子的地位也由"生民未有"的境界，变为儒家圣化谱系中承上启下、继往开来之一环。孔子不再是圣化的顶点，而是指出内圣外王这一圣化之路的先知。事功优于学养，外王高于内圣，荀子的这一价值取向，使儒家圣化模式隐含着一个倒转的契机——使圣王转变为"王圣"*1。以圣王为圣化之目标，理想虽高，但现实

*1　见汤一介：《中国政治文化丛书·序》，吉林教育出版社。

中却行不通，因为包括孔子在内的所有儒生无一能具备由内圣向外王转化的现实条件。内圣境界高如孔子，如不能“得百里之地而君之”，其王业还不是如梦幻一般。荀子的弟子认为荀子“宜为帝王”，但“宜为帝王”不等于必为帝王，可能性只有凭依一定的现实条件，才能转化为现实性。因此，最有可能成为帝王的，不是“从心所欲不逾矩”的孔子和“宜为帝王”的荀子，而是处于圣化过程中的现实君主，即“圣人之得势者”。荀子强调现实的“圣王合一”，使儒家的圣化模式开始向着现实君主开放。因此，他的法家弟子韩非则以王为圣化的起点，使圣王变成“王圣”。这一倒转，虽非荀子促成，但其圣化观念中早已埋伏着这一倒转的因素，人谓荀子阳儒阴法，也不为无据。

二、 儒家分化与孔子圣化

先秦儒家经历了三期演变，在此过程中，儒家通过分化而发展，孔子在分化中被圣化，分化的儒家各派殊途同归而回到孔子，走孔子路线，兴起儒门造圣运动，推动儒学意识形态化。与此相应的《论语》结集过程，也反映了儒家从分化到合流的某些特征，《论语》与秦汉时代精神的内在统一性，昭示着孔子圣化的历程;《论语》中的“霸王道杂之”的孔子形象，是其圣化形成的一个重要标志，即儒家兼刑名、合黄老实现儒学意识形态化的标志。

1. 先秦儒家三期演变与圣化谱系的形成

孔子死后，其思想和人格，在新时代的帷幕上，投下了模糊而又庞大的身影。这身影，正如颜回所叹：“仰之弥高，钻之弥坚；瞻焉在前，忽焉在后。”*[1]哲人虽萎，而思想永恒；权威已逝，分化遂成必然。孔子不再有，其弟子及门人，便纷纷独树一帜，各居其思想之一域，明晰而发扬之。儒学因此而分化，儒家因此而异派。《韩非子·显学》云：“自孔子之死也，有子张之儒，有子思之儒，有颜氏之儒，有孟氏之儒，有漆雕氏之儒，有仲良氏之儒，有孙氏之儒，有乐正氏之儒。”儒分为八，开了诸子百家的先河。战国诸子大都由儒家分化而来：墨学出于儒，韩非、李斯出于荀卿之门，庄学与儒学渊源有自，兵家吴起亦曾以儒为师。在分化中，孔门弟子继承并完善了儒家思想体系，新兴诸子也百虑而一致，塑造了一个面面观的孔子。由分化而异化，百家争鸣勃然兴焉。

孔子以后，儒家的发展大致经历了三期演变。

第一期为孔子直传弟子。代表人物除上述子张、子思、颜氏之儒外，还有《荀子·非十二子》中批判的“子夏氏之贱儒”和“子游氏之贱儒”，以及《吕氏春秋·当染》中提到的子贡。如果我们把《汉志·诸子略》中所列的有关人物都算进去，那么至少还要加上如下几位：曾子、宓子、公孙尼子。他们或收徒讲学，或著书立说，在孔子生前便已开始。《论语》中有“曾子有疾，召门人弟子曰”和“子夏之门人问交于子张”的记载，“门人”是弟子的弟子，《史记·孔子世家》说孔子“弟子三千焉”，这一说法，很可能将门人也包括进去了。这一批人在孔子门下，或因分科不同，或因追随孔子有先有后，而对孔子之道有不同的理解。加上孔子因材施教，不拘一格，使他们习惯于按照自己的方式，以自己的个性去解释孔子。结果孔子一死，他们便分道扬镳。起初他们还想一如既往，维持大局。《史记·仲尼弟子列传》云：“孔子既没，弟子思慕，有若状似孔子，弟子相与共立为师，师之如夫子时也。”有若是个团结的象征，一来他长得像孔子；二来他

*1 《论语·子罕》。

主张“礼之用，和为贵”。但不久，有若便被攻而去，这意味着儒家分化的开始。不过他们之间的对立，还没有发展到同室操戈的局面，分化实际上有利于孔子之道的丰富和发展。

儒家一方面在分化，另一方面又开始了圣化。儒家内部分化的各派，出于争正统的需要，大都高举孔子的旗帜圣化孔子，孔子也就在这相互竞争的合力中成为圣人。儒家分化是孔子圣化的催化剂，儒家的分与合，集中反映了春秋至汉的历史进程。在分化与圣化的双重变奏中，儒家成为这一历史进程中的真正赢家。儒家分化与孔子圣化，作为儒学意识形态化的两条主线，贯穿了自春秋至汉整个历史进程，并决定了这一时期思想史的面貌和特征。分化推动百家争鸣，圣化导致定于一尊。分化与大一统，看似背道而驰，实际上大一统正是分化追求的目标。分化在形式上表现为多元化，其实质却指向一元化，孔子圣化的始作俑者们貌似多元，骨子里却大都是一元化的信徒。

儒家分化始于孔门第一期弟子，孔子圣化也出于他们的宣扬。孔门第一期弟子中，子贡是造圣之“时”者。子贡对孔子的评价，主要是感性的赞美，很少有理性的升华，形式上采取对话的方式，内容上则紧紧扣住圣化的主题。

大宰问子贡：“夫子圣者欤？何其多能也？”子贡回答说：“固天纵之将圣，又多能也。”*1叔孙武叔诋毁孔子，子贡说：“无以为也，仲尼不可毁也。他人之贤者，丘陵也；仲尼，日月也，无得而逾焉。人虽欲自绝，其何伤于日月乎，多见其不知量也！”*2当时有人认为子贡贤于孔子，陈子禽问子贡：“子为恭也，仲尼岂贤于子乎？”子贡对曰：“夫子之不可及也，

*1　《史记·仲尼弟子列传》。
*2　《论语·子张》。

犹天之不可阶而升也。夫子之得邦家者，所谓立之斯立，道之斯行，绥之斯来，动之斯和。其生也荣，其死也哀，如之何其可及也。”*[1]卫公孙朝问于子贡曰：“仲尼焉学？”子贡曰：“文武之道，未坠于地，在人。贤者识其大者，不贤者识其小者，莫不有文武之道焉。夫子焉不学？而亦何常师之有？”*[2]

在这些对话中，有三点值得注意，第一，子贡将圣与天连在一起，源于孔子“下学上达”的圣化模式，以“知天命”为圣化的起点，出现了孔子“天人合一”说的萌芽。第二，子贡提出了孔子“外王”的可能性问题，对于孔子治国平天下的能力充满信念，“得邦家者”一句，其实是孔子所说的“苟有用我者，期月而已可也，三年有成”*[3]的注脚。第三，子贡将孔子与“文武之道”相关联，提出了孔子之学无师承，直接得之于“文武之道”的命题，这样就开了“道统”说的先河，他言文武而不及尧舜，是严格遵守孔子提出的“我从周”的基本原则。这三点，实际上提出了孔子圣化的基本思路，指明了“天人合一”、“内圣外王”的大方向。

子贡还将自己与孔子作了比较：“叔孙武叔语大夫于朝曰：‘子贡贤于仲尼。’子服景伯以告子贡。子贡曰：‘譬之宫墙，赐之墙也及肩，窥见室家之好。夫子之墙数仞，不得其门而入，不见宗庙之美，百官之富。得其门者寡矣。’”*[4]

子贡自谓浅显，内美外露，易为人知，而孔子深奥，内蕴极富，非凡夫俗子一瞥所能窥见，能“得其门”者已寥寥无几，而登堂入室者，则更如凤

*1 《论语·泰伯》。
*2 《论语·子张》。
*3 《论语·子张》。
*4 《论语·子张》。

毛麟角，故子夏叹曰："有始有卒者，其惟圣人乎！"*1孔子之门，体制宏伟；孔子之道，深邃无比。能入孔子之门，又能贯穿孔子之道者，方为"有始有卒者"。孔门第一期弟子中，还没有一人自称为"有始有卒"者。

第二期为孔子再传弟子。孟子受业于子思，漆雕氏乃孔子门下漆雕开之后，仲良氏即孟子所说的"悦周公仲尼之道"的楚人陈良*2。除此以外，还有"田子方学于子贡，段干木学于子夏，吴起学于曾子"。在《汉志·诸子略》里还录有景子、世子、魏文侯、李克、毕子等。再传弟子中，名气大、能弘孔子道者，唯有孟子。魏文侯、李克、吴起等人则揖别儒门，成为风云一时的政治豪杰。魏文侯身为一国之君，一方面礼待儒生，师事子夏；另一方面又重用兵家和法家，推行富国强兵的政策，故子夏弟子多向兵家和法家转变，李克即此转变过程中脱颖而出者。《汉书·艺文志》在儒家著录有《李克》七篇，在法家和兵权谋家也著录有《李子》三十二篇和《李子》十篇，顾实《汉志讲疏》认为它们"盖具非一书"，这是对的，但它们却有可能出于一人之手。吴起是曾子的弟子，因其母丧不归，曾子与之反目。他在魏文侯手下为将，攻城略地，克敌制胜，为当时之兵家；在楚悼王手下，变法图强，又成为法家。《汉志·兵书略》于"兵权谋"家著录有《吴起》四十八篇。再传弟子中，不见于古籍而为近人考证而知者，还有庄子。*3

儒家在第二期发展中，不仅内部分化愈演愈烈，而且向诸子异化亦方兴未艾。异化是分化的扩展和延伸，是在儒家过度高扬之后，从内部产生的自我否定。孟子生逢其时，在分化和异化的两个浪潮中，再次将儒学推向时代思潮的高峰。孟子发展儒学，以圣化孔子为先导，他对孔子的评价，较之第

*1 《论语·子张》。

*2 《孟子·滕文公章句上》。

*3 见郭沫若著：《十批判书·庄子的批判》，东方出版社1996年版。

一期弟子，有着更为明显的理性化色彩。

首先，孟子对圣人的理论依据作了根本性的改造。在孔子那里，圣人是人生的最高境界和终极目标，是面向未来的现在进行时，它不是既定的历史的成品，而是用以引导人类进步、提升人生境界的一个历史目的论的假设。因此，他对于历史人物，即便是周公或尧舜，也不承认他们是圣人。而孟子正相反，圣人对于他来说，不再是历史目的论的假设，而是基于人类心灵的道德理性的完成。因此，他把圣人从未来拉到现在，从天上引入心性之中。这样，他就从人类自身为圣化找到了依据，为天人合一建立了道德理性的基础，将孔子的终极目标，转化为人生而具有的先天原则，从而得出人皆可以为圣人的结论。以此为前提，不仅尧舜是圣人，就连伯夷、伊尹、柳下惠也都是圣人，甚至孔子的学生，也或“得圣人之一体”，或“具体而微”。*1他自己当然也是圣人，“当今之时，如欲平治天下，舍我其谁也”！*2这样的豪言壮语充满了圣人气象。

其次，孟子以道德理性为依据对圣人进行了品分。“伯夷，圣之清者；伊尹，圣之任者；柳下惠，圣之和者；孔子，圣之时者。”*3伯夷清高，不食周粟；伊尹功利，勇于任事；柳下惠随和而有原则，他们都是人性之一面的优越者，唯有孔子是新时代的圣人，是人性各方面都充分发展了的“集大成者”。“时”的本义与天有关，“时，天时也。”*4“天有其时。”*5作为“圣之时者”，孔子“应乎天而时行”，可谓天人合一。伯夷、伊尹、柳下惠等尚不“知天”，尧、舜虽然“则天”，但不能“与天为一”。伯夷、

*1 《孟子·公孙丑章句上》。
*2 《孟子·公孙丑章句下》。
*3 《孟子·万章下》。
*4 《管子·山权数》。
*5 《荀子·天论》。

伊尹、柳下惠、尧、舜等，都是处于圣化过程中某一阶段上的圣人，只有孔子是面向未来与时俱进的圣人，亦即是最终完成了的圣人。就这样，他把孔子推到“圣而不可知之之谓神”的圣化极境。

第三期代表人物是荀子。荀子出于子弓之门，《荀子·非十二子》云：“圣人之不得势者也，仲尼子弓是也。”“今夫仁人，将何务哉？上则法舜禹之志，下则法仲尼子弓子义。”郭沫若认为，“子弓”即孔子再传弟子楚人馯臂子弘，而非七十子之一的仲弓。《史记·仲尼弟子列传》云：“商瞿鲁人，字子木，少孔子二十九岁。孔子传易于瞿。瞿传楚人馯臂子弘。”“弘”为肱的笔误，弓是肱的假借字*1，郭沫若据此推断馯臂子弓是《易经》的作者，并进而得出荀子师承馯臂子弓的结论。我们认为，此说不妥，理由如下：（1）《荀子·劝学》云：“礼之敬文也，乐之中和也，诗书之博也，春秋之征，在天地之间毕矣。”其中缺《易》，如《易》为子弓所作，荀子不会如此疏忽。（2）荀子反对“卜噬然后决大事”*2，而《易》为卜噬之书，因此，荀子传习之《易》，决非卜噬之《易》。（3）由此可以推断，子弓所传之《易》，不是《易经》，而是《易传》，他在传易过程中，使易学发生了革命性的转变，把占卜之《易》，趋吉避凶之《易》，变成了“广大悉备”、“弥纶天地之道”的《易》，使《易》发生了从形下向形上的飞跃。（4）荀子的思想多与《易传》相通。简证如下：其一，荀子的“礼有三本，天地者，生之本也”，由《易传》中的“天尊地卑，贵贱位矣”转化而来，是对“有天地然后有万物，有万物然后有男女，有男女然后有夫妇，有夫妇然后有父子，有父子然后有君臣，有君臣然后有上下，有上下然后礼义有所错”的精辟概括。其二，《荀子》的“天有其时，地有其

*1　见郭沫若著：《十批判书·儒家八派的批判》，东方出版社1996年版。
*2　《荀子·天论》。

财，人有其治”的“与天地参”的思想，由《易传》的“立天之道曰阴与阳，立地之道曰柔与刚，立人之道曰仁与义”转化而来，是“天地设位，圣人成能”的另一种表述。其三，《荀子》的“制天命而用之”的思想，是《易传》的“裁成万物，辅相天地”的进一步发展。（5）关于《荀子》师承馯臂子弓，郭沫若作了多方面的论证，这里只想补充一点。从传承上看，从仲弓到荀子，中间有二百多年的空白，而从子木到子弓再到荀子，则代有传人，子弓与孟子同时，荀子与“乐正氏之儒”即孟子弟子乐正子同时，与先秦儒家的三期演变正相符合。孔子之道，经孟子发扬，于天人心性方面已具规模，然而于经世致用尚未完备；荀子于王制事功方面详为阐发，遂使孔子之道趋于全面。孟子纯粹，儒学因之而特立于世；荀子博大，儒学因之而兼容百家。此由个性，亦由时势。孟子之时，百家争鸣，孟子善辩，故能特立于世；荀子之时，诸子合流，荀子善容，故能兼容百家。至荀子，儒学因之而完备，诸子因之而集成。

荀子论圣人，以圣王为极，故其最高之理想，已非孟子高扬之孔子，而是开启圣王之治的尧舜。孔子的地位从“贤于尧舜远矣”，降至“德与周公齐，名与三王并”。荀子的弟子，甚至扬荀抑孔，“为说者曰：‘孙卿不及孔子。’是不然。……孙卿怀将圣之心……所存者神，所过者化。观其善行，孔子弗过，世不详察，云非圣人，奈何！天下不治，孙卿不遇时也。德若尧禹，世少知之……贤哉！宜为帝王。”*1其实，荀子本人还是尊孔的，通观《荀子》，所言孔子之多，不在《孟子》之下。但是，荀子重势，使他不得不稍抑孔子。势分为二，一为时势，二为权势。以时势言，当时之思潮趋于复古，墨宗夏禹，道言黄老，儒法尧舜。孔子虽为古人，但已有文献可考，事迹可寻，将理想集中于孔子，必致种种局限；不如尧舜，有口皆碑，

*1 《荀子·尧问》。

而又无迹可求，可以捕风捉影，而又无须考证。以权势言，孔子为“圣人之不得势者”，不得势则不能向圣王转化，圣王高于圣人，故尧舜高于孔子。他的弟子韩非干脆以王为圣化的起点，使圣王变成“王圣”。这一倒转，是荀子圣王观的一个合乎逻辑的发展。

荀子以后，儒学式微。其弟子纷纷寻求儒家理论向现实政治转化的道路，从实际出发，降格以求，由尊王退而尊霸，由崇道改为奉法，其中之尤者，如韩非、李斯之流。秦统一后，各地儒生趋附始皇，竞为博士，经“焚书坑儒”之劫，儒生们或随大泽龙蛇沉浮，或抱残守缺、蛰伏乡里。其后，儒家思想的生龙活虎的个性，逐渐为叔孙通式的左右逢源的机智和公孙弘式的趋炎附势所取代。

2. 王权下的《论语》结集和王化的孔子形象

先秦儒家分化情况，在《论语》中已有蛛丝马迹。《论语》中的孔子，其实是儒家分化的产物，是“七十子”及其弟子思想的一个求同存异的综合。《汉书・艺文志・六艺略》云：“《论语》者，孔子应答弟子时人及弟子相与言而接闻于夫子之语也。当时弟子各有所记。夫子既卒，门人相与辑而论纂，故谓之《论语》。”它既反映了孔子的思想，也包含了弟子门人的思想。就像所有上古理性时代的先知那样，孔子是以历史传统的承担者和思想原则的制定者的面目出现的，《论语》之所以没有变成一个杂乱无章的拼盘，而成为一个有着内在统一性的思想体系，就因为它自始至终有着一以贯之的思想原则。

孔子死后，儒家分化，分化的情况必然要在《论语》中反映出来。孔子的言行在《论语》中表现出许多自相矛盾的地方，这些矛盾是儒家分化的必然结果，是不同的时代精神，被压缩在一个尚未充分展开的思想体系中而使之然。《论语》中的孔子形象，不仅留着春秋和战国时代精神的烙印，而且经过秦汉大一统时代价值观的洗礼。孔子创造了历史，也被历史所创造。

杨伯峻《论语译注·导言》说，“论语的著笔当开始于春秋末期，而编辑成书则在战国初期”，并认为由曾参弟子编定。如果此说成立，至少《孟子》和《荀子》中应该提到《论语》。其中有不少“孔子曰”，或与《论语》相似，或为《论语》所无，这或许就是“弟子各有所记”的雏形。《论语》中，孔子对管仲评价不一，既斥其非礼，又赞他为仁人。但孟、荀却无一例外地宣称“孔门羞言五霸”。显然此二人均未见过《论语》，否则不至于与孔子相悖如是。《论语》的出现，当在荀子之后。此前，《论语》很可能以“弟子各有所记”的“孔子曰”的方式流传。

据《汉志·六艺略》记载，西汉时，《论语》有三种本子流传，一为古论语二十一篇，出孔宅壁中，人多以为虚造，故世不传；二为齐论二十二篇，与今本相比，多“问王”、“知道”两篇；三为鲁论二十篇、传十九篇，传亡。鲁论篇目与今本相同。《论语》在当时，称谓不一。“或单称论，或单称语，或别称传，或别称记或详称论语说。”直至汉以后，其名始定。其内容，“强半皆孔子言，故曰论语”。*1现行之《论语》，经西汉末年张禹和东汉末年郑玄两次改订而成。张禹为汉成帝师，他既授鲁论，又讲齐论，合而为一，成“张侯论”。“张侯论”篇目与鲁论同，故郑玄又复考之齐论和古论，并为之注，即为今本《论语》之来源。

《论语》结集当在秦统一后，成于博士儒之手。秦始兴，儒法并重，许多重大政治活动都有儒生参与，如定帝号、议国体、行封禅等。即便“焚书坑儒”，也没有对儒生一刀切。秦始皇焚的是民间藏书，而非博士书。相反，先秦典籍却多于此时结集，就像清朝一面大兴文字狱，一面又编修《四库全书》一样。因此《论语》一书，不可避免受了秦统一的影响。《论

*1　见马培棠：《国故概要》。

语·尧曰》中有一段话颇耐人寻味："谨权量，审法度，修废官，四方之政行焉。兴灭国，继绝世，举逸民，天下之民归心焉。""谨权量，审法度"乃"齐一度量衡"之意，这一说法，清初阎若璩的《四书释地又续》已发其端。而"兴灭国，继绝世，举逸民"，正是秦博士儒恢复分封制的主张。《论语》不仅反映了秦统一的时代特征，而且还留着汉代政治文化的烙印。例如《阳货》篇有"公山弗扰以费畔，召，子欲往"和"佛肸召，子欲往"两段话，从这个跃跃欲试的孔子身上，我们似乎可以看到那个八面玲珑的叔孙通的影子。叔孙通在秦为待诏博士，后奔项梁，转而投刘邦。汉初，制定朝仪，使刘邦真正尝到做皇帝的滋味。这正是"如有用我者，吾其为东周乎"的现实文本。为了制定朝仪，叔孙通曾往鲁地礼聘儒生，除了两位儒生不肯认同，其余皆随他而去。鲁诸生能接受他对礼乐的变通，当然也就不妨杜撰孔子的言行为他辩解。《论语》中的孔子形象，已很有些"霸王道杂之"的味道，这味道显然是汉儒们烹调出来的，是孟子和荀子闻所未闻的。清代学者崔述认为"公山、佛肸两章"，是政客张禹改订《论语》时，"有意采之以入鲁论为己解嘲"。不过，从叔孙通对礼乐的变通来看，这似乎是汉儒的共性。

从《论语》各篇内容来看，它以综合"弟子各有所记"的方式结集。孔子死后，其门人风流云散，或仕，或隐，或传道授业，各行其是。曾子居鲁，子夏居西河，子贡终于齐，人各一方，且各持己见。因此，战国之时不可能出现综合"弟子各有所记"的《论语》。秦统一后，设博士，群儒齐集，这就为《论语》结集提供了必要的客观条件。儒生对秦统一的认同，也促使儒家从分化走向统一，于是，便有了综合"弟子各有所记"的《论语》问世。秦汉之际，项羽焚宫，烧毁博士书，《论语》当然也在劫难逃。汉初流行的《论语》有两种本子，一是鲁论，一是齐论。前者由曾参之弟子传承，后者在子贡门徒中流行。这两个本子，即由一个统一的本子一分为二、稍稍衍变而成，故大同小异。今本《论语》所以会频频出现“曾子”的称谓，应归之于张禹和郑玄的两次改订。这两次改订，都是以鲁论为主而辅之以齐论，鲁论传于曾参之弟子，故其称曾参为“曾子”亦属当然。

《论语》由代代相传的孔门众弟子记录、编纂而成，而其结集主要由子贡、曾参、子张、子夏、子游的门人完成，这一点从《子张》篇里可以看出来。在《子张》篇里，编者各撷其师门之语录作为结集的标志，各派“师法”和“家法”亦初露端倪。也许“五世则迁”的幽灵在作怪吧，后世之门人往往尊师甚于重教。荀子已将其师子弓与孔子相提并论，荀子的弟子更将荀子置于孔子之上。《子张》篇里多次出现关于子贡贤于孔子的对话，每一次对话虽然都以子贡高扬孔子而告终，但其意图却欲盖弥彰。《论语》中出现那么多的“曾子曰”，这个喋喋不休的导师，似亦有与孔子分庭抗礼之嫌。在《论语》中，还可以直接看到儒家分化的种种迹象。《先进》篇里有一段孔子声讨其弟子冉求的言论：“季氏富于周公，而求也为之聚敛而附益之。子曰：‘非吾徒也。小子鸣鼓而攻之，可也。’”冉求为季氏实行田赋制度，是最早向法家过渡的人物。《雍也》篇里还有孔子告诫弟子子夏的一句话：“女为君子儒！勿为小人儒！”这句话含沙射影，是借孔子之口来骂子夏，可能出于曾子之门下。曾子曾责备子夏“退而老于西河之上，使西河之民疑女于夫子”。*1吴起脱离曾子后，曾在西河师事子夏*2。“小人儒”正是曾子及其门人对子夏的评价，这一评价与荀子所说的“子夏氏之贱儒”正相符合。

儒学分化，有利于孔子思想的繁衍；由分化而异化，成为当时思想发展的一种重要形式，推动了诸子百家的兴起。先秦诸子在思想渊源上，大都

*1 《礼记·檀弓上》。
*2 《史记·儒林传》。

与儒家有着某种内在联系。他们或从儒家大本营中分化而出，或与之有着千丝万缕的瓜葛，假如思想亦要认祖归宗，诸子之学或多或少都要归结到孔子那里。战国诸子，其学多源，孔子的思想是一主要来源。杨伯峻说："没有孔子和孔门弟子以及其后的儒学，尤其是荀卿，不但不可能有战国的百家争鸣，更不可能有商鞅帮助秦孝公变法（《晋书·刑法志》说：'李悝著《法经》六篇，商鞅受之以相秦。'）奠定秦统一的基础；尤其不可能有李斯帮助秦始皇统一天下。"*[1]这个论断是符合实际的。

关于诸子之学与孔子思想的渊源，我们大略提出以下几点：（1）孔子与法家。子贡问政，子曰："足食，足兵，民信之矣。"*[2]法家的耕战思想与之相通，事实上从足食、足兵出发的儒生很容易向法家转化，冉求即为一例。（2）孔子与道家。子曰："无为而治者其舜也欤？夫何为哉？恭己正南面而已矣。"*[3]"无为而治"与道家相通。（3）孔子与墨家。子曰："唯天为大，唯尧则之。"*[4]墨家尊天与此相通。樊迟问仁，子曰："爱人。"*[5]墨家"兼爱"说，是孔子"爱人"的发展。（4）孔子与名家。子路问政奚先，子曰："必也正名乎！"*[6]"正名"成为先秦名家思想的一个基本内核，后世名家之辨无论怎样光怪陆离，究其根柢，不离"正名"二字。（5）孔子与兵家。孔子虽自称"军旅之事，未之学也"，但他绝非口不言兵之人，他主张足食足兵，反对不教民而使之战，"善人教民七年，亦可以即戎矣"。*[7]他门下有子路好言兵，再传弟子中，有吴起向兵家转化，荀子

*1 见杨伯峻著：《论语译注·试论孔子》。
*2 《论语·颜渊》。
*3 《论语·卫灵公》。
*4 《论语·泰伯》。
*5 《论语·颜渊》。
*6 《论语·子路》。
*7 《论语·子路》。

虽然“羞言五霸”，然于军旅之事亦津津乐道。（6）孔子与纵横家。子贡问士，子曰：“行己有耻，使于四方，不辱君命，可谓士矣。”*[1]“使于四方，不辱君命”，正是纵横家的本色。孔子本人精于外交，其门下子贡，更擅纵横捭阖之术，“故子贡一出，存鲁，乱齐，破吴，强晋而霸越。子贡一使，使势相破，十年之中，五国各有变。”*[2]于此观之，言诸子本于儒，孔子入百家，应不为过。

诸子之学，争奇斗艳，各有所本；然而归根结底，以道论之，无非有二：一曰王道，二曰霸道。孔子中庸，言霸术而不离王道；诸子多偏颇，或王，或霸，各趋于一端。战国百家争鸣，诸子相轻；唯于孔子，虽有微词，无伤大体。统观诸子，唯孔子能兼王霸之学，一诸子之方；百家争鸣，归于一统，能一之者，非孔子莫属。思想运动，自有其规律，非政治所能决定。法家依靠王权，能得逞于一时，却难于持久。秦以法为教，以吏为师，纯用霸术，故二世而亡。汉初承秦制，用黄老，无为而治，然亦无所作为。自春秋至秦汉，其间数百年，为两大趋势所支配：一是诸侯兼并，一是诸子争鸣。诸侯兼并，导致政治大一统；诸子争鸣，导致思想大一统。政治大一统是“王化”，思想大一统是“圣化”，两者互动，遂成秦汉大一统。然而二者并不同步，“王化”趋前，“圣化”滞后，“王化”带动并支配“圣化”，但“圣化”却不全由“王化”来决定。思想大一统的前提，是诸子之学合而为一，唯能兼收并蓄者能“合”之。法家专恃王权，故不求合；黄老无为，亦不求合。唯儒家能合，其一，究其根柢，诸子由儒家分化而来；其二，诸子无道统，而儒家有道统；其三，儒家自始至终从事教育，从事文化建设，教育和文化是实现思想大一统的基础；其四，儒家在完成自身建设以

*1 《论语·子路》。
*2 《史记·仲尼弟子列传》。

后，能适时进行自我调整，以适应“王化”的需要，“霸王道杂之”的孔子就是适应“王化”需要的产物。孟子说孔子是“圣之时者也”， 真不愧为亚圣，一个“时”字，道尽了孔子圣化的秘诀，“霸王道杂之”的孔子，是一个名副其实的“时”者。“霸王道杂之”，对于孔子来说，绝非贬义，而是其圣化的完成。

三、先秦诸子论孔子与孔子的圣化

汉武独尊儒术，在于儒术已通百家。儒术通百家，虽由儒家兼收并蓄，融合诸子，亦由诸子对孔子的认同。以往学者，于儒家兼收诸子，言之凿凿；而于诸子之认同孔子，则视而不见。诸子之认同，为孔子圣化之关键，非由此，我们不能见独尊儒术之全貌；非由此，我们不能得孔子圣化之根柢。

战国之时，诸子蜂起，竞为标新立异之说。其说孔子，五花八门，亦褒亦贬，为后世儒者深讳而莫言，亦为近世学者熟视而不见。然而，它在思想史上却有着深刻的意义，我们不仅由此可见诸子的思想风貌，更能从思想运动的内涵方面，认识孔子圣化的深层原因。诸子对孔子的认识，是我们进一步认识孔子的思想起点。

1. 孔子入百家：先秦学术分化及其演进

［1］王官之学与诸子之学

周秦之际，礼崩乐坏，王官之学，散在民间，于是，私学兴而诸子起。孔子生逢其时，创私学而开诸子之先河；又志在六艺，述而不作，集官学之大成，变官书为私著。其编《书》、正《诗》、定《礼》、赞《易》、修《春秋》，为诸子之学奠定基础。诸子之学，大抵从六艺出发，或宿于刑名，或归本黄老，然其根柢，在于孔子。《庄子·天下》言先秦学术演变，“道术既裂”而使诸子于《诗》《书》《礼》《乐》《易》《春秋》各有所道，“多得一察焉以自好”，故诸子之学源于六艺，本于孔子，“蔽于一曲”，由儒脉分化而来。其言学术演进之大势，从天下学术“皆原于一”，分裂为“百家”，至庄子，其学复归于“一”。汉司马谈《论六家要旨》考评学术，亦循此思路，欲以六家归本黄老。班固《汉书·艺文志》之体例，与《庄子·天下》相似，置《六艺略》于《诸子略》之前，其宗旨亦出于《天下》篇，谓百家从六艺出，六艺为王官之学，故诸子出于王官。《诸子略》分诸子为九流十家，以其“各引一端，崇其所善”，“相生亦相灭，相反而相成”，“一致而百虑，殊途而同归”，故断言能修六艺之术，观九家之变，则能“通万方之略”，再建王官之学。

［2］争鸣与争霸：子学王官化

先秦学术之演进，大抵分为两期：三代为王官之学，春秋至秦为诸子之学。诸子之学的演进，亦经历了春秋和战国两个时期。

春秋诸子时期。代表人物有老子、孔子、管子、子产、晏子、邓析等。老子因自然，孔子定六艺，管子任政事，形成儒、法、道三足鼎立的格局；子产近法，晏子近儒，邓析则“攻乎异端”。争鸣之动力，源于子学王官化的追求，名为争鸣，实则争霸，其目的在于将诸子一己之学提升为一国王官之学，或天下王道之学。

为此，孔子以毕生之力，做了三件事：兴学以建立学统，编书以建立道统，周游列国以建立政统。三件事做成了两件，使他成为圣人；第三件事以失败而告终，使他只能被封为“素王”。

战国诸子时期。孔子之后，儒分为八，各持一说，自命正统，由分化而异化，战国诸子多从此出。战国之时，诸子之流派已泾渭分明，学派之争意识形态化。墨家《非儒》；孟子“辟杨墨”；荀子《非十二子》；韩非论

《五蠹》；吕不韦以官兴学，集众说成一家，作《吕氏春秋》，虽不免于杂，然其志在一诸子之学，使之王官化。

儒家高举仁义的旗帜，为王权政治建立道德基础；道家则从天道立论，为王权主义提供形而上的根据；法家从政治实用主义出发，追求工具理性的政治效果；阴阳五行家以先验的宇宙图式和历史目的论为依据，为王权政治提供了一个神秘主义的解释系统。

诸子之学不同，然其学术宗旨皆曰“定于一”。由此宗旨出发，诸子形成两派。一派以法家为代表，主张“以杀去杀”，以消灭对立面的存在为前提；一派主张兼收并蓄，集诸子以成一家之言。圣人只有一个，谁能从诸子中脱颖而出呢？“以杀去杀”必然导致以王为圣，兼收并蓄则诸子无法回避那个“仰之弥高”的孔子的存在。孔子入百家，百家皆言孔，诸子中能享此殊荣者，唯孔子而已。

2. 走向外王的孔子：诸子的批判与认同

[1]《墨子》论孔子：道德批判与理性批判

据《汉志·诸子略》著录，《墨子》的作者是墨翟，为孔子后学。《淮南子·要略训》云：“墨子学儒者之业，受孔子之术，以为其礼烦扰而不说，厚葬靡财而贫民，服伤生而害事，故背周道而用夏政。”清代学者孙诒让《墨子传略》又据《吕氏春秋·当染》和《汉志》，推测墨子之学出于史角和尹佚。大概墨子像孔子一样学无常师，故其虽“学儒者之业”，却没有成为儒者。

《墨子》中有《非儒》一篇，极力攻击儒家。其论孔子有二，一是道貌岸然的小人，二是犯上作乱的政客。其言有五：（1）孔子入楚，参与白公叛乱，与白公为一丘之貉；（2）孔子“怒于景公和晏子”，故先煽动田常篡上，又“遣子贡之齐”，劝齐伐吴，三年之内，使齐吴遭“破国之难”；

（3）孔子为鲁司寇，“舍公家而奉季孙”；（4）孔子“穷于蔡、陈之间”，为活命而“不辞妄取”，以苟且偷生为义；（5）孔子教弟子非圣无法，故其弟子或以叛乱伤命，或以叛乱致残。孙诒让以为《非儒》乃墨子之徒所为，与墨子无关。

在《墨子》的其他篇里，墨子曾言及孔子，然其态度颇为客观，其评价也相当中肯。在《耕柱》篇里，他批评孔子言不及义，以含糊其辞的“远者近之，旧者新之”乱开药方，一味敷衍，“不以人之所不知告人，以所知告之”。以其形式逻辑的武器，批评了儒家的辩证法。在《公孟》篇里，他否定了孔子“可以为天子”。“公孟子谓子墨子曰：‘昔者圣王之列也，上圣立为天子，其次立为卿大夫。今孔子博于诗书，察于礼乐，详于万物，若使孔子当圣王，则岂不以孔子为天子哉？’子墨子曰：‘夫知者必尊天事鬼，爱人节用，合焉为知矣。今子曰孔子博于诗书，察于礼乐，详于万物，而曰可以为天子。是数人之齿，而以为富。’”在这里，公孟子的逻辑碰到了现实难题。按照知而圣的圣化逻辑，“博、察、详”的孔子理所当然是圣人，以内圣外王推论，孔子应为圣王，因此，公孟子提出了“岂不以孔子为天子哉”的问题。墨子认为，逻辑本身没有问题，问题在于逻辑的前提“知”。对“知”的看法截然不同，对孔子的评价也就有天壤之别。公孟子以“博于诗书，察于礼乐，详于万物”为“知”，而墨子却以“博、察、详”为拾人牙慧，不能算真知。为此，他提出了一个关于“知”的根本标准：“尊天事鬼，爱人节用。”以此标准衡量孔子，则孔子不仅离“天子”相去甚远，而且连是否为圣人也要大打折扣。

其实墨子并非一味批孔，他在一些场合曾公开赞扬孔子。“子墨子与程子辩，称于孔子。程子曰：‘非儒，何故称于孔子也？’子墨子曰：‘是亦当而不可易者也。’”他承认孔子的思想具有真理的成分，这些成分有着永恒的价值，是墨学也须遵循的准则。

［2］《庄子》论孔子："知命"与"由命"者

《庄子》一书言及"孔子"之多，远远超过《孟子》，《庄子》全书三十三篇，其中言及孔子的就有二十一篇，有一百多处。除《盗跖》篇对孔子进行人身攻击外，其他各篇对孔子的评价都较为客观，无论褒贬，都有其内在统一性。

《庄子》中的孔子，是个平易近人的孔子，他学无常师，不断进步，而且常作自我批评。颜回本是他的学生，孔子却甘拜下风。在《大宗师》里，颜回言其"坐忘"，孔子不解，问曰："何谓坐忘？"对曰："堕肢体，黜聪明，离形去知，同于大通。此谓坐忘。"他闻之而叹曰："丘也请从而后也。"从导师变成追随者，表现出通达而随和的形象。在《寓言》里，庄子与惠施有一段对话。对话中，庄子指出，孔子行年六十而知五十九年非，"始时所是，卒而非之"；同时，又赞美孔子"鸣而当律，言而当法"，"定天下之大定"。《齐物论》有两处论到孔子，一处以孔子为圣人，"春秋经世先王之志，圣人议而不辩"，此圣人即指孔子；另一处则谓孔子后知后觉，不及黄帝，"是黄帝之所听荧也，而丘也何足以知之"！《人间世》言孔子教颜回"心斋"，教叶公子高"乘物以游心"，一派道家化的圣人气象。在《德充符》里，孔子以"兀者王骀"为师，又有兀者叔山无趾，谓孔子未至于"至人"之境。《天地》《天道》《天运》《田子方》《知北游》诸篇，均有孔子见老聃，问礼、问道、问圣人之语，孔子谓老聃"犹龙"，老聃亦称孔子得道。

总之，《庄子》中的孔子形象，是个求道而得道，"行年六十而六十化"的圣人，其地位在黄、老之下，未达"至人"之境。"行年六十"的孔子，进入"耳顺"期，"耳顺"的形而上学意义是听天由命。孔子自谓"五十而知天命"，以"知天命"为圣化的起点；庄子主张"去知"，故"知天命"的孔子仍未得道。六十岁以后的孔子，其精神之境界，从"知命”进入“由命”，“由命”是道家圣化的起点。在庄子的“天而不人”的天化谱系中，天人最高，为终极之目标；其次神人，“独与天地精神往来”的庄子即是；其三至人，“古之博大真人”老子即是；其四圣人，传《诗》《书》《礼》《乐》《易》《春秋》的孔子即是；其五君子，诸子即是。

在《天下》篇里，言天人、神人、至人，皆以“不离”言之，“不离”，即“与天为一”；言圣人则曰“以天为宗，以德为本，以道为门”，即圣人为先“离”而后知天人合一者。以孔子言之，孔子就是先离道，而后求道，由求道而知反本归宗者。以孔子的圣化模式来对照，求道而得道的孔子，尚处于“耳顺”阶段，未能“从心所欲”。

［3］《韩非子》论孔子：法治与人伦的悖论

《史记·老子韩非列传》言韩非与李斯“俱事荀卿”，同出儒门，李斯自以为不如韩非，故借秦之刀，幽杀韩非。又《论衡·祸虚》云：“李斯妒同才，幽杀韩非于秦。”《汉书·艺文志·诸子略》著录《韩子》五十五篇，列在法家。

韩非虽学儒者之业，却“喜刑名法术”，而“归本于黄老”。老子和孔子，为诸子学术之渊薮，通观诸子之学，或出于孔，或本于老。孔子重教育，以“六经六艺”劝学，故学者多出于儒者之门；老子法自然，弃六经而言天道，故诸子多归本于黄老。

从知识演进的规律来看，为学者多从具体知识入手，而进于思辨之域，出于孔而归于老，便反映着这一演进的规律。战国时期广为流传的孔子以老子为师之说，与其说是对一件事实的陈述，而毋宁说是对当时出于孔而归于老的思想演进趋势的认同。

韩非师承荀子，其思想为荀子学说的进一步发展；荀子援道入儒却不得不非议老子，韩非则作《解老》《喻老》阐发老子思想；荀子称孔子为“圣人之不得势者”，而韩非的新圣谱系中显然没有给孔子留位置。《韩非子》

五十五篇，其中言及孔子的有十四篇。书中的孔子，是个正反两方面的典型，有时他是法家思想的传声筒，有时他又成为法家批判的靶子。韩非根据其实用理性的需要，塑造出自相矛盾的孔子形象。

《难言》篇云："仲尼善说而匡围之"，孔子"度量正，义理全"。《安危》篇云：治世则"奔车之上无仲尼"，以孔子为风尘仆仆的救世者。《内储说上·七术》有孔子答鲁哀公问，借天道而言杀者，以为该杀不杀，必失天道。殷之法律，"刑弃灰于街者"，子贡认为这是小过大罚，孔子则言"虽刑之可也"。鲁国失火无人救，哀公惧而召问孔子，孔子曰："夫逐兽者乐而无罚，救火者苦而无赏，此火之所以无救也。"又说："救火者尽赏之，则国不足以赏于人，请徒行罚。"于是下令："不救火者比降北之罪，逐兽者比入禁之罪。"一副铁腕人物的面孔，跃然纸上。《内储说下·六微》云："仲尼为政于鲁，道不拾遗，齐景公患之。"于是，齐以女乐为饵，钓鲁哀公。"哀公乐之，果怠于政，仲尼谏不听，去而之楚。"孔子善治，邻国君臣惧而离间之。在《外储说左上》里，孔子曰："为人君者犹盂也，民犹水也，盂方水方，盂圆水圆。"视民为无形之材料，以君为能动之形式，民之方圆，全赖君主以形式整合。这分明是个法家化的孔子，与孟子"民贵君轻"和荀子"君舟民水"说相去甚远。《外储说左下》则以"孔子曰"的方式主张法治，倡导专制。孔子曰："概者平量者也，吏者平法者也，治国者不可失平也。""平"，法也；"不可失平"，即不可失法。又曰："与其使民谄下也，宁使民谄上。""谄下"，则"党舆成乎下"；"谄上"，则天下尚同于君。他批评管仲"泰侈逼上"，反对臣行君事，主张不在其位，不谋其政。在《外储说右上》里，孔子责备子路擅行仁义，他说："夫礼，天子爱天下，诸侯爱境内，大夫爱官职，士爱其家，过其所爱曰侵。今鲁君有民，而子擅爱之，是子侵也，不亦诬乎！"行仁义而爱民乃君主之事，臣行之则曰"侵"。

上述孔子，是法家化的孔子，在《韩非子》中占的比例较大。作为“儒之所至”的孔子，则成了批判的对象。《难一》篇批评孔子“不知善赏”，又以“楚人鬻矛与盾”诘难孔子。孔子以尧舜同为圣人，韩非则以为自相矛盾。他说：“舜之救败也，则是尧有失也。贤舜则出尧之明察，圣尧则去舜之德化，不可两得也。”《难二》篇批评孔子“以文王为智”。孔子曰：“仁哉文王！轻千里之国而请解炮烙之刑。智哉文王！出千里之地而得天下之心。”而韩非则认为，正是文王“轻地以收人心”导致其“桎梏囚于牖里”，臣下得人心，乃君上之大忌。《难三》篇批评孔子“悦近而来远”、“选贤”、“节财”等主张为“亡国之言”。《五蠹》指出：“民固服于势，寡能怀于义。仲尼，天下圣人也……鲁哀公，下主也……故以义则仲尼不服于哀公，乘势则哀公臣仲尼。”由此得出权势高于仁义的结论。又批评孔子之“孝”为不忠，指出“父之孝子，君之背臣也”。《忠孝》更指出孔子“本未知孝悌忠顺之道”。这里的孔子，与法家思想背道而驰。

平心而论，韩非子对祖师爷并非不尊，在道德的高尚方面，他对孔子给予了高度评价，以“天下之大，仁义者一人”称孔子。但是，他对孔子以道德为政治的基础却予以否定，以为迂而无当，不切实际。他从君本位的立场出发，主张以权势为政治的基础。论思想虽极深刻，于人情却太幼稚，貌似老练，实则老实。须知专制政治大都能做而不能说，他将政治的本质和盘托出，等待他的便只有一死。

《韩非子》一书出现了两个孔子，一个是剪影式的法家化的孔子，另一个是漫画化的“儒之所至”的孔子。这两个孔子出于一人之手，处于一书之中，虽然自相矛盾，却也妙趣横生，它集中反映了诸子之学的实用理性的特点。从总体上看，韩非评价孔子，褒多于贬，扬过于抑。孔子虽非他心目中有权有势的“王圣”，却也给他的思想体系留着先天的印记。思想传承的痕迹，正如婴儿的胎记，无法消除。因此，韩非的思想体系中，总有一个幽灵，一个若即若离的孔子的幽灵在徘徊。

［4］《吕氏春秋》论孔子：孔子面面观

《史记·十二诸侯年表》曰，吕不韦“上观上古，删拾《春秋》，集六国时事，以为八览、六论、十二纪，为《吕氏春秋》”。《汉志·诸子略》云：“《吕氏春秋》二十六篇，秦相吕不韦辑智略之士作。”是书成，吕不韦欲学商鞅徙木立信，以耸动视听，故将其书置于咸阳集市，悬千金其上，声称有能增损一字者与千金。结果时人无能增损者。东汉高诱以为，时人畏其权势不敢言。然而战国之时，处士横议，岂有见是书而退避三舍之理？其原因，大抵清高者鄙其权势与铜臭，见机者则敬而远之以避祸。吕氏权高逼主，又招贤纳士，还要著书立说，统一思想，这就犯了专制之大忌。故当时奔进之士对是书不置一词，是怕卷入生死攸关的政治风波 。

《汉志·诸子略》将《吕氏春秋》列入“杂家类”。所谓杂家，乃“兼儒墨，合名法”，对各家学说兼收并蓄。全书共二十六篇，各篇又有子目，合计子目，共一百六十篇，其中三十余篇言及孔子。诸子论孔子，借此而荟萃于一书中。因此，通观一书，可知诸子论孔之全貌。

（1）书中之儒者论孔子。儒者论孔子，计有《劝学》《尊师》《异用》《孝行》《慎大》诸篇。《劝学》《尊师》以“古之圣王未有不尊师者”立论，以“颜回之于孔子也，犹曾参之事父也”为例，言古之贤者必尊师，“师必胜理行义然后尊”，在师道尊严面前，“虽王公大人亦弗敢骄”。“师”，即荀子所谓圣师，儒家以孔子为帝王师，尊师即尊孔。《异用》言仁者用物，以商汤网开一面，德及禽兽；文王得死人之骸，葬无主之尸；孔子“以六尺之杖，谕贵贱之等，辨亲疏之义”为例，言仁之为物，取之不尽，用而为王，将孔子与商汤、周文相提并论，其尊孔之心，可想而知。《孝行》言孝为“三皇五帝之本务，而万事之纪也”，其说出于“乐正氏之儒”，而归本于孔子。《慎大》以“于安思危，于达思穷，于得思丧”

为"持胜"之道，其言孔子力大无穷，"而不肯以力闻"，深谙"持胜"之道。

（2）书中之道家论孔子。道家论孔子，计有《贵公》《先己》《谕大》《精谕》《具备》《知分》《有度》《务大》诸篇。《贵公》以"天下非一人之天下，天下之天下"立论，言"荆人有遗弓者，而不肯索"，曰："荆人遗之，荆人得之，又何索也？"孔子闻之曰："去'荆'而可矣。"老聃闻之曰："去其'人'而可矣。"荆人所言为乡土观，乡土观以乡亲为贵；孔子所言为天下观，以人为群己合一，而以群为归依，故曰"去'荆'"；老聃所言为天地观，以人为天人合一，而以天为归依，故曰"去'人'"。比较而言，老聃至公，孔子次之。《先己》借孔子与伊尹之言，论治身为治国之本，反映了战国末年儒道合流之趋势。《谕大》以"事事在大"立论，极言古之圣王行事大而化之，虽未至终极之目标，然其龙翔凤翥之姿，亦足以为世之师表；又言孔子"欲行大道于世而不成，既足以成显名矣"，虽不及古之圣王，但亦不失为一圣人，盖亦法乎其上得其次之义也。《精谕》言孔子见温伯雪子，叹曰："圣人之相知，岂待言哉？"又言孔子以不言之道教白公。《有度》言孔子行仁义而无补于世，在于不通性命之情。其言"仁义之术外也"，而性命之情内也，"唯通乎性命之情，而仁义之术自行矣"。道家主内，儒家主外，内外相合，儒道互补之势于此端倪可察。

（3）书中之墨家论孔子。墨家论孔子，计有《去私》《当染》《安死》《当务》《顺说》《高义》《举难》《不苟》诸篇。《去私》言孔子称赞墨者祁黄羊"外举不避仇，内举不避子"。《当染》言"孔墨之后学显荣于天下者众矣"。孔墨并称，合流之势明矣。《安死》言"鲁季孙有丧，孔子往吊之"。主人以鲁国之名玉"与蕃"随葬，孔子竟不顾礼节，"径庭而趋，历阶而上"，直谏其非，不惜违礼以斥厚葬，以为厚葬则死不得安，贪婪者必掘墓取宝，抛尸于光天化日之下。《顺说》言：“孔丘、墨翟，无地为君，无官为长，天下丈夫女子莫不延颈举踵而愿安利之。”《高义》言孔子不受齐景公之封，舍利而取义。又曰：“孔子布衣也，官在鲁司寇，万乘难与比行，三王之佐不显焉，取舍不苟也夫！”此言孔子“行必诚义”，光彩照人，竟使三王之佐亦黯然失色。《举难》言人无完人，难以求全，连古之圣王也不无非议。其言孔子，则曰孔子受季孙氏之养，而“鲁国以訾”。孔子不亦自谓其“上不及龙，下不及鱼，丘其离邪”，既不像龙那样高蹈云天，又不甘如鱼之沉沦于渊，而是如离之似龙而非真龙，自命清高而又不得不混迹浊世。由此可见，《吕氏春秋》中的墨家学派已明显地改变了《非儒》的态度，以孔墨并举，表明了一种和解的立场。

（4）书中之法家论孔子。法家论孔子，有《任数》《不二》《一行》诸篇。《任数》言知人之难，非任术则无以知之。“数”，术也，“任数”即任术。其言孔子“穷乎陈蔡之间”，饥而疑颜回先食，并诈以梦中之言，颜回道实情，孔子乃叹曰：“知人固不易矣。”《不二》言百家异术，各执一端。孔子贵仁，为众说之一。圣人能使万众一心，孔子之非圣人由此可见。《一行》言天下之所恶，在于无规矩准绳统一人的行为。其言孔子占卜，得贲卦而以为不吉，子贡曰：“夫贲亦好矣，何谓不吉乎？”孔子曰：“夫白而白，黑而黑，夫贲又何好乎？”“贲”，杂色也。杂色，非此非彼，难以“定于一”。由论色而论政，则杂色多元，政如杂色则必败，此孔子之所以非贲也。《不二》言一人心，《一行》言一人行；《不二》中的孔子在被“一”之列，而《一行》中的孔子则是个振振有词的“一”人者。

（5）书中之阴阳家论孔子。阴阳家论孔子，有《义赏》《慎人》《遇合》《必己》《贵因》《乐成》《察微》《察传》《博志》诸篇。《义赏》言晋楚城濮之战，咎犯以兵不厌诈教晋文公，而雍季以竭泽而渔诫晋文公。文公用咎犯之谋败楚兵，论功行赏，则雍季反在咎犯之上。孔子称赞文公善赏，谓其“虽不终始，足以霸矣”。又赞赵襄子：“赏一人而天下之为人臣莫敢失礼。”此言孔子论赏重“百世之利”，而以礼为准绳。《慎人》谓孔子时乖命蹇而言穷达之道，喟然而叹曰：“岁寒知松柏之后凋。”自谓其“内省而不疚于道，临难而不失其德”，是一个乐天知命的孔子。《遇合》谓孔子干世主，“所见八十余君”，而“仅至于鲁司寇，此天子之所以时绝也，诸侯之所以大乱也”。此言孔子为不遇时的圣人。《贵因》言“因者无敌”，审天推历者因天时，干世主者因人事，其言孔子善因，曰：“孔子道弥子瑕见厘夫人，因也。”《乐成》言孔子治鲁，鲁人颂之。《察微》言孔子“见之以细，观化表也”。《博志》言孔子学先王之术，“昼日讽诵习业，夜亲见文王、周公旦而问焉”，用志专精，故事无不达，为则必成。

（6）书中之兵家论孔子。兵家论孔子，只有一篇《召类》，其言“文武有常，圣人之元也”。楚欲攻宋，宋相司城子罕严阵以待，使楚闻风而退，孔子以“修于庙堂之上，折冲千里之外”称司城子罕。赵将袭卫，遣使往观。使以卫群贤毕集、不宜用兵告之，赵即按兵不动。其所谓贤者，乃孔子、子贡及卫国执政诸公。

（7）书中之术数家论孔子。术数家论孔子，仅《观表》一篇，其言“圣人之所以过人以先知，先知必观表”。凡事之起，必有征候，智者见微知著，观近虑远，孔子赞后成子过卫而知卫必乱，为“能观人矣”。其结尾云：“圣人上知千岁，下知千岁，非意之也，盖有躬也。”此语可与《论语·为政》互相发明。在《为政》里，子张问孔子：“十世可知也？”子曰：“殷因于夏礼，所损益，可知也；周因于殷礼，所损益，可知也。其或继周者，虽百世，可知也。”

《吕氏春秋》中的孔子，得到各家各派的认同，除法家《不二》略有微词外，其余对孔子均推崇备至。

3. 孔子圣化：批判的解构与认同的转化

先秦诸子论孔子，有批判，有认同。批判的言论，大致分为三类。一类是人身攻击，如墨家之《非儒》，《庄子》之《盗跖》；二类是学术评价，如《墨子》之《公孟》，《庄子》之“五十九年非”的孔子；三类是言论批评，如《韩非子》之《难一》《难二》《难三》等。诸子认同孔子，也有三种情况。其一为局部性认同，如墨子言孔子之“当而不可易者”，如韩非以孔子之礼斥儒之仁义，以孔子之治非儒之爱民等；其二为阶段性认同，如庄子谓孔子“行年六十而六十化”，而“知五十九年非”等；其三为整体性认同，如《吕氏春秋》对孔子所作的综合的、全方位的评价等。

［1］批判的解构

诸子对孔子的批判，是一个逐渐淡化和逐步解构的过程。以墨家为例，《非儒》批孔可谓无所不用其极，墨子论孔子虽具宗师风范，但他对孔子的思想方法和价值取向，却损之又损，大打折扣；然而《吕氏春秋》中的墨者，却孔、墨并称，以孔子为圣人。先秦诸子中，批孔最甚者为墨家，墨家尚且如此，其他可想而知。再以道家为例，庄子批孔可谓妙笔生花，极尽想象之能事，更有《盗跖》篇，揭批孔子，体无完肤；然而《吕氏春秋》中的道家，其言孔子境界之高，虽不及老子，但亦不失为圣人。

大凡真理，都经得起时间的检验，而浮泛的言论在历史的长河里，终究要沉淀下去。诸子初起时，皆欲以权威为陪衬，故其批孔也，如月之在天，借日生辉。而当其事业创成之时，筚路蓝缕中，万般艰难后，体会出先驱者的伟大。美学家言，距离产生美，非徒言空间之距离，亦言时间之距离也。夫历史者，时间之距离也。隔了数百年之后，诸子的徒孙们，回眸一瞥，发现孔子毕竟难以企及。他们已无须再去挑战孔子，用孔子的身影反衬自己的存在，恰恰相反，他们要对孔子进行创造性转化，使之为我所用。因此，批孔之言自然消失，非儒之理念也随之解构。

［2］认同的转化

诸子评价孔子，亦如今人之一分为二，肯定与否定错综交织，认同与批判并行不悖，然其趋势则截然相反。批孔是个逐步解构的过程，而尊孔则不断强化。墨子尊孔仅取其“当而不可易者”，坚决否认孔子为圣人，而其后学则以孔、墨并圣，完全与祖师背道而驰。诸子之尊孔，很少基于学理的立场对孔子作全面的考察，而是多从实用理性出发，对孔子进行转化。韩非尊孔则以孔子为法家的代言人，庄子尊孔则言其“内圣外王”之术近于道家。

认同是一种选择，诸子对于孔子，弃其所非，各取所需，将孔子从儒家整体中剥离出来，使之入百家。于是孔子之名，如味精一般，为各家烹调其学说所用。先秦诸子中，唯孔子能为诸子全体所认同，尽管认同的程度不一，广狭有别，但仅认同之本身，就已使之超越诸子，在圣化的滚滚思潮和运动中脱颖而出。唯孔子能为诸子全体所认同，能一诸子之说，执诸子思想之牛耳，为集大成者。

孔子圣化，在异彩纷呈的诸子之说中已见端倪，汉武独尊儒术，虽由王权抉择，而其根柢却在诸子之认同，乃诸子认同之水到渠成。思想运动自有其趋势，它受政治的影响，但不受政治的支配。独尊儒术，虽由王权来钦定，但更由思想运动自身之趋势所决定。权力可以授予，权威不能授予；名分可以恩赐，思想不能恩赐。当历史的机遇将事件的内因与外因结合在一起时，“因”就必然要转化为“果”。

作为思想运动的先驱，其思想往往缺乏逻辑的彻底性，表现出一种难以言喻的模糊性的诗化倾向，为后来者留有深远的解释余地和广阔的发展远景。思想越解释越丰富，孔子越是述而不作，其后学便越要寻求微言大义；他越是片言只语，惜墨如金，其后学就越把它当做金科玉律，这几乎成为轴心期文化先知们的共性。对于先知们来说，他们需要的是思想与行动的统一性，而非理论思维的彻底性和完整性。孔子学说虽有逻辑缺陷，这非但没有削弱它的影响，反而使它引人入胜。唯其如此，方能兼收并蓄，使一代又一代的后学者去丰富和发展它。逻辑的完美，反而使思想产生排他性，使理论裹足不前，使后学敬而远之。战国诸子们不断以“孔子曰”的方式，通过赞美或批判去补充和发展孔子的思想，他们不仅借着“孔子曰”来表达自己的主张，而且还通过“孔子曰”来为各家思想的统一性建立基础。从诸子异说的孔子中，我们发现，异彩纷呈的诸子思想，实际上同根共源。诸子合流，无论其有意还是无意，自觉还是非自觉，都必然要回到孔子。以墨子、庄子和韩非子为例，他们都与孔门有着“剪不断，理还乱”的关系，如果这三家思想要融合，孔子便是不可或缺的中介，儒学便是不可替代的平台。从总体上看，诸子异说的孔子，并非五花八门的拼盘，而是个完整的概念，这个概念，倘以一言蔽之：“圣人之不得势者也。”诸子对孔子的评价，奠定了孔子圣化的思想基础，后世“独尊儒术”，非独时势使之然，亦由历史之积淀而成。*[1]

*1　参考：（清）孙诒让：《墨子闲诂》，中华书局1986年版；郭庆藩：《庄子集释》1～4册，中华书局1982年版；梁启雄：《韩子浅释》，中华书局1961年版；陈奇猷：《吕氏春秋校释》，上海学林出版社1984年版；杨伯峻：《论语译注》，中华书局1980年版；王充：《论衡》，上海人民出版社1974年版；《史记》（全十册），中华书局1982年版；《汉书》（全十二册），中华书局1962年版。

第三章　先秦诸子圣化观综述

一、先秦文化转型与诸子造圣运动

1. “圣”的本义及其在文化转型中的演变

圣化，作为一种政治文化现象，萌于西周，生于春秋，成长于战国，定型于秦汉。此后，作为一种政治理性和人文精神，历魏、晋、隋、唐，经宋、元、明、清，绵延至近代。从政治文化的角度看，作为圣人观，它既是一种“关于人的共同观念体系”，又是一种充分理想化的政治模式。从政治一体化的立场出发，作为天下观和大一统的渊薮，我们会发现圣人具有某种绝对化和普遍化特征。绝对化保障了圣与王的统一，而普遍化则导致了大众的认同。从形式上看，圣化是形而上的绝对化和形而下的普遍化的统一；从内涵上看，圣化又可分为道化、王化、神化三个组成部分。当然，在对圣化的形式和内涵进行描述和分析之前，我们应当先了解“圣”的语源及其在历史和文化中的变迁，以及它怎样从一个普通的语词上升为一个普遍的观念。

据顾颉刚先生的考释，金文中，“圣”作“耳口”，从耳，从口，即古

“聽”字，是“声入心通，入于耳，出于口”的意思。[*1]“圣”字在甲骨文中，字形作一人而特大其耳。金文“耳口”乃倾耳以听人言之形。初以“听”为圣，“闻而知之，圣也”。[*2]古人崇尚无言，老子主张“行不言之教”。孔子说：“予无言，天何言哉！四时行焉，百物生焉，天何言哉！”所谓“聪明”，乃听觉与视觉的合成，“耳口”的本义为“入于耳”。《说文》曰：“圣，通也。”在金文中，“耳口”指口耳相通。后来此义衍变，“耳通”转化为“心通”，前后虽有分别，其为“通”则一也。朱骏声说：“春秋以前所谓圣人者，通人也”，“战国以后所谓圣人，则尊崇之虚名也。”这是有见于“别”而无见于“通”的观点。顾颉刚也认为，上古圣人，不过是平凡的聪者，而后世圣人则成为神秘的超人，其间鸿沟甚深。他同样忽略了前后圣人之间所具有的那种隐蔽而深刻的内在统一性。

实际上，前后圣人，一脉相承，一个“通”字，贯穿其中。上古圣人“闻声知情”是“通”，孔子“一以贯之”是“通”，孟子“大而化之”是“通”，庄子“齐物”是“通”，墨子“尚同”是“通”，管子“上察于天，下察于地”是“通”，商鞅“知万物之要，察古今之变”是“通”，《易》主“会通”就更不待言了。总之，所谓圣人，归根结底在于“通”。初民智力幼稚，思不出其身，其圣域仅限于身体中某一器官，故以“耳通”之聪者为圣人。其后，智力渐进，思由其身转而深入其心，故圣域大开，举凡天地、万物、阴阳、四时、人伦、性伪、形名、道德等，几无所不通。“圣者，无所不通之谓也。”[*3]“于事无不通谓之圣。”[*4]

然而，何以圣人能从一个普通的词语上升为一种普遍的观念呢？我们知

*1　《“圣”、“贤”观念和字义的演变》，见《中国哲学》第一辑，80页，三联书店1979年版。

*2　转引自庞朴《儒家辩证法论纲》，见《中华学术论文集》，508页。

*3　《尚书·大禹谟》。

*4　《尚书·洪范》。

道，在殷周文化中，圣人并不占有突出的地位。殷人尊神，周人信命，故殷人文化的特征在于“率民以事神”，而周文化的特征则为“祈天永命”。虽然周文化比殷文化含有更多的人的因素，但人性在周文化中仍然是沉默的。西周末年，人性开始萌动，这在《诗经》中有所反映，那些怨天尤人以及对天命怀疑和诅咒的诗句，预示了人性觉醒的到来。春秋以后，人性扬弃了鬼神和天命的外壳，在复杂的社会政治运动中显现出来。人一旦发现了人性，就会将人性理想化，就像一发现了神，便向神顶礼膜拜一样。于是，人们将各种人性的要素集合成一个理想的人格，并从传统中去寻求新的表达方式，以维持人们在文化和心理上的稳定性和连续性。当先秦诸子将他们敏锐的目光投向传统，他们立刻就发现了“圣人”。这个在鬼神和天命权威的背景下，显得无足轻重的“聪明人”，在新的文化历史运动中，展现了独特的理性风貌。人们将以往献给鬼神的情感，转而倾注给了圣人，圣人成了人们思想的焦点和文化的轴心，人们将内心深处渴望并且感到的恐惧的神性和必然性全都寄托在圣人身上，因此，圣人成了人性、神性和必然性三位一体的化身。当然这是就其完成态而言的，在形成发展过程中，它表现了更多的无序性、复杂性和多样性。

神、命、圣，是中国文化发展的三部曲。殷周之际发生的“易姓革命”，不仅是一场政治变革，而且在文化上也反映出来，文王演《易》和周公制礼作乐，就是其突出表现。《易》是周人的圣典，它表现了周人从对立中寻求变化之道的思维方式，与殷人那种少变通重绝对的思维方式恰成反照。周公立制，虽“因于殷礼”，但其根本精神却在“重民彝”，“作新民”，“其所以祈天永命者，乃在德与民二字……文、武、周公所以治天下之精义大法胥在于此”。*[1]然而在“率民以事神”的殷人看来，“民”不过

*1　王国维：《殷周制度论》，转引自侯外庐等著《中国思想通史》第一卷，37页。

是献上神坛的“牺牲”而已。周人首先发现了“民”，并以人道治“民”，这是观念上的一大变化。在思想文化上可以称之为革命的，在三代有始于文王演《易》的天命观，终于周公制礼的民本主义思潮；在先秦则有春秋战国时代的百家争鸣，这场以人性为先导、以圣化为目标、以诸子为代表的王权主义革命，在西汉却以罢黜百家、独尊儒术而告终。在先秦文化转型中，老子最早确立了中国人的形而上的思维倾向，孔子则建立了中国人的形而下的伦理基础，就像阴阳合一构成太极图一样，儒道互补构成中国文化的根本精神。通观中国传统文化，《老子》的“玄而又玄”和《论语》的“实事求是”，构成传统思维方式的阴阳两极。正是老子和孔子，分别从不同的角度首先发现了“人”。此次文化革命，以“人”的发现为起点，以人性的实现——“圣人”作为最高目标和终极追求，因而称之为“圣化”。由先秦诸子发起并完成的文化革命，建立了中国古代文化的基本模式，历千年而不变，至近代以前，中国文化虽有量的增加、范围的扩大和形式的变化，但无质的飞跃。

从知识运动的规律来看，圣人的上升，反映了人的认识从感性向理性发展的趋势。所谓“圣化”，从认识发展的角度看，其实质是理性化。春秋以后，伦理上的人的发现，与认识上的心的觉醒是同步的。如果说殷周时期的圣人主要强调了人的生理感官上的特性，那么春秋以后的圣人则突出了精神的优越性。“耳通”的圣人不过博闻而已，“心通”的圣人则出神入化。孟子说：“圣而不可知之之谓神。”先秦诸子大都强调了心对于身的主宰地位和作用，这实际上是理性化在心身关系上的表现。正是理性化的需要，使“心”逸出了肉体。“心”之功能有三：一曰容，二曰通，三曰思。“心，容也。”*[1]“心，纤也，所识纤微，无物不贯也。”*[2]“心之官则思。思则得之，不思则不得。”*[3]“容”，指包容性，心如无限的虚空，无所不包。孟子说，“万物皆备于我”，即言心统万物。“容”到极致，则吾心即是宇宙，宇宙即是吾心。“通”，指贯通性，心如永恒的本体，无不贯通，“通”到极致，则“通天地万物为一心”。“思”，指抽象性，它使圣人获得了一种趋于空灵玄虚的形而上价值，一跃而为精神的主宰，故思到极致，则“圣而不可知之之谓神”了。

《易·系辞上》曰：“夫易，圣人所以极深而研几也。”“几”，指事物的本质，不是人的感觉所能把握的。易的体系，是一个本质的世界，它在抽象过程中，蒸馏了所有现象，只留下极纯净的两根线条——阴爻和阳爻。这两条线按照一定的“数”的规律运动可以成“象”，这种“象”是现象世界的原型，它超越了现象世界，同时还可以还原为现象世界。凡人的感觉停滞在复杂的现象世界里，而圣人的智慧则在由阴、阳二爻构成的象数关系中运动，故能“通而先识”，预知吉凶。圣人以“易”简化世界，故“易”又可以称之为“简易”，它远离了人们的日常经验，却又贯穿在人们的日常生活之中，故曰“百姓日用而不知”。抽象思维是理性的特征，圣人思维的贵族气质是理性化在当时的条件下的伴生物。

“心”对于“身”的主宰地位的确立和巩固，意味着理性化的胜利。众所周知，理性化的终极追求是“道”，“人何以知道？曰：心。”*[4]“心也者，道之上宰也。”*[5]“心”能宰道，是因其有“容、通、思”三种功能，

*1 《广雅·释诂四》。
*2 《释名·释形体》。
*3 《孟子·梁惠王上》。
*4 《荀子·解蔽》。
*5 《荀子·正名》。

而圣人无非是将“心”之功能发挥极致者，即孟子所说的“尽其心者，知其性也，知其性者则知天矣”。*[1]“性”和“天”之所在，则道亦自在其中，“知性知天”则道自明。唯有“心”能通形而上之道。“心明曰圣”*[2]，圣人之心，“虚一而静，谓之大明清”。*[3]《广雅·释诂一》曰：“明，通也。”故“心明”又可谓之“心通”，“心明曰圣”亦即是“心通”为圣了。“明”与目有关，目视为明，犹耳听为聪。理性蒙昧之时，人们“藏圣于耳，藏智于目”，特重耳目的功能。随着理性的觉醒，人们逐渐意识到耳目的局限性，“夫心有欲者，物过而目不见，声至而耳不闻也”。*[4]智慧根柢于“心”，耳目之聪明乃本于“心”之通明。从“耳通”到“心通”，从“目明”到“心明”，反映了人们认识世界的理性化进程。“心”与耳目的关系，就其地位高低而言，如君与臣；论其内外之别，则如“宫”与“门”，“心之在体，君之位也；九窍之有职，官之分也。”*[5]“心居虚中，以治五官，夫是之谓天君。”*[6]“洁其宫，开其门。宫者，谓心也。心也者，智之舍也。门者，谓耳目也。耳目者，所以闻见也。”*[7]这种上下本末的关系，在道德判断和价值取向上也反映出来。孟子说：“从其大体为大人，从其小体为小人。”*[8]“大体”是“心”，“小体”则为耳目之类。在诸子的思想中，“明”不仅指感官对事物表象反映清晰，而且特指对事物本质的体认。老子曰：“知常曰明。”*[9]韩非子说：“知微为明。”*[10]“常”

*1 《孟子·尽心上》。
*2 《洪范·五行传注》。
*3 《荀子·解蔽》。
*4 《管子·心术上》。
*5 《管子·心术上》。
*6 《荀子·天论》。
*7 《管子·心术上》。
*8 《孟子·告子上》。
*9 《老子·十六章》。
*10 《韩非子·难四》。

与“微”，非耳目所能把握。欲知之，则非求之于心不可。心的功能的正常发挥，以“虚心”为必要前提。圣人“虚极”，故能致广大——“容”，尽精微——“通”，通神明——“思”。诸子的圣人观，正是以“心”的功能为原型而建立起来的“容、通、思”一体化结构。

2. 诸子对圣人的设计与战国圣化之趋势

春秋、战国时期是造圣时期，圣随创造者而异。这个时期的圣人具有两个特点：第一它处于上升的形成和发展期，成型而未定型；第二它处于多元开放状态，趋于一而未定于一。因此，诸子在造圣时，具有较大的自由度和选择性，各家圣人亦如百花齐放，异彩纷呈。

儒家造圣始于孔子。在孔子眼里，圣人高不可攀，可言而不可即。“圣人，无不得而见之矣；得见君子者，斯可矣。”*[1]就连尧、舜也算不得圣人。“子贡曰：‘如有博施于民而能济众，何如？可谓仁乎？’子曰：‘何事于仁，必也圣乎！尧、舜其犹病诸！’”*[2]当学生奉他为圣人时，他说：“若圣与仁，则吾岂敢？抑为之不厌，诲人不倦，则可谓云尔已矣。”*[3]他自命为君子，而不敢自居于圣人，是因为他自知不能“博施济众”。圣人是从君子中分化出来的，可以说是君子中的出类拔萃者。与圣人并列的还有“善人”和“大人”。“善人，吾不得而见之矣，得见有恒者，斯可矣。”*[4]“君子有三畏：畏天命，畏大人，畏圣人之言。”一般而言，大人与小人相对，善人与恶人相对，圣人与愚人相对。圣人的品格突出在智慧，善人则强调道德完善，大人主要表现人的权力意志，孔子并未将这三者

*1 《论语·述而》。
*2 《论语·雍也》。
*3 《论语·述而》。
*4 《论语·述而》。

统一起来。后儒所谓的圣人，沿着“内圣外王”路线，向着“三位一体”化的方向发展，即圣人不仅智力优异，而且德行高尚，意志至尊。孟子将此三者一概称之为圣人，如伯夷为古之有德行者，他称之为“圣之清者”；伊尹为古之有权势者，他称之为“圣之任者”；孔子为古之智者，他称之为“圣之时者”。虽然同属圣人，但孟子并不等量齐观，他认为，伯夷和伊尹只是一方面的优异者，真正的完人只有一个，那就是孔子。孟子把孔子称作“集大成者”，表示“乃所愿，则学孔子也”，*[1]表现了某种崇智倾向。在孟子眼中，圣人并非高深莫测者，连孔子的学生也能得圣人之一体，“子夏、子游、子张皆有圣人之一体，冉牛、闵子、颜渊则具体而微”。*[2]荀子将人分为五等：“人有五仪：有庸人、有士、有君子、有贤人、有大圣。”*[3]这五等人不是根据身份制定的，而是按照才智德行的高低来品分的。荀子有时虽然仍把智慧视为圣人的主要品质，“所谓大圣者，知通乎大道，应变而不穷，辨乎万物之情形者也。”*[4]但圣人又不仅仅是个智者，而是个尽善尽美的“至足”者。“曷谓至足？曰：圣也。圣也者，尽伦者也；王也者，尽制者也；两尽者，足以为天下极矣。”*[5]荀子对圣人的品分不像孟子那样注重内在的心性，而是重在事功，因此，他把圣人分作圣王、圣君、圣臣和圣师。圣王是最高级的圣人，即以天下为己任而统一天下者。“天下者，至重也，非至强莫之能任；至大也，非至辨莫之能分；至众也，非至明莫之能和；此三至者，非圣人莫之能尽。”*[6]圣人“至强、至辨、至明”，“故非圣人莫之能王”。荀子认为王与君不同，小人可以为君，但决不能为王。

*1 《孟子·公孙丑上》。
*2 《孟子·公孙丑上》。
*3 《荀子·哀公问》。
*4 《荀子·哀公问》。
*5 《荀子·解蔽》。
*6 《荀子·正论》。

“国者，小人可以有之，然而未必不亡也；天下者至大业，非圣人莫之能有也。”*[1]圣臣乃圣王之佐，“上则能尊君，下则能爱民；政令教化，刑下如影；应卒遇变，其给如响，推类接誉，以待无方，曲成制象，是圣臣者也。故用圣臣者王。”*[2]圣师乃圣人中无权无势，以“传道、授业、解惑”为己任者。《荀子·非十二子》云：“今夫仁也，将何务哉？上则法尧舜之制，下则法孔子、子弓之义，以务息十二子之说。如是则天下之害除，仁人之事毕，圣王之迹著矣。”如孔子、子弓便是所谓圣师。圣君是圣王的候选人，二者的区别在于，圣君为一国之主，而圣王为天下之主，其差异在量上而非质上，圣君同圣王一样具有绝对权威。“事圣君者，有听从无谏诤。”*[3]所谓“从道不从君”是针对“忠君”和“暴君”而言的，对于圣君来说，君即是道，道即是君，因此，从道即从君。

儒家对圣人的品分具有一种形上化和世俗化的双重倾向，一方面不断将圣人提升，使之与天道同体，另一方面又说通过修养人皆可以为尧舜，表现出唯一性和多元性统一的特征。与天道同体，表现出一种向上的扩张之势；说人皆可以为尧舜，表现了一种向下的泛化趋势。两股冲动造成的合力，使圣人既拥有绝对性，又具有普遍性，因此，人们在追求成圣的同时，又必然要向居于顶点上的圣人顶礼膜拜。

道家论圣人始于老子。老子一方面主张“绝圣弃智”，即摒弃那种凭借耳目感官之智规定世界的圣人，同时又提出他自己的以“得道”为特征的新圣。庄子笔下的圣人大致分为两类：第一类是“盗亦有道”者。其一为“胠箧之盗”者，如盗跖等，“跖曰：‘夫妄意室中之藏，圣也’”；*[4]其二

*1 《荀子·正论》。
*2 《荀子·王霸》。
*3 《荀子·臣道》。
*4 《庄子·胠箧》。

为“盗天下”者，“彼窃钩者诛，窃国者为诸侯”；*[1]其三为“盗人心”者，如尧舜等，“屈折礼乐以匡天下之形，悬跂仁义以慰天下之心”，结果使民失了朴素之本心，于是“踶跂好知，争归于利，不可止也”。*[2]第二类是“天而不人”者。其中又有两种倾向，其一为动物化倾向，“同与禽兽居，族与万物并。”*[3]“一以己为牛，一以己为马”*[4]；其二为神仙化倾向，“至人神矣，大泽焚而不能热，河汉得而不能寒，疾雷破山风振海而不能惊。若然者，乘云气，骑日月，而游乎四海之外。”*[5]细推庄子所言，我们发现，这种“天而不人”的思想，实际上发源于人类所独有的死亡情结。对于一个具有自我意识的存在者来说，死亡是一个十分重要的问题，令人不安。通观《庄子》一书，可谓充满死亡阴影，庄子与骷髅对话，哀叹人生如“白驹过隙”，预言后世将出现人吃人，但他并不主张苟且偷生以延缓自然死亡。他说：“圣人之生也天行，其死也物化。”*[6]因此，当他妻子死时，他不恸哭，反而“箕居鼓盆而歌”，表现了一种“乐死”的精神。当然，庄子并不赞成人为的死亡，他的以“全性葆真”为目的的“养生”之道，就是教人如何避免人为地死亡。他的“养生”之道，实际上是一种“混世”术；他的“乐死”之道，则是一种“悬解”术。所谓“悬解”，即从死亡情结中解脱出来。一般来说，动物没有死亡意识，其“生也天行，其死也物化”，因此，向动物看齐的一体化，必然也会淡化人的死亡意识，使人以一种“安时而处顺”的自然态度，坦然而达观地面对死亡，即所谓“视死如归”。“归”即回归本原。当然，庄子的思想并没有到此为止。他在提出“养生”

*1 《庄子・胠箧》。
*2 《庄子・骈拇》。
*3 《庄子・马蹄》。
*4 《庄子・应帝王》。
*5 《庄子・齐物论》。
*6 《庄子・刻意》。

之道、“乐死”之道的同时，又提出了“大化”之道，认为人生在世不仅要“混世”和寻求解脱，而且还要超越，这样在万物一体化思想的基础上又产生了自由化思想。以神仙为理想的自由化，表现出一种对永恒的执着和对无限的追求。它超越生死，泯灭物我，突破了生命形式的极限，实现绝对自由。在人的各种精神本能中，回归与超越是植根于人性深层的两种精神本能，人类的自我意识，一方面扎根于动物性原欲中，另一方面又表现出不断超越自我的趋神性冲动。回归使人贴近本原，而超越则将人提升为神，正是这种得天独厚的趋神性，使人在造神的同时成为了神——“万物之灵”。在这一点上，庄子的思想可以说是极其高明的。但他的思想有一个致命弱点，他使人性向着动物和神仙两极分化以后，人性却消失了，回归、解脱、超越，无一不以泯灭自我为代价。庄子言其得道成圣的过程时说：“吾犹告而守之，三日而后能外天下；已外天下矣，吾又守之，七日而后能外物；已外物矣，吾又守之，九日而后能外生；已外生矣，而后能朝彻；朝彻，而后能见独；见独，而后无古今；无古今，而后能入于不死不生。”*1“外天下—外物—外生—朝彻—见独—无古今—无生死”的过程，是一个不断放弃世界和自我的过程，同时也是由悟道、得道到进入永恒、超越生死的过程。庄子最反对人具有自我意识，他说：“今一犯人之形，而曰：‘人耳，人耳。’夫造化者必以为不祥之人。”庄子把人性视为作茧自缚而成的蛹，因此，“外生”的圣人便是遗弃了人性之蛹的“羽化而登仙”者。

如上所述，庄子的思想大体可以分为三部分：“养生”之道，“乐死”之道，“大化”之道。与之相应，人亦有三种生存方式：混世、悬解、超越。他对作为“得道”的存在者的圣人，又有不同的品分，如通人、真人、神人等。庄子认为，孔子虽然站在“道”的门槛上徘徊不定，但他已知如

*1 《庄子·大宗师》。

何安身立命，故可以视为通人。老子是庄子所服膺和推崇的“古之博大真人”。为完善圣人谱系，庄子还追溯远古，杜撰了一系列子虚乌有的神人，如豨韦氏“挈天地”，伏戏“袭气母”，维斗“终古不忒”，黄帝“登云天”等，表现了历史与神话的交错。在庄子笔下还有一种畸人，如支离疏等，虽算不上圣人，但也颇具道性。庄子的圣人所具有的动物化和神仙化倾向，对后世文化产生深刻影响，尤其是神仙化倾向，它不仅沉淀在民俗文化的底层，而且泛化在帝王意识中。当这种神仙化倾向与某种功利性意愿，如追求长生不老等结合起来时，便孕育了具有鲜明的世俗化倾向的中国道教。历代帝王几乎都无法回避这种神仙化的影响，他们留恋人世的权势荣华，因而不满足当一般的圣人，而想成为“无古今、无生死”的神仙。多少不可一世的帝王沉湎于此，问道寻仙而流连忘返，给王权主义的政治带来令人啼笑皆非的荒诞和神秘。

法家从历史变迁的视角看圣人，立足于现实评价圣人，因此，他们对圣人的品分又别有天地。他们淡化了圣人的神秘性和超越意识，将圣人封闭在一层厚厚的现实功利性的釉彩内。他们的理论比较简单，但很实际，也颇能说明问题。他们的一个基本出发点是：时势造英雄，即每一个历史时期都有与之相应的圣人。因此，圣人的特点是“当时而立法，因事而制礼”。对历史分期采取了两种方法，一种是按时代将历史分为上、中、下三世；另一种是按人物将历史分为“昊英之世”、“黄帝之世”，昊英、神农、黄帝就是不同历史时期的圣人。法家清醒地认识到，人不能选择自己所处的时代，一切缅怀往昔的情绪，都会腐蚀人的生存能力，人只有面对现实才能取得生存的主动权。历史上的圣人各代表一个时代，无高低之分，“神农非高于黄帝也，然其名尊贵者，以适于时也”。法家没有为圣人制定一个形而上的先验模式，而是把圣人看作一定的生产方式和权力形式的代表。在《韩非子》一书中，我们也可以看到这一点。《韩非子》将自古及今的历史分为四个时期：上古、中古、近古、当今。每一个时代各有其圣人，上古以有巢氏、燧人氏为圣，中古以鲧、禹为圣，近古以汤、武为圣，当今之世，谁为圣人？法家的回答毫不含糊：谁打赢了这场兼并战争谁就是圣人！“上古竞于道德，中世逐于智谋，当今争于气力。”*1法家的圣人，既不是德者，亦非智者，而是个尚力的霸者。法家所谓力，简言之，便是耕与战。能以耕战致霸业者就是圣人，“能为霸王者，盖天下圣人也”。*2法家这一思路，由于适应了当时兼并战争的需要，因而对战国以来的历史进程产生了深刻影响。但是，我们不能忽视一点，即法家大都是君主目的论者，除慎到和《管子》中的法家因受黄老影响而对君权略有微词外，其他如商鞅、申不害、韩非、李斯等，无一不对君权五体投地。法家以君为圣的倾向，在后世成了一条政治定律，无论面对多么昏庸残暴的君主，人们都要匍匐其脚下，山呼圣明，即使那些标榜道高于君的儒生们也不例外。当然我们不能将这种后果完全归咎于法家，但法家无疑是始作俑者和登峰造极者。法家的权力偏执狂，从某种意义上来说，是人类精神退化的表现。在法家思想中，人的尊严遭到无情的践踏和无言的蔑视。法家注重名利，但法家却非合理的利己主义者，即使那点赤裸裸的利己主义，也淹没在他们的绝对君主专制主义的深谋远虑之中。从政治心理的角度看，法家的政治思想主要建立在人类与生俱来的恐惧感之上，在洞察人性的弱点方面，法家确实入木三分，但我们从法家尤其从韩非对人性的带有敌意的描述中，常常会联想这样的问题：法家论及人性如何能将自身置之度外？他们和普通人一样，也是君主专制的对象，但为什么他们竟会对此缺乏起码的自我意识？当他们为君主的利益绞尽脑汁时，他们是否意识到自己的利益与君主并不完全一致？当他们强调用君权摧毁一切时，他

*1 《韩非子·五蠹》。
*2 《管子·度地》。

们是否意识到正是他们自己将一柄利剑悬在了自己的头顶？我们并不否认，法家的名利思想客观上有利于人的社会性的扩张，法家的以现实君主为本位的圣人观，在充分调动人的生存竞争的本能方面亦自有其积极意义，但是，如果为了某种功利的目的而牺牲人的尊严，不管其动机、目的、手段如何，都为我们所不取。没有人的自由和尊严，名利便无从谈起。

从以上所述中，我们发现诸子设计的圣人，具有理性化、现世化、神秘化的特征，这些特征即构成诸子圣人的基本面貌，又反映其共同倾向，是春秋战国时期诸子造圣运动的基本定式。

二、圣化：道、王、神一体化

1. “道化”——圣道同体

以上，我们对圣化作了过程和外观的描述，下面我们对圣化的内涵进行分析。首先，我们讨论一下“圣道同体”问题。关于这个问题，我们将从圣人对自我、人际和形名的操作过程中，加以把握和展开论述。众所周知，诸子注重实践理性，对于诸子来说，圣道同体绝不仅仅是一种能够自圆其说的解释，而且是一种能对实际过程发生效用的操作。在这里，道作为圣人认同和解释的对象，而自我、人际、形名则属于圣人操作的对象。“圣道同体”作为一个天人合一的完成式，便是在这一操作过程中实现的。因此，我们可以通过对这一操作过程的具体解析，来把握“圣道同体”的基本特质。

［1］圣人的自我操作

自我意识作为人的本质之一，由知、情、意诸因素所合成，我们一般都从这三方面测定自我的深度和强度以及自我的种种特性。圣人对自我的操作，也在这三个维度上展开。所谓内圣外王，从心理学的角度来看，也可以归结为知、情、意三者的统一。内圣重在认知和情感的建构，而外王则重在对意志及其所表现的行为的规范和调节。外王既指在人际关系或天人关系中展开了的实际行为，又指在自我中内涵的行为的倾向性。如何对待自我？诸子的观点向两极分化，一极趋于无我，一极走向有我。持有我观者有杨朱、《盗跖》篇的作者等人，这一派因不合时宜，不久便销声匿迹，遁出了中国传统文化的视野。无我是诸子的主要倾向，这一倾向根柢于对天道的认同，它是圣人实现与道同体的关键，因此，圣人对自我的操作过程，即不断排除主体性心理要素知、情、意的过程。具体来说，无我表现为无心、无情、无为。这里的“心”，与前面所说的“心”有所不同，它指的是认知过程中与物对峙的人的主体性，而前面所说的“心”则是主客不分、与物融通的一体化的心。

无心就是在认识中排除主观性自我，其特性为顺应。老子说：“圣人无常心，以百姓之心为心。”*[1]荀子曰：“圣人知心术之患，见蔽塞之祸，故无欲、无恶、无始、无终、无近、无远、无博、无浅、无古、无今。”*[2]这“十无”，一言以蔽之，就是无心。唯无心能除“心术之患”。《尚书》曰：“人心惟危，道心惟微。”为诸子所乐道者，乃“道心”、“天心”，即绝对的普遍的心。人皆有心，一人一心则“危”，唯有“道心”和“天心”可以统摄人心，并赋予人心以统一性，使万众一心。然而“道心”、“天心”自在人心之中，因其难识，故曰“惟微”。《管子·心术下》云：“岂无利事哉？我无利心。岂无安处哉？我无安心。心之中又有心。”这“心中之心”，便是“道心”和“天心”。孟子“尽心”，即去一己之“私”心，而立天地之“公”心。《管子·版法解》云：“欲见天心，明以风雨。”风雨无私，“天心”亦无私，这“心中之心”与自然现象有着内在

*1 《老子·四十九章》。
*2 《荀子·解蔽》。

的统一性，所谓“明心见性”，即由“天行”反观“天心”。《易》曰：“复，其见天地之心乎。”*[1]脱去自我心，方明得“道心”、“无心”，故圣人对自我的操作，第一要紧事，便是脱去自我心——无心。无心不仅具有认识论和道德论的意义，而且具有更为重要的政治意义。无心不仅可以“与天为一”和顺应自然，而且还可以治天下，所谓“圣人裁物，不为物使。心安是国安也，心治是国治也。”*[2]“圣人感人心，而天下和平。”*[3]治己心—感人心—天下和平，反映了诸子内圣外王的运思格式。

无情就是在情感中排除自我。老子说：“天地不仁，以万物为刍狗；圣人不仁，以百姓为刍狗。”*[4]这“不仁”便是无情，圣人在情感上也以天地为本。《邓析子》开篇就说：“天与人无厚，君与民无厚，父与子无厚。”这“无厚”也是无情。庄子主张“有人之形，无人之情”。他说：“吾所谓无情者，言人之不以好恶内伤其身，常因自然而不益生也。”*[5]“悲乐者德之邪，喜怒者道之过，好恶者德之失。”*[6]因此，他主张“安时而处顺”，如是，则能不为人情所累，即所谓“哀乐不能入也”*[7]。《墨子·贵义》说：“必去六辟。”所谓“六辟”，即喜、怒、乐、悲、爱、恶，都是人之常情。《中庸》论情主“中和”，以为“喜怒哀乐未发”便是“中”，“发而中节”则为“和”，这“中和”之情已非人之常情，而是淡化了自我、与本体融通的载天道之情。“中也者，天下之大本也；和也者，天下之达道也。致中和，天地位焉，万物育焉。”能使“天地位”、“万物育”的

*1 《周易·复卦》。
*2 《管子·心术下》。
*3 《周易·咸卦》。
*4 《老子·五章》。
*5 《庄子·德充符》。
*6 《庄子·刻意》。
*7 《庄子·大宗师》。

情，当然不是一般的人情，后来的董仲舒总结说："中者天之用也，和者天之功也。"*[1]因此，《中庸》所言之情，在天不在人。《荀子·天论》明确指出："圣人……养其天情，全其天功。"诸子大都认为情感在认识过程中只具有消极作用，它妨碍了心的功能的正常发挥。北宋程明道言："圣人之常，以其情顺万物而无情。"*[2]这并非一家之说，而是表达了一种文化精神，反映了一种文化的认同。这种自我认同模式，不言而喻，当然是诸子所确立的。无论庄子的"平易恬淡"，还是荀子的"虚一而静"，指的都是无心和无情状态。

无心无情发而为行，便是无为，无为是从行为上排除自我。老子说："圣人处无为之事。"*[3]圣人"不为而成"*[4]，"我无为而民自化"*[5]。当人的行为不受自我意识的干扰而一任天然时，便达到了老子所说的"无为"境界。无为并非道家的绝唱，亦为诸子所乐道。孔子也曾赞扬无为。孟子的"与天地同流"的生活理想和庄子的"与天地并生"一样，也含有某种无为的倾向。即使主张"制天命而用之"的荀子，当其言及圣人"治心"即自我操作时，也不由自主地回到无为上来："故仁者之行道也，无为也；圣人之行道也，无强也。仁者之思也，恭；圣人之思也，乐。此治心之道也。"*[6]墨子虽然反对儒家的天命观，但他并不主张人定胜天，反而主张"取法于天"，"故圣人之德盖总乎天地者也"。*[7]实际上，庄子有一句话，反映了诸子共同的价值取向："无为而尊者，天道也。有为而累者，人道也。"*[8]

*1 《春秋繁露·循天之道》。
*2 《二程集·答横渠先生书》。
*3 《老子·二章》。
*4 《老子·四十七章》。
*5 《老子·五十七章》。
*6 《荀子·解蔽》。
*7 《墨子·尚贤中》。
*8 《庄子·在宥》。

无心之心是天心，无情之情是天情，无为之为是天行。天心、天情是对天道的体认，而天行则将天道付诸实行。诸子所谓“天人合一”，其实质乃是“与天为一”。

以上，我们从知、情、意三方面考察了圣人自我操作的无我倾向，“无我”微缩式地概括了天道的基本特性，只有“无我”才能成为圣人，才能与道同体。诸子虽然大谈人道，但“无我”的人道，对于作为具体的个体而存在的每一个人来说，显然没有多少积极的意义。正如“无我”的人道必须寄生于天道一样，“无我”的个人必然要依附于君主专制。

［2］圣人的人际操作

无我之人，因其自我融入本体道之中，而上升为宇宙的主体，作为天道的化身，而“与天地参”。圣人虽然也像常人一样面对整个宇宙，但圣人又不同于常人。天地是圣人认同的对象，而万物和人类则是圣人操作的对象。对物的操作，我们将在下面谈到，在这里，我们先谈谈圣人如何对人进行操作。在这个问题上，各家的圣人具有不同的甚至截然相反的运作方式，表现出鲜明的个性和种种特色，道家的弱用之术，儒家的中庸之道，法家的斗争哲学，墨子的“兼”，惠施的“合”，公孙龙的“离”等等，各具风姿和神采。

道家的弱用之术，主要指老子的以弱胜强术和庄子的混世术。老子所言弱用有三：用反、处下、装傻。老子说“反者道之动也”*1以及“欲上民必以言下之，欲先民必以身后之”*2之类，都是“用反”的绝招。老子喜欢以水喻道，他说：“上善若水。”水性善下，“善利万物而不争”；圣人亦以下贱为本，“自谓孤、寡、不谷”，而不与人争，“或下以取，或下

*1 《老子·四十章》。
*2 《老子·六十六章》。

而取”。*1“圣人终不为大，故能成其大。”*2“以其不争，故天下莫能与之争。”*3老子最讨厌自以为是和自作聪明的人，他提倡一种“被褐怀玉”式的智慧——装傻。他说：“我愚人之心也哉，沌沌兮！俗人昭昭，我独昏昏。俗人察察，我独闷闷……众人皆有以，而我独顽似鄙。”*4面对纷纷扰扰的世界，圣人像婴儿一样，以其无知的本能来征服世俗的智慧。“我独泊兮，其未兆，如婴儿之未孩。”*5如前所述，圣人的人际操作，是其自我的外化。婴儿一般的圣人，当然要把世界改造成育儿园了，这是老于世故者的童话，没有一点天真烂漫的童稚气。“圣人在天下，歙歙为天下浑其心，百姓皆注其耳目，圣人皆孩之。”*6当智慧以各种聪明的方式表达无遗时，傻便是智慧的极致。在我们看来，这种以弱胜强术并不具有必然性，而且这种费尽心机的生活方式也不符合自然，但是它在一种特定的社会政治机制和文化心理氛围中，却是出奇制胜的法宝。而庄子则采取了更为自然和更加超脱的方式，他的混世术实际上是教人钻空子，钻空子能钻到游刃有余、“进乎道”的地步，亦可谓曲尽其妙了。所谓钻空子，就是尽量避开一切人世间的矛盾，不与人争或争人所不争，在矛盾的缝隙中开辟生存空间。因此，对于生存者来说，有两点至关重要，一是要“安时而处顺”，即以乐天知命的态度对待一切，忍受一切，越是能忍受，则生存和发展的余地便越大；二是要立于“材与不材之间”，“材”则为人妒杀，“不材”则被人践踏，因此，生存者应该在这两端之间选择自己的生存点，这是一种十足的庸人智慧。

儒家道中庸，《论语·雍也》曰：“中庸之为德也，其至矣乎！”中

*1 《老子·六十一章》。
*2 《老子·六十二章》
*3 《老子·六十六章》。
*4 《老子·二十章》。
*5 《老子·二十章》。
*6 《老子·四十九章》。

有二义：一曰中正，二曰中和。中正指所处的位置，中和指所起的作用。《说文》云：“中，和也。从口，丨，上下通也。”庸有二义，一曰用，二曰常。因此，所谓中庸，即是用中和常中。“执其两端，用其中于民”是用中；“择乎中庸，而弗失之”则是常中——“用中为常道也”*1。人居天地之中，因此，人“赞天地之化育，与天地参”就是用中；在错综复杂的社会关系中，人是一种身份——角色体系，处在君君、臣臣、父父、子子之人伦之链中，用中就是要在相互依存和对立的人际间，寻求并建立平衡点和连结点。如在君臣关系中，用中就是“君使臣以礼，臣事君以忠”，这“礼”和“忠”，便是君臣关系的平衡点和联结点。儒家正是在这种平衡点和联结点上行“上下通”的“中道”，所谓“道高于君”，即指中道。同样，在父子关系中，父慈子孝也是用中，正是慈与孝将父子关系连接了起来。在这里，中道既非父道亦非子道，而是指父子之道。儒家用中并不意味着对立的两极具有平等性，恰恰相反，礼与忠、慈与孝无论在道德义务和感情义务上都不是等价的，后者对于前者有着明显的依附性。在这里，君和父的自我以中道的形式表现出来，而臣和子的自我则在向君、父的认同中化为乌有。当然中道也有制约君父的一面，“从道不从君”在某种程度上也有积极意义。但是，从根本上来说，所谓制约乃是一种更为彻底、更为执着的维护。因为君和父对道的背离实质上就是对自我的背离，臣和子的卫道，说到底还是对君、父的认同，绝非从臣和子的利益出发制约君和父。孟子的“民贵君轻”强调的不是对立性，而是中和性，它看起来慷慨激昂，实际上无关痛痒。在中和过程中，作为整体的民很容易被君主的自我所置换，君主既能“以百姓之心为心”，同样也能“以己心为百姓之心”。在专制制度下，这种缺乏个体意义的类概念的民，往往只是君主自我的投映，是君主自我的对象化。即

*1 《中庸·郑玄注》。

使是“以民为本”的圣人“革命”，也从不意味着民权对君权的否定，它仍然是“中道”所具有的“上下通”的调节功能的一种表现方式。儒家对于权力更迭提出了两种理想模式，一是禅让，这是处盛世的模式；一是革命，这是据乱世的模式。然而无论处盛世还是据乱世，中和都是人际操作的根本，“中者，天下之大本也；和者，天下之达道也”。即使革命，归根结底也是“行中道”。

法家的斗争哲学，追求一种紧张、动荡、尚力的精神生活和现实生活。他们把人际间一切关系都视为利害关系，不仅君臣关系是买卖关系，而且父子之间也不免尔虞我诈，计算利害。因此，他们以利和害作为人际操作的杠杆，强调矛盾双方之“异”，而否定其“同”；强调斗争性，排除亲和性。《韩非子·备内》说：“夫以妻之近与子之亲而犹不可信。”他们既不像道家那样，欲为民之主却自称是人民的公仆；也不像儒家那样，既要吃肉又要念经，用仁义来掩盖利害关系的实质；而是老老实实地宣布，解决矛盾的最佳方式是一方压倒一方，吃掉一方。因此，面对君臣上下“一日百战”的现实，君主应高扬权力意志进行积极的斗争，在权势的高度运作中确证自我、实现自我。“人君之所以为君者，势也。”*[1]势是君主的命根子，君主的人际操作说到底还是用势，法是势的正面行使，术是势的侧面运用。“势者，胜众之资也。”*[2]君主用势以驭臣民，其用势之法，要而言之有二，一曰用“聪明之势”，“使天下不得不为己听”；二曰用“威严之势”，即以严刑峻法治臣民。法家认为，唯有能用势的君主，才能在残酷而无休止的人际斗争中立于不败之地。

道家用弱，儒家用中，法家用势，分别从上、中、下三个方面阐明了人

*1 《管子·法法》。
*2 《韩非子·八经》。

际操作的基本原理，这三个方面错综交织，复合而成国人关于人际操作的基本模式。各家为我们所提供的人际操作原理虽然迥异，但各家都认为，只有自己的人际取向才最接近或完全符合于道，是圣道同体在人际关系中的表征。尽管如此，我们还是可以从众说纷纭中，看出诸子的共同取向。诸子几乎都从一体化思想出发，以其特有的载道方式整合与其相关的人际关系，而无视他人作为个体所具有的独立性和自主性。这样圣人就从排除自身个体性的自我操作进入排除他人个体性的人际操作，从对自我的专制走向对社会的专制。

［3］圣人的形名操作

前面我们说了，万物和人类都是圣人操作的对象，圣人对物的操作，我们称之为形名操作。形指物，而名则是圣人对物的规定性。“名者，圣人之所以纪万物也。”*[1]能给万物以恰当的规定便是圣人。“名当，谓之圣人。”*[2]道家虽然认定名为窠臼，为糟粕，但其言道亦“强为名之”。圣人制名，“口无虚习也，手无虚指也，物至而命之耳”。*[3]然而圣人“口言手指”何以能得物之实呢？追根溯源以考察其生成变化，可以作为制名的根据，即“索其端则知其名”*[4]。但过程的描述，不能代替逻辑的概括，不能对名的发生作出终极的说明。制名需要一个逻辑的起点，一般来说，这一逻辑的起点应归结为普遍的约定。而诸子却用权威取代逻辑，以权威的绝对性作为自明的前提，因此，圣王合一是名具有合理性和合法性的根本依据。诸子认为在文明发轫期，圣与王是统一的，无论神农、黄帝，还是尧、舜、禹，无不具有圣和王二重身份，他们既是专制的君主，又是文明的创造者，

*1 《管子·心术上》。
*2 《管子·心术上》。
*3 《管子·白心》。
*4 《管子·白心》。

决定了文明的形成和发展。圣王制名是独裁而非约定，就大体而言，独裁只具有个性，而约定则具有普遍性，约定的权威则是专制权力所赋予的，其个性经过权力放大器的放大而发生普遍效应，因此，名所具有的普遍性实际上是由权威所派生的。

由于各家对物的态度有异，故对于物的操作方式也有所不同。

道家主“物化”。老子说：“朴虽小，天下莫能臣也。侯王若能守之，万物将自宾。”*[1]“道恒无为，而无不为。侯王若能守之，万物将自化。”*[2]“自宾”和“物自化”，有两个前提：一是无名，即不以名纪物，即使不得已而有名，也要适可而止，“名亦既有，夫亦将知止”。*[3]二是无为，即不以人撄物，顺物自然。在这里我们应该特别注意一点，即无名和无为，其根本取决于“侯王守道”。庄子论“物化”曰：“日与物化者，一不化者也。”*[4]“一不化”，亦“守道”之谓也。但庄子的取向似乎更偏于物，他反对人具有人的意识。他说：“今一犯人之形，而曰：‘人耳，人耳。’夫造化者必以为不祥之人。”*[5]他认为对于人的判断有天和人两种尺度，他说：“天之小人，人之君子；天之君子，人之小人也。”*[6]毫无疑问，庄子选择了天的尺度，用天的尺度来衡量，人与物并无分别，物之卑下，即使如瓦砾、屎尿者，其中亦自有道存在，而人则往往以其能动性而发生异化，故庄子主张“同与禽兽居，族与万物并”。*[7]“天地与我并生，而万物与我为一。”*[8]采取与物平等的态度，无名无为，顺天地之自然，而不

*1 《老子·三十二章》。
*2 《老子·三十七章》。
*3 《老子·三十二章》。
*4 《庄子·则阳》。
*5 《庄子·大宗师》。
*6 《庄子·大宗师》。
*7 《庄子·马蹄》。
*8 《庄子·齐物论》。

使之人化。“古之王天下者，奚为哉？天地而已矣。”*[1]

儒家主张“化物”。儒家“化物”有三条路线，一是《中庸》《孟子》的“诚物”路线，即以诚化物；二是《大学》《易传》的“格物”路线，即以物化物；三是《荀子》的“役物”路线，即以力化物。“诚物”是“反求诸己”，《中庸》之“不诚无物”和《孟子》之“万物皆备于我”，是以我观物；“格物”是求理于物，《大学》之“格物致知”和《易传》之“观象制器”，是以物观物；“役物”以分天人、辨物我为根本，强调以人胜天，以我胜物。以我观物，其根柢在于物我相通，“诚”作为一种道德评价，在这里被赋予了本体论和知行观的意义，“天道至诚”、“不诚无物”是从本体上说的；“反身而诚，乐莫大焉”*[2]则是从知行上说的。以物观物，强调人对物的体认、亲知和验行，《易》曰：“近取诸身，远取诸物。”圣人观象于天，观法于地，观鸟兽之文，观山川草木虫鱼之形，“作八卦，以通神明之德，以类万物之情”。*[3]其观物之法，一曰“观其所聚”，即“以类族辨物”，对物作分类的观察；二曰“观其所恒”，即于物之纷纭多变中求其简易不变之理；三曰“观其始终”，即于物之来龙去脉中求其变化之理；四曰“观其所感”，即观察物的相互作用；五曰“观其会通”，即于物的相互作用中求其相通性。以我胜物，强调了人对于物的主体性和能动性。人能胜物有四，一曰“天官意物”，即人对于物有共同的感觉和印象。二曰“心征知物”，即心能对感觉印象进行分析、概括以形成共名。三曰约定俗成，荀子认识到，名与物之间无内在联系，“名无固宜，名无固实”。*[4]“宜”与“实”的根据在于约定俗成，但“名有固善”，名之善因其合于思维经济、

*1　《庄子·天道》。
*2　《孟子·尽心上》。
*3　《周易·系辞下》。
*4　《荀子·正名》。

操作方便之简化原理。在这里我们必须指出一点，荀子所谓约定俗成，是强调习俗对名的认同作用，习俗的认同虽为“制名之枢要”，但名的形成却不由习俗约定，而是由圣王独裁。其《正名》曰：“王者之制名”，“若有王者起，必将有循于旧名，有作于新名”，“后王之成名，不可不察也。”四曰合力胜物，人能胜物，是因为人能群，能分，能义，能和，能一，“一则多力，多力则强，强则胜物”。*1而作为个体的人，“力不若牛，走不若马”，更遑论胜物了。荀子是不折不扣的群体本位论者，他具有人类意识，却缺乏自我意识。

道家“物化”和儒家“化物”，道家“无名”与儒家“正名”，乍一看去，截然相反，然而在忽视物的客观存在性这一点上则完全相同，他们无需去理解自身的规律性，在一体化思想的催化下，物相对于人的独立性被融解了，最终被纳入并封闭在以政治伦理为主要内容和根本目的的道的观念体系中。圣王制名，将人们对物的认识引入了歧途，抑制了中国传统文化中科学精神的生长，以天、地、人一体的政治伦理化自然观关闭了人们对自然的认识，这是王权主义在自然界的投影。

圣人在自我操作、人际操作、形名操作过程中，通过不断从自身排除自我、从社会排除个体、从自然界排除物自性，实现与道同体。因此，在一定意义上我们可以说，无我、无人、无物是实现圣道同体的三要素。对应于内圣外王而言，无我为内圣；无人、无物为外王。无我是立己成己；无人、无物则是成人成物。圣人对社会专制，对物独裁，均导源于其无我人格，是其无我人格的外化。圣道同体，使圣人成为必然性的化身，成为天道向人道转化的中枢，将圣人置于至高无上的绝对化地位，为圣人的王化即圣王合一提供了必要前提。

*1 《荀子·王制》。

2. “王化”——圣王合一

作为关于人的“共同观念体系”的圣人观，其出发点和归宿点都是政治。政治像幽灵一样纠缠着诸子，它不仅决定了诸子的致知方向和运思格局，而且通过诸子使雅文化显示出全部政治特性。诸子对政治的执着，大都基于一种救世的理念。但由于未对政治作出任何界说，因此，不仅没有起到限制政治的作用，反而促进了政治的泛化，使政治因素渗透到整个社会生活。诸子中没有一个人能真正超越政治规范，即使深恶权力如庄子，也不免要“应帝王”，言其“内圣外王”之道。在诸子看来，直接行使权力是政治，传道授业也是政治，甚至连“全性葆真”和“养浩然之气”也具有政治功能。在诸子中，只有法家是完全以权力为轴心来设计其政治路线的，对于解决当时的政治难局而言，法家思想最现实、最有效，但是就其对非政治领域的影响来说，则显得贫乏和无能。这方面最成功的是儒道两家。儒道互补成功地改变了人们的思维方式和精神结构，成为中国传统文化的内核。儒家以人伦为轴心设计其政治路线，尽管各家设计的政治路线不同，但是设计所遵循的原则则大致相同，都是要促进圣的“王化”。下面我们便来探讨一下诸子所编制的“王化”程序。

［1］“王化”之一：法自然

春秋战国时期，思想界从尊鬼神转向法自然，是理性化的必然结果，在某种意义上我们可以说，法自然不仅是一个观念、一项原则，而且还是一种文化类型。一般来说，自然观能反映出一个民族的文化特性，因为文化总是起源于人对自然的“挑战”所采取的反应方式。以自然为法和为自然立法，是显然不同的两种反应方式。强调为自然立法，为人文精神的发展开辟了广阔的道路。而法自然虽然有其合理性，但过分强调则隐含着某种非人文主义倾向，这一非人文主义的倾向延伸至政治领域，则表现出以自然为本的专制主义特征。

作为政治原则的法自然，其核心是君权自然化问题。所谓君权自然化，主要强调了两点，一是君权出于自然，二是专制出于必然。诸子认为，宇宙中万物以及圣人之属，皆由天地所生，君权亦由天地生生而来。《易·序卦》易君权为自然目的的最终实现，将君权置于宇宙生成结构的终极一环，从天地生万物、男女，一直到君臣、礼义，展示了一个完整的生生序列，而圣人则能贯通这一生生序列。《易·系辞上》曰："天地变化，圣人效之。"《荀子·王制》也说："圣王之用也，上察于天，下措于地。"只要了解了天地变化的规律，也就把握了政治的根本。圣人之性原于天地之性，天地生生，圣人也生生；天地杀生，圣人也杀生；天地有四时之变，圣人有四时之政；天地对万物操生杀，圣人对百姓用德刑；天地有上下，圣人立尊卑；天地无私情，圣人尚公德，"若天然，无私覆也。若地然，无私载也"；*[1]天地无为而成，圣人亦处无为之事，无为而无不为。总之，圣人一切皆以天地为本，天地不仅是政治的合法性的来源，而且还为君权存在提供自然基础，天长地久与君权恒固之间似乎有着某种必然的联系。

在诸子学说中，还有另外一个概念与"天地"互为表里，相辅而行，它就是频频出现、司空见惯的"天道"。当诸子从外在的关系论及事物时，每每以天地为本；当从内在的贯通性的角度来观察事物时，则往往以天道为本。"道者，万物之所然也，万理之所稽也。"*[2]"得天之道者为帝。"*[3]"欲王天下而失天之道，天下不可得而王也。"*[4]天道是宇宙的定律，它贯通天人，普及万物，故得之者可以为帝、为君。帝、君之类的圣

*1 《管子·心术下》。
*2 《韩非子·解老》。
*3 《吕氏春秋·行论》。
*4 《管子·形势解》。

人，便成为天道的化身以及天道向人道转化的中枢，同时掌握着对天道的解释权和执行权。因此，人们遵从天道，首先就意味着服从君主。当然在诸子百家和列国纷争的时代，对天道的解释是多元的。然而在多元的解释中又透露着一种专制的统一倾向，即诸子几乎都不约而同地从天道中引申出专制来，为君主专制作必然性的解释。众所周知，专制的本质在于最高权力的不可分割和不受制约，而诸子却将这种权力唯一性归本于天道。老子说："道生一。"*1韩非子也说："道无双，故曰一。"*2在诸子的宇宙图式中，道与君相对应，道是宇宙的"一"，而君为人间的"一"，君是道的人格化，道是君的自然化。君权唯一性出于天道一元性，君权绝对性则出于天道必然性。

诸子的法自然思想，实际上为君主专制提供了本于天道的理性化的说明，虽然诸子也曾强调天道对于君权的制约作用。但是在君主专制下，这种制约作用往往化为乌有。君主打着"天道"的旗帜，反而可以更加肆无忌惮；在替天行道的名义下，可以实行更为彻底的专制。庄子说："圣人不死，大盗不止"，"为之仁义以矫之，则并与仁义而窃之。"*3同样，为之天道以制之，则并与天道而窃之，天道也因之而成为君主专制的护身符。

［2］"王化"之二：因人性

如果说诸子的自然观为君主专制提供了自然基础，那么诸子的人性论则为君主专制提供了人性基础，这是专制主义不可或缺的两个基础。因此，圣人不仅要法自然，而且要因人性。因人性的目的在于为专制主义建立人性基础。各家圣人不同，对人性的看法也不同；而对于人性的不同看法，又会直接导致整个政治路线的差异。如孟子主张人性善，从人性善出发制定的政

*1 《老子·四十章》。
*2 《韩非子·扬权》。
*3 《庄子·胠箧》。

治路线便是仁政。荀子主张人性恶，以人性恶为前提制定的政治路线便是礼治。仁政和礼治大不相同，仁政以个人理性自控为政治的基点，而礼治则以社会理性规范为政治的基点。又如老庄崇尚人的自然性，从人的自然性出发的圣人制定的政治路线是无为政治。具体来说，老子的无为和庄子的无为还有所不同，老子着眼于政治，故其无为在于“用弱”；庄子注重人生，故其无为在于“混世”，但他们都主张通过圣王的作用使人复返自然。

诸子对人性的看法虽然五花八门，不下十余种，但却百虑而一致，殊途而同归，最后统统倒向了专制主义。孟子主张性善，乍一看去，这仿佛是对人性的礼赞，其中必定含有些民主的因素，但实际情形则恰恰相反，孟子将外在的道德规范“仁义礼智”等作为人的本质，极力排斥人生而具有的自然属性。“大体大性”与“小体小性”的斗争，实际上就是用专制的道德理性来否定自然的感性生命。以性善为基础的仁政，实质上是以血缘伦常关系为根柢的“亲亲”政治。荀子的性恶论正相反，它承认人的各种感官的自然欲求即是人的本性，但又认为人的本性是恶的源泉，必待圣人“化性起伪”，而后可以向善。人之所以为人完全取决于外在的道德规范“礼”，没有“礼”的规范，人就会堕落为禽兽。以性恶为基础的礼治，实质上是基于“明分使群”的社会等级需要的“尊尊”政治。孟子通过是专制的道德要素内化为自我意识来实现自我专制，荀子则以礼义规范来整合人的自我意识从而实现社会专制。孟子学说的妙处在于确认专制出于自我选择，荀子学说的妙处在于用“群体”的名义对个人实行专制。儒家的人性学说，在总的认识路线上，是以人的社会性否定人的自然性，而道家却采取了完全相反的立场，以人的自然性否定人的社会性。道家的人性论，充满了批判精神，尤其是庄子，对于专制权力对人性的异化作用有着深切的了解，他对于专制主义的批判，在整个中世纪都可谓登峰造极，后无来者。但他最终也没能突破专制的藩篱而独树一帜，这固然有着社会历史条件方面的客观原因，但更主要的是儒道人性论，貌似对立，实则互补。恰如每一事物都有着正反两面，专制主义同样有着正反两面，儒家是它的正面，道家是它的反面，反面的批判往往也是一种维护，并没有从根本上否定专制主义，批判的结果乃是相反相成，反而为人们提供了一种能适应专制主义需要的消极的生存方式。如庄子的以“混世”为目的的生活，“坐忘”成为专制的个体心理基础，“天而不人”成为专制的自然生理基础。至于老子的无为术中，处处隐含着专制的契机。诸子中高唱专制而无隐晦的是法家，他们思想趋于专制主义真是一目了然，无需我们多作说明。

由此可见，圣人“王化”有两条根本途径，一是“天”，即法自然；二是“人”，即因人性。《管子·白心》曰：“上之随天，其次随人。”这两句可谓勘破了圣人“王化”的玄关，通过法自然，圣人“王化”获得了天道依据；通过因人性，圣人“王化”获得了人性依据。

［3］“王化”之三：辨名实

前面我们已经涉及名实关系问题，但那是作为圣人“裁物”的一般方法而提出的。在这里，我们将从圣人“王化”的角度，对诸子的名实观进行考察。诸子认为，圣人辨名实，要以天道和人性为依据，“必揆之以地，谋之以天，验之以物，参之以人”。*1“圣人执一以静，使名自命，令事自定。”*2也就是说，圣人法自然、因人性，最后都要在制名上集中反映出来。诸子虽然都从性与天道出发，却有着迥异的两条正名路线。儒家的正名路线，从黄帝明百物、禹王明山川，到孔子道名分，表现了正名的政治伦理化趋势，其特点为自下而上，由具体而微者上达天道；而道家则自上而下，从大道无名，到称器有名，再进而为形名法术。《庄子·天道》曰：“古之

*1 《韩非子·八经》。
*2 《韩非子·扬权》。

语大道，五变而形名可举，九变而赏罚可言。”就道出了这种自上而下的演变轨迹。法家正名与道家为一路，实际上“喜刑名法术之学”者，往往“归本黄老”。圣人由正名进入政治，正名是沟通自然与政治、人性与政治的枢纽。如果说性与天道同政治的关系是一种深层的联系，那么形名与政治的联系则要直接得多。由形名而名分，由名分而法术，是一极有效的政治通道。天道转化人道，亦借正名以显现。诸子认为，正名的作用，一是别贵贱，二是明是非。圣人别贵贱以定名分，明是非以定赏罚。这样，圣人就从形上的性与天道领域，进入形下的形名法术领域，开始实现圣人向圣王的转变。

［4］“王化”之四：行教化

形名定而教化行，具有某种必然性。众所周知，教化是一种政治社会化过程，圣人不仅要制名、正名，而且还要通过教化使名产生普遍的社会性效应。教化以全民为对象，正所谓“天网恢恢，疏而不漏”。然而行教化，必有一个能动的主体为终极教化者，他是道的化身、名的源泉、法和礼的缔造者，这样的人当然非圣人莫属了。名待教化而具有普遍的实践品格。名由圣人独裁而进入百姓日用，便是这一实践品格的展开。对圣人来说，名教合一是其思想和行动统一性的反映。后世所谓“名教出于自然”和“名教即自然”的倾向，在先秦时便已初露端倪。圣人行教化与其正形名一样，也以性与天道为本。如道家主张天道无名无为和人性自然，是自然名教论者。儒家主张“立于礼”，故其圣人以礼为教，谓之礼教。儒家的礼教模式如一椭圆，以父子关系和君臣关系为两圆心，以孝与忠为根本。法家倡言法治，故其圣人行法教，即“以法为教，以吏为师”，旨在“禁奸”，“禁奸之法，太上禁其心，其次禁其言，其次禁其事”。*[1]法家所言之法，唯有君权，而无民权。严格地说，它既不是现代意义上的刑法，更不是现代意义上的民

*1　《韩非子·说疑》。

法，李悝《法经》虽然是一部刑法，但它只是法家所言之法的一部分，根本不具备法家之法的全部功能。法家之法，就其规定君、臣、民三者在国家政治生活中的地位以及各种人的身份等级而言，它具有宪法的性质；就其作为正名体系而具有明确君臣关系与职能以及使君主能“循名责实”以审核群臣的作用而言，它是一部行政法规；就其“禁心、禁言”而言，它又具有意识形态功能。总之，法可以说是法家的名教，作为一般的法律，它表现出诸多超越法律的特征；而作为一种名教体系，它又不免捉襟见肘。用一部法律来规范整个社会生活是可笑的，人们不可能依靠法律来认识世界和表达情感，也不可能用法律来代替道德和习俗，更不可能用法的金科玉律作为关于人的“共同观念体系”，也就是说法律不能赋予人的生存以意义。法家行教化，一手执法，一手执剑，杀气腾腾，教与杀是相辅相成的两手，实质上老子的“不言之教”和孔子的“礼教”也都隐含着甚深的杀机。孔子提出先德而后刑，可见他并不忌杀，他反对的只是不教而杀。宋代理学中以刑治蒙和以杀辅教说，即本于孔子的德刑论。欲行教化，则不能不杀，此由“王化”的本质所决定。不杀害群之马，就不能行教化，已为孔子的实践所证明。“王化”始于圣人制名，盛于圣人教化。圣人行教化，以何教之？曰：以名教之。从名教二字中，我们可以窥见“王化”的轨迹。

［5］“王化”之五：尚专制

圣人“王化”的极致是专制。圣人制名（立制、立法、定名分等）后，“王化”便向着上下两个方向运动，向下的一面是教化，向上的一面是以集权为形式的专制。诸子都是专制主义者，他们各自的思想归宿表明了这一点。综观诸子所述，诸子为圣王专制论证的思路大致有三：一是“天人合一”的宇宙论思路，强调“天君同道”；二是“尚公尚同”的人性论思路，强调君权至公无私，大同无我；三是寻求“治乱之本”的历史观思路，强调“一”则治、“二”则乱。在诸子看来，圣王专制，上应天道，下应人事，出于人性，无所不包，无所不能，对社会的政治、经济、意识形态等都有着决定性的影响。孔子曾说，王能“一言兴邦”和“一言丧邦”，他并没有夸大王的个性力量，而是准确地道出了专制的本质。当君主的个性成为必然性时，国家兴衰也就系于君主一人之身了。

列宁说过，政治是经济的集中表现。诸子虽然还不太了解经济对于政治的决定作用，但他们已经意识到政权与所有权合一乃是“王化”的根本保证。《诗经·北山》早已提出：“普天之下，莫非王土；率土之滨，莫非王臣。”君主对土地和人民拥有最高所有权，这种所有权不是在经济过程中产生的，而是在超经济强制下，即在权力支配经济的过程中形成的，它既是专制的产物，又是专制赖以生存的基础。“国之利器”操于君主一人之手，使君主成为人民的恩赐者。《管子·形势解》说：“主者，人之所仰而生也。”然而仅仅从政治、经济上控制人民，尚不足以为圣，只有在思想上也能控制人民才能算作圣人。王不一定是圣，但圣人的最后归宿必定是王，这是圣人“王化”的必然结果。圣人只有居至尊之王位，才能成为天下的所有者和思想的裁决者。“言作礼乐者，必圣人在天子之位。”*1“使圣人化而为农夫，不能治农夫。”*2“王化”——圣王专制不仅意味着“政出一门”和“利出一孔”，而且还意味着“心出一穴”。何谓“心出一穴”？即“上之所事，必亦是之；上之所非，必亦非之。”*3“夫能齐万不同，愚智工拙皆尽力竭能如出乎一穴者，其唯圣人矣乎！”*4前面我们说过，圣人是心之功能发挥极致者，在专制制度下，“心之官则思”只能是对圣人而言的，芸

*1 《中庸·郑玄注》。
*2 《吕氏春秋·不屈》。
*3 《墨子·尚同中》。
*4 《吕氏春秋·不二》。

芸众生正如《尚书·洪范》所说的："无偏无陂，遵王之义；无有作好，遵王之道；无有作恶，遵王之路。"所谓"万众一心"，即"遵王"，其实质是以"余一人"之心兼并"万众"之心。为诸子所喋喋不休的"民心"，最终亦归结为"一心"。当民失去作为个体而存在的价值时，其"心"自然也要整合为义，"夫民别而听之则愚，合而听之则圣"，这一点可以说是诸子的共识。我们无法想象，当民的个体性被否定时，那"天听自我民听"的民心又有何用。君主制下民心的政治功能是虚幻的，而"心出一穴"的思想专制则是势所必然。

［6］"王化"之六：一天下

一般来说，圣人"王化"应该终结于圣王专制，但在春秋战国时期，因战乱频仍，民不聊生，所以诸子认为，"王化"的最后完成，应该落在统一天下上。先秦诸子中，除公孙龙主张"离天下"外，都主张以统一结束战争。在主张统一的观点中，又有两种貌合神离的观点，一种是我们将要论及的"一天下"的观点，而另一种则是名家惠施提出的"合天下"的观点。"一"与"合"截然不同，"一"是大一统，其特点是用一个模式、一种思想、一家势力来统一天下；而"合"则是"合同异"，即以"去尊"为核心，在各国和平共处即"偃兵"的基础上实现统一。我们之所以不论"离天下"和"合天下"，原因有二：一是这两种观点不是当时的思想主流，二是在这两种观点中都没有提到圣人。当时人们心目中的圣人，几乎无一不与大一统连在一起，圣人这一语词本身，我们就可以将它看作各种统一功能的集合，即圣人在各方面都是个"定于一"者，人们的思想、情感和道德则要靠着圣人来统一。对于当时的百家争鸣，诸子均不满意，道家认为这是大道分裂后，人们"蔽于一曲"所致。荀子认为这是列国纷争的政治格局所造成的"心术之公患"。从表面看，诸侯异政与诸子异说相得益彰，如演一台双簧戏，但其内部却存在着一种"定于一"的强烈冲动，不仅诸侯之间的武力兼并要求“定于一”，而且诸子之间的思想兼并也要求“定于一”。诸侯的“定于一”通过“以战去战，以杀去杀”的兼并战争来实现，而诸子之间的“定于一”也表现为排除异己，消灭异端，唯我独尊。诸子的思维模式，在某种程度上可以说是当时兼并战争这一现实底片的显影和定影，所谓百家争鸣，其实质乃是争霸。孔子诛少正卯，老子倡言“有敢为奇者，吾得执而杀之”，孟子以杨、墨为禽兽，法家主张禁绝百家、以法为教、以吏为师等，实际上已将兼并战争中奉行的“战、杀”原则，贯彻到思想文化领域。在诸子的视野里，“一天下”不但意味着政治大一统，而且还意味着思想文化大一统。霸主与圣王的差别就在于前者仅凭武力，而后者则文武并用；霸主充其量只能实现武力统一，而圣王则不仅能实现武力统一，而且还能实现思想文化统一。一般来说，政治总是借着武力而产生的普遍的外在强制力，而思想文化则通过意识形态和风俗习惯的作用展现其深刻的内在凝聚力。圣王应当既是“马上得天下”的英雄，又是使“天下归心”的救星；“一天下”不仅需要“争于气力”，更需要“得人心”，“力”和“心”仍是成就一切事业的根本。圣王以政治“力”，以道治“心”，并建立与其相应的“政统”和“道统”。诸子所谓“一天下”，说到底便是政与道的双重统一。

综上所述，圣人“王化”，从法自然中获得天道依据，为“王化”建立自然基础；从因人性中获得人性依据，为“王化”建立人性基础；通过辨名实以立法制、定名分，从而真正开始了“王化”。圣人制名后，“王化”下行则为行教化，将芸芸众生纳入一名教体系中；“王化”上行则为尚专制，即权力上行，由圣王垄断政权、所有权、思想权；“王化”终结于“一天下”，在政治权力和思想文化的双重统一中得以最后完成。至此，圣与王合而为一，圣王模式形成。由此我们可以投建中国传统政治文化的核心。模式一旦形成，就会产生某种永恒的效应，即超越历史局限性，成为一种文化定理和公式。除非它赖以形成的前提发生了根本变化，否则便不会具有任何实质性的改变。也许在历史发展过程中，它会呈现出更加丰富多彩的样式，但其精神实质却仍然一以贯之。

3. “神化”——神圣一体

春秋战国时期的文化转型，使以神和命为精神支柱的殷周文化转向以人为中心的圣本位文化。神的地位已经动摇，神不再是政治权威的最高依据，《左传·庄公二十三年》说：“国将兴，听于民；将亡，听于神。”神不仅不能给政治带来福音，而且往往成为亡国之因，这样的神只能束之高阁，所以孔子说：“敬鬼神而远之，可谓知矣。”*[1]但是，圣人作为一种普遍的关于“人的观念体系”的提出，并没有扬弃神和命等超人类的虚拟物，而是将它们包容其中或与之同化。老子在肯定道为“象帝之先”时，并没有否定神，他所否定的只是神的本原性。孔子虽然对神采取怀疑态度，然而却以“祭如在”的方式默认了神的权威。墨子则仍坚持鬼神高于圣人。对于命，老子置之不理，而孔子作为周文化的传人，依然满怀敬畏，其所言“三畏”，以“畏天命”为首。但孔子对命作了积极的改造，他在具有人格意志的命加进了必然性，必然性的命是可知的，“不知命，无以为君子也”。*[2]墨子对孔子天命观的批判，则显然没有察觉到这种转变，因此，他仍然以经验为依据，证明天命为虚无，他在《非命》中指出，无论“生民”、“诸侯”，还是“古之圣王”，都没有“见命之物”，“闻命之声”，这种批判对于周文化中具有人格意志的命来说是一针见血，但对于孔子改造过的命来说其批评不能说是很准确的。命经过孔子的改造，由超验的神秘意志转化为理性认识的对象，在必然性的洗礼中开始了文化质的转换。而神在孔子的思

*1 《论语·雍也》。
*2 《论语·尧曰》。

想体系中，显然没有找到一个恰当的位置，所以夫子“不语怪、力、乱、神”。在孔子的精神世界里，神像幽灵一样徘徊着，无所归依。诸子中真正尊鬼神的只有墨子，他说：“古者圣王必以鬼神为有。”*1“鬼神之明智于圣人，犹聪耳明目之与聋瞽也。”*2但他在鬼神之上又立有“天志”，他说：“上利于天，中利于鬼，下利于人，三利无所不利，故举天下美名加之，谓之圣王。”*3在这里，鬼神已不再赋予政治以合理性和必然性，不再支配人事的客观进程，只在事后对人作出祸福报应。使政治具有合理性和必然性的是“天志”，而非鬼神。尽管墨子批评孔子的“天命”为子虚乌有，但其“天志”却与“天命”相差无几，都是自然必然性的人格化。墨子在证明天命虚无的同时，又证明了鬼神的实在。他运用“三表法”论证鬼神的可靠性，认为鬼神存在不仅能诉诸人们日常生活经验，而且可以从“古之圣王”为代表的文化传统中找到根据。更为重要的是，鬼神具有无法替代的政治功能。一旦放弃了“神道设教”，人们的精神就会像脱缰的野马一样，无法驾驭。因此，在墨子的思想体系中，“天志”最高，其次鬼神，再次圣人。圣人在这里尚未“与天为一”，成为必然性的化身，圣与神也分离而两立。

当然，这一状况我们可以归之为圣化不充分。圣化的主体是人，在圣化过程中，人性一方面向着必然性——“天道”展开，另一方面又向神开放，表现出某种自我超越的趋神性。前者以实现天人合一、圣道同体为目标，而后者则导向神圣一体。前者，我们称之为“道化”，这是当时思想和文化的主导倾向；后者，我们称之为“神化”，它作为一种隐匿的冲动，只是“偶

*1 《墨子·明鬼》。
*2 《墨子·耕柱》。
*3 《墨子·天志上》。

尔露峥嵘”。在这里我们必须区分两种“神化”。在殷文化中，“神化”主要是指人的趋神性的外化，即创造外在于人类并凌驾于人类之上的绝对意志的神，是一个外化的“造神”过程；而在战国文化中的“神化”实质上是神的内化，即将人的趋神性引向人自身，把人提升为神，这是一个内化的造圣过程。关于神的内化问题，我们只能简略地指出几个要点：

第一，人体与神联系在一起。“凡人之生也，天出其精，地出其形，合此以为人。”*[1]“形具而神生，好恶、喜怒、哀乐藏焉。”*[2]人的生命本身便含有某种趋神性，它是凡人向神仙转化的最基本的物质依据。

第二，将人的精神状态与神联系在一起。如《中庸》说：“至诚如神。”“空窍者，神明之户牖也。”*[3]“神明者，处于度之内而见于度之外者也。”*[4]“保神明之清澄兮。”*[5]人的某种精神状态，如“至诚”、“空窍”、“清澄”等，都能与神相通。

第三，将人的认识能力与神联系在一起。“圣而不可知之之谓神。”*[6]“知变化之道者，其知神之所为乎！”*[7]“穷神知化，德之盛也。”*[8]人的理性——“知”中隐含着趋神性，后世哲人如司马光、龚自珍等，发挥此义，倡导神心和神悟说。司马光认为，神心“可以钩深致远，仰穷天神，俯究地灵”；*[9]龚自珍则认为，“圣人神悟，不恃文献而知千载以上之事，此之谓圣不可知，此之谓先觉”。*[10]

*1 《管子·内业》。
*2 《荀子·天论》。
*3 《韩非子·喻老》。
*4 《经法·名理》。
*5 《楚辞·远游》。
*6 《孟子·尽心下》。
*7 《周易·系辞上》。
*8 《周易·系辞下》。
*9 《太玄注·玄测》。
*10 《龚自珍全集·语录》。

第四，将人的行为与神联系在一起。“夫大人者……与鬼神合其吉凶雄”*[1]，“鬼神害盈而福谦”*[2]，“神而化之，使民宜之。”*[3]人对自身行为的深谋远虑的选择性中，隐含着某种趋神性。

第五，将人的魂魄与神联系在一起。《左传·昭公七年》孔颖达疏：“魂魄，神灵之名，本从形气而有；形气既殊，魂魄各异。附形之灵曰魄，附气之神为魂也。”人死则魂魄化而为鬼神。《楚辞·九歌·国殇》：“身既死兮神以灵，子魂魄兮为鬼雄。”

第六，将神纳入心中。“诚心守仁则形，形则神，神则能化矣。” *[4]“心者形之君也，而神明之主也。”*[5]使内化的神也显出某种心灵的特征。杨雄尝论心与神云：“或问神，曰心……人心其神矣乎。”*[6]杨雄用一个“潜”字概括心的功能，“潜天而天，潜地而地”，“神在所潜而已矣。”

第七，神的人化和人的神化，集中反映在庄子“神人”观念中。作为神，“神人”已失去了神的绝对性和必然性，已不再具有超人类的主宰一切的意志和力量；作为人，“神人”又能进入无限和永恒之域。如果说昔日之神是绝对化的象征，那么庄子的“神人”则是自由化的象征。庄子在人和神之间建立了一条通道，只要“得道”，人就可以成为神。“道者，神明之原也”。*[7]“夫道者……变化无常，得一之原，以应无方，是谓神明。”*[8]

第八，神圣一体。“凡物之精，比则为生。下生五谷，上为列星。流于

*1 《周易·乾·文言》。
*2 《周易·谦卦》。
*3 《周易·系辞下》。
*4 《荀子·不苟》。
*5 《荀子·解蔽》。
*6 《法言·问神》。
*7 《经法·名理》。
*8 《文子·自然》。

天地之间，谓之鬼神；藏于胸中，谓之圣人。”*[1]鬼神与圣人本为一体，都本于精气。“精”外在于人时为鬼神，内在于人时为圣人。合内外之道则称“神圣”，“神圣者王”*[2]，“权者，神圣之所资也。”*[3]这种神圣一体化倾向，在韩非子的思想中亦可窥见。韩非主张“君道同体”，而道又是“万物之始”*[4]和“万物之所以然也”*[5],故“天得之以高，地得之以藏，维斗得之以成其威，日月得之以恒其光，五常得之以常其位，列星得之以端其行，四时得之以御其变气”。*[6]如果以君主置换道，那么君主自然就成为住在整个宇宙的“太一”神了，能“参天地，化万物”，“制天命而用之”。秦始皇统一天下后，便寻仙求道，欲出世为神。其思想之动机，便根柢于此。

如果说神的内化过程，是实体性神的分解和转化为功能性神的解体过程，那么神圣一体化则内蓄着某种整合各功能以突破人的精神局限的实体化冲动。这一冲动随着大一统的历史进程而展开，到汉武帝时，便出现了与现实君主对位的至高无上的“太一”神，这是自夏殷“绝地天通”以王权垄断神祀以来神系的一次大团圆和大发展，神从与祖宗相结合转化为以现实君主为本位，无疑是理性化带来的飞跃。入世的功能性神向着出世的实体性转化似乎是一种必然，它不仅是“神道设教”的需要，而且是人类本性的需要。但是正如人类渴望超越生死，却永远在生死场中循环一样，神一旦从人的思想冲动转向实践，便会如梦幻泡影一样消失。那些极力走向神坛的人们，或许能使自己变得灿烂辉煌，但最终要堕入虚无的深渊，就像人不停地追逐自己的影子一样。自秦皇汉武以来，多少英雄帝王在神坛失足，可是，谁又能

*1 《管子·内业》。
*2 《管子·君臣下》。
*3 《管子·霸言》。
*4 《韩非子·主道》。
*5 《韩非子·解老》。
*6 《韩非子·解老》。

阻挡住人们走向神坛的脚步？先秦诸子以其卓越的理性精神否定了外在于人类的绝对神，但其神圣一体化思想内部又暗含着一次新的否定。在董仲舒的“天人感应”的思想体系中，神从理性化和功能化恢复其感性的实体性的面貌。但是，与其说董仲舒的神学目的论是对诸子的否定，倒不如说是诸子思想的水到渠成。神话意识和理性错综交织的思维特征，不是在董仲舒的神学中，而是在诸子的思想中初露端倪。

关于神圣一体问题，我们在此不可能作更多的论述，这主要是因为该问题在当时的整个造圣运动中，并非引人注目的最突出的问题。当时圣化的重心是“道化”和“王化”。“道化”以天道为认同对象，“王化”以王权为认同对象，而神则由于曾一度被人怀疑、遗忘和冷落，一时难以成为人们认同的对象。“神化”在当时只是潜移默化，很难与“道化”和“王化”相提并论。在这里，我们之所以将它与另外两个问题一起作为鼎足而三的问题提出来，是因为这一问题后来变得日益重要，以至于喧宾夺主。

神化的地位变得日益突出，主要是由以下两个原因所决定的。第一，作为人们认同对象的神经过理性化和现实化的改造，具备了一些新的特质。如前面提到的太一神，与春秋以前的人格神已有很大不同，太一神含有道的某些属性，这一点我们从它的名称上就可以看出来，它的人格性被淡化，而必然性则被强化，神与道变得相当接近，可谓惟妙惟肖，这是在理性驱动下的神的“道化”。而且圣化过程中的神的现世化倾向也愈益明显，与昔日高高在上、超然物外之神相比，它在诸多方面表现出更为积极的入世品格，与现世的王越来越贴近，而且在各种仪式的“神道设教”中，它的宗教性日益淡薄，其政治性则越来越突出，表现了鲜明的为政治服务的入世精神。神的“王化”和王的“神化”虽然是一个双向过程，但无论“王化”或“神化”，其重心都在王而不在神，太一神的观念，显而易见是从王权中衍生而来的。第二，王权的理性化总是适可而止的，圣王一旦在理性化的过程中实现了对必然性的垄断——圣道同体，理性化便会裹足不前，因为彻底的理性化最终必将否定王权。这样王权便从理性化转向神秘化。从实际的政治过程来看，王权不仅需要理性的解释，而且需要神秘主义的非理性因素的参与。秦汉大一统以后，随着“王化”的完成，统治者已餍足了理性，转而寻求神秘化，这样“神化”就取代“道化”而成为当时政治和文化的中心问题。对这一问题作全面而详尽的研究应着眼于秦汉大一统以后，在春秋战国时期它只是作为一种潜在的趋势而存在。从前面我们所作的种种描述中，我们看到神在此时处于一种无序状态，这种无序状态便是“神化”尚不充分的明证。先秦诸子在圣道合一、神圣合一中，最终关闭了他们关于人的“共同观念体系”。

如果说一种活的文化自有其灵魂，那么“圣人”便是中国传统文化的灵魂。圣人观作为一种普遍要求和终极追求相统一的政治伦理化的价值体系、行为方式和认知模式，千百年来，生生不息，代代相传，在中国传统文化的各个层面和方面，都留下了圣化的烙印，并产生深刻的影响。圣人作为民族信念、理想和智慧的化身，成为大众的认同对象。他是人们心中的希望之光，只有在他身上人们才能寄托自身的价值和理想。为了造圣，人们不惜毁弃自我，充满了崇高的殉道激情。但是，失去自我的人们最终都失望了，当希望的灵光如昙花一现般地消失，人们便发现在虚幻的希望之光的背后，原来有着深重的黑暗。当黑暗压顶时，失去自我的人们，同时也失去了对历史作出选择的主动性。于是，人们在苦难的历程中，企盼着新的圣人给他们带来光明。然而在新圣人慷慨允诺的背后，绝望又接踵而至，这样人们便在希望和绝望中循环不已。历史的经验告诉我们这样一个颠扑不破的道理：失去自我便意味着失去一切，希望的背面是绝望。当一个拥有一切、垄断一切、决定一切的专制人格，在主宰着众生命运时，等待人们的便只能是苦难和绝望。

第四章　秦汉儒者的外王运动

诸子争鸣，推动了孔子的圣化；而诸侯争霸，又导致了秦帝国的崛起。秦统一后，始皇帝竟一反秦国传统，向儒家大开方便之门，设博士官，请儒生参政、议政。在信奉“儒以文乱法”的秦国，公然以制度化的方式礼聘儒生，当然要冒很大的政治风险。而战争中无所作为的儒生们，也一改其道貌岸然的常态，争先恐后去当博士。在“以圣为王”和“以王为圣”这两条路线之间，他们选择了“王圣”路线；在祖师爷和始皇帝之间，他们选择了始皇帝。而想当圣王的始皇帝，却对圣化的教父只字未提，这不能简单地归咎为始皇帝的不可一世，因为始皇帝毕竟有虚怀若谷时，主要责任在博士儒，他们在得意忘形之余，竟然数典忘祖，把孔子的招牌搁到一边去了。也许是有着稷下学宫的传统，也许始皇帝对齐文化特别青睐，齐儒的反应最积极，博士官中齐儒占了大部分。

一、博士儒的“王圣”运动

1. 儒者的向往与皇帝的抱负

秦始皇是一位具有文化抱负的君王。也许他的血液里真的存在着东方文化的基因，他对东方文化的向往，他在文化建设上所表现的雄才大略，使人不得不相信那个关于吕不韦的传说。与《史记·秦本纪》中记载的他的列祖列宗相比，他似乎更像是吕不韦的传人。不管他的血缘遗传来自哪里，他的文化慧根一定来自吕不韦。

吕不韦是个商人，他把政治当做生意做时他成功了，然而当他把政治当做文化做时他却失败了。失败的原因有很多，其中最主要的也许是秦国的传统对于东方文化的排斥。当君王必须在这两者之间进行选择时，他的屁股只能坐在自己的政权基础——秦国传统之上。其实吕不韦只是一连串失败者中的一个，在他之前有商鞅，在他之后有李斯，包括张仪和范雎，哪一个能死得其所？哪一个能寿终正寝？当他们一个个西行入秦时，等待他们的便是卸磨杀驴的命运。

从秦穆公开始，一代又一代秦国的君王都奉行“借脑”政策。秦国的特产是武力，而东方流行的是智力。不断引进东方策士，来改造秦国的武力传统，是秦国的基本国策。早在孔子之时，他就注意到秦国的这一动向，并给予了高度评价：“齐景公与晏婴来适鲁，景公问孔子曰：‘昔秦穆公国小处辟，其霸何也？’对曰：‘秦，国虽小，其志大；处虽辟，行中正。身举五羖，爵之大夫，起缧绁之中，与语三日，授之以政。以此取之，虽王可也，其霸小矣。’”[*1]

以王道称赞穆公，虽不免有借石攻玉的寄托在里面，但也表达出他对秦

[*1] 《史记·孔子世家》。

国的向往之情。这种向往之情流传到战国初年，便有儒生跃跃欲试了。学儒者之术的商鞅在三晋无用武之地，就带着满脑子的王道和霸道西行入秦。到了秦国，王道无用，他就用霸道。他在秦国的变法，将霸道发挥得淋漓尽致，很快就使秦国富强起来。可是孝公一死，他就无枝可依，秦国贵族群起反击，一举将他置于死地。后来荀子到秦国游历，对秦国的霸道赞不绝口："入其国，观其士大夫，出于其门，入于公门。出于公门，归于其家，无有私事也。不比周，不朋党，倜然莫不明通而公也。古之士大夫也。"*1

荀子的口气与孔子如出一辙，以为秦的霸道可以通向王道。但他还是有一个遗憾，那就是秦无儒。没有儒生就没有文化，没有文化就不能实现真正的统一。秦要兼并天下，以耕战之力，用术士行霸道即可；如欲大一统，就应当用儒生而行王道。他主张文武并举，礼法并用，王霸并行。在他的引导下，他的学生纷纷入秦，期以渐进之王道改良秦国；加上吕不韦推波助澜，一时儒风劲吹，儒学昌明。

其实荀子的"无儒"之叹，含有甚深的门户之见。孔子弟子中秦祖、壤驷赤、始作蜀等人都来自秦国，与商鞅辩论的甘龙、杜挚等亦颇知儒术，以"恃德者昌，恃力者亡"劝商鞅的赵良更是通儒之才。商鞅变法，主张焚诗书、禁儒毒，表明秦国民间尚有儒术流行。荀子叹秦"无儒"，是用他自己的标准来衡量的，并非秦真的"无儒"。倒是他的学生在秦国随机应变，跟着潮流转化为术士。这种转化是必然的，既然霸道可以通向王道，那么由王道也可以进入霸道。荀子在霸道和王道之间建立了通道，他的弟子们便在这通道里自由进出。

李斯是荀子的学生，跟着荀子学帝王之术，学成以后，他去与老师告别，在老师跟前高谈阔论，他说："斯闻得时无怠，今万乘方争时，游者主

*1　《荀子·强国》。

事。今秦王欲吞天下，称帝而治，此布衣驰骛之时而游说者之秋也。处卑贱之位而计不为者，此禽鹿视肉，人面而能强行者耳。故诟莫大于卑贱，而悲莫甚于穷困。久处卑贱之位，困苦之地，非世而恶利，自托于无为，此非士之情也。故斯将西说秦王矣。”*1听了这一番高论，不知荀子作何感想，他批判过各派儒学，非议过各家学说，却从未评价过他的这位弟子。按照他的标准，李斯算不算儒者？当他叹秦“无儒”时，他的门下已经异化。

李斯入秦后，适逢吕不韦广招宾客，他去吕不韦门下做了舍人。他大概也参与了《吕氏春秋》的编纂工作，当吕悬书于市、以一字千金标价时，凭他的机敏，他应该感觉到一场政治危机正悄然来临。《吕氏春秋》虽然兼收并蓄，号称杂家，但其主导却为儒、道和阴阳学说。然而秦自商鞅以来一直以法治国，法家学说成为思想领域的霸主。吕以权要身份引进诸子学说，又以重金为饵启发学术争鸣，不仅挑战秦国传统，而且挑战法家权威，遭到二者的联合反击。形势孰优孰劣，力量孰强孰弱，一目了然。李斯在这场斗争中的所作所为，历史上没有记载，就他的个性和野心而言，他决不会无所作为，他后来能毒杀同学韩非，当然也就可能利用这次机会出卖吕不韦。

吕不韦是个有着伟大抱负的人物，用传统的历史观来看他，他的历史价值会被埋没。连司马迁也没有看到他的真正价值，仅仅把他放到宫廷秘闻中来描述，于轻描淡写时，信手拈来，顺便就在英雄的鼻子上抹了两道白粉，于是，英雄变成了小丑，隐私变成了历史。其实，要论吕不韦对秦国的贡献，除了前期深谋远虑的政治策划，主要还在于后来高瞻远瞩的文化建设。秦国从来不缺纵横捭阖之士，也不乏能征善战之将，然而能搞文化建设的人却如凤毛麟角。

当时秦国统一的障碍，不在军事上，而在文化上。文化发展不平衡，是

*1 《史记·李斯列传》。

导致山东六国合纵抗秦的主要原因。正是有见于此，荀子才叹“秦无儒”，吕不韦才编纂《吕氏春秋》，秦始皇才迫不及待地实行博士制。武力只能兼并，统一要靠文化，秦始皇想以他的独裁的方式，用博士制来补文化这一课，从专制的需要出发，生吞活剥东方文化，结果反而激化了秦国传统与东方文化固有的矛盾。

秦始皇是个复杂的人物，历史对他有许多误解，误解最甚者为“焚书坑儒”一案。该案起因不能简单地归结到他的个性方面，仅仅宣判他是个暴君就可结案。就其大者而言，它的根源在于文化发展不平衡，它是秦国传统、法家政策与东方文化矛盾的结果。

秦始皇的个性是沸腾而激越的英雄的个性，这样的个性是不愿意受传统束缚的，是不能被一种思想体系所牢笼的。对于他来说，王权与生俱来，唾手可得，他把秦国当做伸展他个性的平台，当做他九天揽月、叱咤风云的脚手架。他将这本钱孤注一掷，去搏山东六国，结果势如破竹，一统天下。他赚来的家业比继承来的多得多，因而他敢对传统指手画脚，他可以为所欲为挥霍和享受他的利润。

在他眼里，小小的一国之君算得了什么？要做就要做皇帝，做开天辟地以来从未有过的皇帝。皇帝的事业是前所未有的事业，皇帝的抱负就是大一统，统一文字，统一货币，统一度量衡，连六国之城也要统一为长城。他用秦国的力量完成了兼并事业，他还要用天下的力量实现大一统；他不仅要做亘古未有的皇帝，还要做超越生死、变幻莫测的神仙；他不仅要用王权统一小九州，还要用神权去统一大九州。他用战士和术士兼并天下，用博士搞大一统，用方士策划大九州。

他的野心如发动机一般，不停地策划着各种伟大的梦想，推动着一个青春帝国在血泊中冉冉升起；然而他在十几年里完成的事业，又几乎耗尽了帝国的精力。不过，这个短命巨人，并非昙花一现，而是很快就化为历史的丰碑。这丰碑，凝聚着他的梦想，如中流砥柱一般矗立在历史的长河里，致使后人惊叹：两千年之制，秦制也！

2. 儒门“王圣”运动始末

［1］博士儒的兴起

司马迁在《史记·儒林列传》中谈到孔子之后儒门诸弟子时，字里行间颇有几分凄凉。宗师不再，群龙无首，七十子散游诸侯，或“大者为师傅卿相，小者友教士大夫，或隐而不见”；还有“子夏之伦，为王者师”者，其谋食之境遇或好于其师，而其谋道却不由自主，不得不以其所学干世主，其中固有持为己之学、从道不从君者，然而因地制宜、各取所需之悄然异化，亦屡见不鲜，更有论君道同体如韩非者，甚至论从君不从道如李斯者。

孔子在世时，周游列国，却不得其门而入，纵有七十二贤人、三千弟子众星拱月之盛况，可是有几人能像他一样如“匏瓜”悬系藤上“系而不食”呢？“学而优则仕”，想必连他自己都渴求，更何况负“束脩”而求学的弟子？孔子弟子中，冉求大概是最早的异化者。《史记·仲尼弟子列传》载，冉求曾“为季氏宰”。时鲁季桓子死，康子相鲁，重用冉求。《史记·孔子世家》载：“冉求将行，孔子曰：‘鲁召求，非小用之，将大用之也。’是日，孔子曰：‘归乎！归乎！吾党之小子狂简，斐然成章，吾不知所以裁之。’”其兴奋之情，溢于言表。

可是不久孔子就发现，“冉有之大用”，并不是实践他的主张，而是乖异其说，为季氏聚富图强。所以当季康子问孔子“冉求仁乎”时，孔子回答的语气已明显降调，曰：“千室之邑，百乘之家，求也可使治其赋。仁者吾不知也。”孔子因冉求“治赋”而背离“仁政”，讥刺其“仁者吾不知也”，算是客气。而《论语·先进》反映出孔子对冉求的态度已是忍无可忍了：“季氏富于周公，而求也为之聚敛而附益之。子曰：‘非吾徒也。小子鸣鼓而攻之，可也。’”孔子不惜失其“师”态，鼓动门下围攻冉求，无非是怒于冉求实行了新的田赋制度。田赋制度兴于“私家”，乃当时私有化运动的产物，冉求不过因势利导而已。除“治赋”之外，冉求还颇通“军旅”。《史记·孔子世家》中还记载：“冉有为季氏师，与齐战于郎，克之。”当季康子问他“子之于军旅，学之乎？性之乎？”时，他毫不犹豫地回答：“学之于孔子。”并以为对孔子若“用之有名，播之百姓，质诸鬼神而无憾”。冉求尊其师有“圣人之用”，似仍以儒者自居，然儒学之异化毕竟肇始于彼。

孔子之后，儒家由分化而异化愈演愈烈，影响并导致了战国诸子百家兴起的局面，像先后受业儒门的吴起、墨子、李悝、韩非、李斯、邹衍等纷纷从儒学中走出来，并成为各显学的主要代表人物，儒学也成为墨、法、兵、阴阳诸家学说的源头活水。当然，所谓战国时期的诸子百家，绝不仅仅是儒学的学术发展的内在逻辑使然，恐怕只有社会巨变才能带来“学术异化”的规模效应。

从战国到秦统一，法术之士和纵横术士乘势而起。儒学虽经孟子全力弘扬，但“匏瓜”之运仍未改变。孟子虽车马轻裘招摇过市，但也只是在滕国受到欢迎，于齐、梁诸大国均无所作为。学术实用化、世俗化已成天下共识，儒学境遇日益艰难。于是，有荀子出，改造儒学，于王制事功方面详为阐发，以解儒学“匏瓜”之悬运。

荀子在儒学中的地位和贡献可与孟子媲美，就学术贡献而论，孟、荀各有千秋。两说相携，似鸟之两翼，车之两轮，发展了孔子。孟子言性善，倡仁义，养内圣之学；荀子主性恶，重礼学，修外王之道。对此司马迁的评价颇为公允，他在《史记》中将两位思想家并列为一传。但后世儒者却扬孟抑荀，扬之，则孟子为“亚圣”；抑之，则荀子则被逐出儒门。唐代韩愈在《原道》一文中序列儒家道统时，云：“孔子传之孟轲，轲之死，不得其传焉。”宋代大儒朱熹也讥刺荀子“全是申、韩”之学。明儒胡居正则批评荀学为“源头已错，末流无一是处”。*1其实在战国末期，儒学能以显学生生不息，直至汉初争得意识形态的统治地位，荀子可谓功不可没。荀子一生游学，足迹遍及赵、燕、齐、楚、秦等大国，大半生宣讲于齐稷下学宫，三次充任稷下祭酒，对儒学的传播应比孟子贡献大，加上他对儒学进行了实用化的改造，因此，他对战国诸子以及各家各派的影响亦远在孟子之上，谭嗣同因而有“两千年来之学，荀学也”的感叹。

荀子“援法入儒”，重建新儒学，有以下特征：第一，“隆礼重法”；第二，重“圣人之得势”者，而“势”是圣人向圣王转化的关键，这样就为现实君主的圣化开了方便之门，为法家向“王圣”过渡提供了桥梁；第三，主张以王权“制天命而用之”，为后来兴起的韩非的君道同体说建立了思想基础。在先秦儒学发展史上，荀子在思想体系上开了异化原宗的先河，他的一只脚还留在儒学王道的门槛内，而另一只脚已开始从王道走向霸道。他的学生则因势利导，纷纷走出“师统”，彻底异化，像韩非和李斯之流则干脆成了法家。

《史记·老庄申韩列传》言韩非、李斯，“俱事荀卿”。韩非师承荀子，其思想为荀子学说的进一步发展。如荀子认为人性恶，但犹可“化性起伪”使之向善，而韩非则更进一步，以为人性好利，既不能改，也不必改，君主应该因之以治人；又如荀子援道入儒却不得不非议老子，而韩非则更进一步，他的《解老》和《喻老》中的老子，决不是个“有见于屈而无见于伸”的老子，而是个以屈求伸、无为而无不为的老子；荀子礼法并重，其言礼颇近于法，而韩非则更进一步，弃礼扬法；在对孔子的评价上，荀子以为孔子是“圣人之不得势者”，而得势则是圣人向圣王转化的关键，韩非从

*1　转引自何平：《儒脉兴衰》，河南人民出版社1998年版，第36页。

荀子的王高于圣出发，将荀子的圣王改造成王圣，建立了以王为圣的新圣谱系。

很显然，儒学既不是穷尽玄思、关注宇宙本体的形而上学，也不是在形式上贴近世俗、其实质只关注来世灵魂拯救的宗教神学，而是贯穿在百姓日用中的伦理政治学，因此，在社会大变动中，它必然要以分化或异化的方式，以“干世主”，以“应帝王”，将学说“货与帝王家”，以遂其刻骨铭心的“用世”情结。法、墨皆儒异化之学，法重术势，使专制登峰造极；墨主兼爱，“摩顶放踵以利天下”，为侠之大者；阴阳五行学及兵家中，亦有儒之异化以为当世之显学者。

帝国初期，虽以法治，但并不排儒，且特设“博士制”，广招儒生。据余英时先生的说法，齐稷下学宫是战国时诸侯养士、养贤“办法的形式化、制度化”，而博士制“则是齐稷下学宫的新发展”。*[1]钱穆先生也认为稷下先生与博士“二者盖异名而同实”，“故汉祖拜叔孙通为博士，而号稷嗣君，此谓其嗣风于稷下。”*[2]王国维先生《汉魏博士考》云：“博士一官盖置于六国之末，而秦因之。《汉书·百官公卿表序》：博士，秦官。”余英时又云：“史言博士为秦官，然其始已不可考。唯史言齐襄王时荀子为稷下老师，这已是稷下的尾声了。襄王死在公元前265年，稷下散而荀子游秦与秦昭王、范雎问答（见钱穆《先秦诸子系年》下册，458~459页）。则秦创博士制或即在此后不久，其时稷下流风未泯，故秦人师其‘不治而议论’之遗意尔。《说苑·至公》篇，秦始皇‘既吞天下召群臣而议，博士鲍白令之独进言官天下’之说，其人即荀子弟子，汉初传诗之齐人浮丘伯也。”*[3]

*1　余英时：《士与中国文化》之《古代知识分子阶层的兴起与发展》，上海人民出版社1987年版。
*2　钱穆：《两汉博士家法考》。
*3　余英时：《士与中国文化》之《古代知识分子阶层的兴起与发展》，上海人民出版社1987年版。

从博士制来看，始皇置博士绝非摆设。《汉书·百官志》云："博士，秦官，掌通古今。"《艺文类聚》卷四十六引《汉官仪》云："博士，秦官。博者，通博古今；士者，辨于然否。"司马彪《续汉书·百官志》"博士"条本注云："掌教弟子，国有疑事，掌承问对。"总之，博士一职有"通古今"、"掌承问对"之用。近人钱穆先生认为，博士"通古今，承问对"，"此即不治而议论也。……博士即承问对，则易涉于议政。"*[1]于百废待举之时，请博士议政、参政，说明始皇对儒学的信任，对齐稷下学宫的向往。秦起于西土，以耕战厉法兼并天下，与东齐商业发达、文化昌盛不可同日而语。秦无文以化民，民以力争胜；而齐则文以靡饰，智巧机心俯拾皆是。始皇本有大雄心在，而齐儒则应之以小智巧，失去从道不从君之刚毅。

始皇"悉召文学方术之士甚众"，置博士七十人，包括儒、法、阴阳诸家，其中"文学"即儒士为势甚众。王国维言："《史记》云博士者犹言儒生云尔。"*[2]可知秦博士应以儒生为主，尤以齐博士居多。《史记·封禅书》载秦始皇首次东巡时，"征从齐、鲁儒生博士七十人，至乎泰山下"。多次与李斯交锋的淳于越便是齐人。秦置博士，同时，还允许博士带"诸生"。秦二世时，叔孙通降汉，"从儒生弟子百余人"，以此推论，秦代活动于咸阳的儒者至少有数千人。

如此庞大的儒生集团特备始皇咨议之用，使李斯如芒在背，难以安宁。秦以商鞅之法强大，用荀、韩思想统一，而李斯以一术士，由吕不韦舍人官至始皇客卿、廷尉，后来又升为丞相，其间，妒杀同窗、背叛师祖、唯法是用的种种劣迹，想必为博士集团所不齿。以秦用人之际，他都难容韩子；何况太平盛世，又岂能容儒士摇唇鼓舌，与他分庭抗礼？其欲寻机剪除博士儒

*1　钱穆：《两汉经学今古文平议》。
*2　王国维：《汉魏博士考》。

之居心真可谓一触即发。

［2］“王圣”——博士儒的政治文化

（1）“王圣”之一：议帝号

博士第一次议政为始皇二十六年（前221），时李斯为廷尉。《史记·秦始皇本纪》载丞相王绾、御史大夫冯劫和廷尉李斯上奏道：“臣等谨与博士议曰：‘古有天皇，有地皇，有泰皇，泰皇最贵。’臣等昧死上尊号，王为‘泰皇’。”始皇去“泰”取“皇”，采上古帝号曰“皇帝”。这就是我们所知道的秦博士第一次议政的内容。对于这段记载，历代史家均因过于“熟悉”，而忽略了其中一个颇为重要的细节，那就是在政统与道统、国体与政体两方面，博士儒与秦始皇的看法存在深刻分歧，由分歧而裂变，遂演成政治路线斗争。

法家不尚古，秦始皇对于远古也没有太多兴趣，然而在去“泰”取“皇”的选择上，却令人刮目相看，取用之间，用心颇深。一方面集古今天地神人至尊于一身，占尽皇帝之风流；另一方面又不失其法家绝对君主主义的原则。博士儒们以“泰皇”为最贵，既有阿谀之心，又有劝导之意，欲秦始皇奉天法古、垂拱而治。

关于“泰皇”和“皇帝”这一对立概念的由来，早有学界前辈顾颉刚等作了考据工作，梳理出来龙去脉，使后学蒙惠不已。有关文字结集于顾颉刚先生编著的《古史辨》第七册中编一书中，其中有顾颉刚、杨向奎先生合著的《三皇考》，蒙文通、缪凤林二先生的《三皇五帝说探源》，吕思勉先生的《三皇五帝考》。还应该特别提出的是丁山先生所著《中国古代宗教与神话考》中《天命论与皇、帝、王、霸之古史退化观》一文，均对“皇”与“帝”作了详尽的探讨。在此，不考源溯流，而是专门就“皇”、“帝”在观念层面的变化，研究博士儒尊“泰皇”的意图和秦始皇取“皇帝”二字的用心。

据顾颉刚先生考证，“皇”字在战国以前多作形容词或副词使用，偶然会用作动词或人名字，但“绝没有用作一种阶位的名词的”。《白虎通义》有解：“皇，君也。美也，大也。天人之总，美大之称也。”顾先生认为，战国以前，作为一种观念，除“君也”一条有误，其余都是对的。而“皇”字于甲骨文中被解释为太阳刚刚从地面升起时的景象，后演变为“训美训大”、“有光美之义”，“故用以状尊严伟大的神和人。孟子曰‘充实之谓美，有光辉之谓大’即此义。以后习用的‘煌煌’正是‘皇’的原意。”而且此义不断出现于金文及战国以前的诸多古籍里。而“皇”字转化成名词并具有实际意义，也是战国以后的事了。当时为了区别“人帝”，人们开始改用“皇”字称“神”或“上帝”。

缪凤林先生以为：“‘帝’为上帝之称，而‘皇’初无天帝或上帝之义。”早在甲骨文及商人那里，“帝”已是神或祖先的第一尊称了；周人虽有人文的倾向，但他们更加明确了“天帝”或“上帝”以及“祖先帝”与人事的密切关系。战国以后，群雄竞起，争霸天下，以“力”决胜负。在“力”的竞争中脱颖而出的胜利者，便不甘心于原有的公侯之称，而“王”的称呼也因“普及”显得不那么尊贵了。于是借战国思想解放之势，他们便把“帝”字冠于自己的头上，这时被上帝垄断的“帝”字，便成为人王的位号了。

终战国之世，“称帝”运动此起彼伏，热闹非凡，直到秦始皇统一中国，帝作为霸主的观念不仅确立起来，而且深入人心。公元前288年，秦昭王自为西帝，并尊齐湣王为东帝。不久湣王欲天下憎秦爱齐而取消帝号，不得已昭王也只好取消帝号。后齐湣王灭宋，苏代看齐太强大了，便劝燕昭王联络大国乘机复仇，推秦为西帝，赵为中帝，燕为北帝，共同对齐。湣王虽被打败了，但“三帝”运动亦未成。公元前257年秦国再度强大，遂胁迫赵国尊秦为帝，鲁仲连义不帝秦，其帝制运动终以信陵君救赵破秦而告失败。

但中国共推一主莅临天下、行帝王之治的理念，经战国诸雄的“帝制”运动已成共识。

与战国诸雄的“帝制”运动并行的，是思想家们的“皇德”路线。诸侯称雄争帝，诸子亦不示弱，当现实政治向着帝制运行的时候，他们又让理论先行了一步，使“皇”字从天而降，转化为人王的尊称。正如缪凤林先生所说的“以君释‘皇’，后起之义”，多诸子所为，我们在《吕氏春秋》和《庄子》等先秦诸子的著作中已然看到。《吕氏春秋》云：“天地大矣，生而弗子，成而弗有，万物皆被其泽，得其利，而莫知其所由始，此三皇五帝之德也。”*1蒙文通先生认为，“五帝”说始见于《孙子》，“三皇”说始见于《庄子》。无论皇与帝，都只限于古圣先王。而今本《孔子家语·五帝》载，季康子问何谓五帝，孔子说：“古之王者，易代而改号，取法五行。”则颇有“革命”为帝的意味。《管子》曾云：“名一者皇，察道者帝，通德者王，谋得兵胜者霸。”缪凤林先生和丁山先生均认为此论乃代表历史退化之四个时期，“皇”、“帝”、“王”、“霸”四个时期可能是当时的一家之言，但却是一种普遍的历史观念，诸子百家皆在上古史中为自已的理论寻找根据，当然是越古的越好，因此，历史上“皇”是最好的时期，依次下来才是“帝”、“王”、“霸”。《老子》也曾言：“失道而后德，失德而后仁，失仁而后义，失义而后礼。”老子以“道”、“德”、“仁”、“义”、“礼”观历史之兴替。《庄子·在宥》曰：“得吾道者，上为皇而下为王。”并以“皇”称呼得道之君。先秦诸子除法家外，均持法古之史观，道家以自然状态为“皇道”，儒家以三代之治释大同，《吕氏春秋·勿躬》中有一“史皇”无为而治。《白虎通义·号篇》云：“皇者何谓也？……烦一夫，扰一士，以劳天下者，不为皇也。”《风俗通义·皇霸》

*1　《吕氏春秋·贵公》。

云："皇者天，天不言，四时行焉，百物生焉。三皇垂拱无为，有似皇天，故称曰皇。"

"泰"在先秦的观念里为"最"，如泰山是能与天神相接的最高的山，"泰一"在道家为"大道"，《荀子·礼论》也有"泰一"，与道家"泰一"相同。《庄子·应帝王》云："有虞氏不及泰氏。""泰氏"为与天合一之人。与"皇"、"帝"的命运一样，"泰"在战国以后的观念形态里也几经变化，终以其"虚无"而显其尊贵，儒者先是释之以天，继而释之以神，最后释之以无，以之命皇，则无为而治也。博士们"议曰"的"泰皇"，实为一"垂拱而治"的"文以化之"的天命偶像，与秦始皇的文化抱负相去甚远。丁山先生另有一说，亦可为本书观点之佐证。他认为："秦博士所谓'泰皇'，宜即后世载所常见的人皇"，或"自可直接释为'民皇'"。也许秦始皇"知道博士会议所议决的'泰皇最贵'条文，隐设'民为贵'的哲言，所以特斥不准，但批道：'去泰著皇'。"幸而初定天下，秦始皇要收拾人心，不曾以居心叵测为借口，将这群博士儒一怒而坑之，"后来焚书坑儒的政策，我认为这次博士会议开玩笑的决议案也是种因之一"。

在秦始皇看来，"帝"与"皇"应该合而为一，唯有他才能占尽"皇帝"之风流。当他兼并天下后，即召丞相御史，命其"议帝号"，俨然以帝自居。太史公评论秦始皇，谓其自谓"功过五帝，地广三王"，势力远在三皇五帝之上。因此，丞相等议曰："昔者五帝，地方千里。其外侯服夷服，诸侯或朝或否，天子不能制。"其实《吕氏春秋》早就说过："昔舜欲旗古今而不成，既足以成帝矣。禹欲帝而不成，既足以正殊俗矣。"（《谕大》）"昔有舜欲服海外而不成，既足以成帝矣。禹欲帝而不成，既足以王海内矣。"（《务大》）

"旗古今、服海外"者为"皇"，否则只能称帝，再差一点者称王。而秦始皇则自以为做到了“兴义兵，诛残贼，平定天下，海内为郡县，法令由一统，自上古以来未尝有，五帝所不及”。因此，他要称“皇帝”。更重要的是，他不仅要自称皇帝，还要“后世以计数，二世三世至于万世，传之无穷”。*1这不仅与儒家“天下乃天下人之天下，非一家一姓之私有”的政治主张背道而驰，而且公然与天下为敌。儒家的天下观，在理论上主张圣人受命于天，是为民请命，是替天行道，故谓公天下；然而帝王一旦将天下据为己有，私有天下而不为民，儒家便主张易姓革命。

（2）“王圣”之二：立水德

博士第二次议政是以“五德终始”说为秦“革命”建立合法性依据。《史记·封禅书》载:“自威、宣之时，邹子之徒论著终始五德之运，及秦帝而齐人奏之，故始皇采用之。”“五德终始”说由儒学异化而来，春秋末宋景公之史子韦为其先驱，战国时代表人物有公梼生、公孙发、南公等，以齐人邹衍最为著名，故此说流行于齐地。其思想主要源于儒学六经，“因阴阳之大顺”，源于《周易》“一阴一阳之谓道”；“大九州”说，由《尚书·禹贡》之“九州”划分演绎而来；“五德终始”说，本于《尚书·洪范》之“五行相生相克”。

始皇称帝，“齐人奏之”，乃齐博士所为。改元朔，易服色，原本是博士之职，故博士理所当然要参与秦的统序建制。正如顾颉刚《古史辨·秦的符应及始皇的改制》所言：“邹衍的为真命天子作鼓吹的学说创造了六十余年，到这时逢着应用的机会了。”《史记·封禅书》说：“秦始皇即并天下而帝，或曰：‘皇帝得土德，黄龙地螾见。夏得木德，青龙止于郊，草木畅茂。殷得金德，银自山溢。周得火德，有赤鸟之符。今秦变周，水德之时。’”顾先生以为“或曰”之论，乃“齐人”所言，而且这位“齐人”为

*1 《史记·秦始皇本纪》。

了证明秦应“水德”，还编造出“昔秦文公出猎，获黑龙，此其水德之瑞”的政治神话。

对于无统无序的秦来说，这是一件大事。始皇急于向六国表白他的文化正统，宣告他的奉天承运，就相信了这位“齐人”的说法，还亲为“推终始五德之传”，以为周得火德，秦代周德，应水德而战无不胜，因此，“方今水德之始，该年始，朝贺皆自十月朔。衣服旄旌节旗皆上黑。数以六为纪，符、法冠皆六寸，而舆六尺，六尺为步，乘六马。更名河曰德水，以为水德之始。刚毅戾深，事皆决于法，刻削毋仁恩和义，然后合五德之数。于是急法，久者不赦”。*1

秦始皇接受五德终始说，并把它作为革命的依据，正中齐博士下怀。齐博士不仅用五德终始说来诠释天命，读解历史，更重要的是使现实政治顺应自然，使政治与天道同步。然而秦始皇却另有打算，他并没有满足齐博士的愿望，跟着天命亦步亦趋，去做个循规蹈矩的圣王。在他看来，既然天命已归，君道同体，他当然就是天道的化身，他的主体性当然也就是必然性了。因此，他要用传宗接代的方式解构相生相克的程序。在他看来，他不仅是天命的承担者，还是天命的终结者，五行相生相克是用来说明历史的，而非预设未来，以之论历史人物则可，放在他头上就不灵了。既然君道同体，他为什么还要按五行说的春主生、夏主养、秋主收、冬主诛的程序来行治道呢？他非但不受程序的约束，反而要给程序一个永恒的指令：“事皆决于法。”在此指令下，秦行“刻削毋仁恩和义”之政。《史记·封禅书》“集解”云：水德当政，尚法令也。“水阴，阴主刑杀，故尚法。”

秦始皇用法家思想改造了五德终始说，又用五德终始说为他的“法术”贴上了天命的标签，他只要在形式上“合五德之数”，能够证明秦的统序

*1 《史记·秦始皇本纪》。

是天命正统就可以了，至于五德终始说的政治规范和制约他却视而不见。不见不等于不存在，“有德者居之”是五德说的核心命题，它既可以为政治暴发户建立正统提供合法性，又能为“继续革命”的“取而代之”提供天命根据。在中国传统文化中，五行说是具有革命意义的。诚然，齐儒用意，史无记载，但他们终日研习五行说，想必“相生相克”之理铭记于心。面对“天性刚戾自用”、运用五德说居水德主阴杀、变本加厉行酷法严刑刻薄寡恩的始皇帝，博士儒们无可奈何，恐怕只有寄希望于五行“相克”之日了。

（3）“王圣”之三：封禅仪

秦博士第三次议政是封禅仪。对秦始皇而言，行封禅仪是表明他受命于天，以确立其革命谱系，强化其正统观念。《史记·封禅书》云：“自古受命帝王，曷尝不封禅？盖有无其应而用事者矣，未有睹符瑞见而不臻乎泰山者也。虽受命而功不至，至梁父矣而德不洽，洽矣而日有不暇给，是以即事用希……孔子论述六艺，传略言异姓而王，封泰山禅乎梁父者七十余王矣。”

据顾颉刚先生考证，关于“封禅”的最早记载见于《管子》，大概是齐儒所为。其中“封禅篇”已亡佚，只有《史记·封禅书》中记述了管仲对齐桓公欲行封禅礼发的一段议论：“古者封泰山禅梁父者七十二家，而夷吾所记者十有二焉……皆受命然后得封禅。”齐桓公以为自己“九合诸侯，一匡天下，诸侯莫违我。昔三代受命，亦何以异乎”？管仲则不以为然，他以符瑞未现、天未受命质问桓公，桓公只好作罢。在管仲看来，受命于天者一定要有符瑞出现与之相呼应，才可行封禅仪，向上天报功，向天下昭告太平。《正义》引《五经通义》说得很明白：“易姓而王，致太平，必封泰山，禅梁父。何天命以为王，使理群生，告太平于天，报群神之功。”

按顾颉刚先生的说法，“这一说和五德终始说同出于齐人”[*1]，两说合起来，是对儒家“革命”说的发展。如果说“五德终始”说为圣人革命提供了必然性的依据，那么“封禅仪”则为圣人革命画上了一个圆满的句号，它是革命成功以之布告天下的庆典，是革命者应天命以宣示万民的标志。秦始皇以革命者自居，他利用五德说将兼并转化为革命，在圣人革命的谱系中为自己找到了一个显赫的位置；他利用封禅说获得到泰山去祭天的正统权力，使自己晋升于与古之圣王并驾齐驱的行列。为了把这个革命的局面做得天衣无缝，齐儒又为他找到了秦穆公猎黑龙的符瑞，这符瑞是革命者的标识，是应天命的启示，它表明秦是继周而起的“易姓革命”统序下来的唯一正统的受天命者。于是，他征集齐、鲁之博士七十人到泰山大行封禅仪。

然而在举行仪式时，双方发生了矛盾。秦始皇向博士儒们征询仪式的程序，诸儒各执一词，莫衷一是。其实所谓封禅礼本来就是想象的成分多，是儒者对古史的一种寄托。当纷纭的古史经过时间的沉淀而净化为某种仪式时，其本身亦借此仪式凝固成文化的象征。而封禅仪就是运用仪式的体系将天命直观地演绎出来，使芸芸众生从感性中认知天命并为天命所化。对于革命者来说，他希望仪式愈简明愈好；就儒者而言，则恰恰相反，仪式愈复杂，他们的地位和作用就愈重要。复杂性是垄断的前提，齐儒也好，鲁诸生也好，都自以为奇货可居，加上他们又都自以为是，争吵不休，使封禅仪式变成一个解不开的结，变成一个要把鸡蛋立起来的游戏。当儒者沉湎于游戏中乐此不疲、流连忘返时，秦始皇却像亚历山大挥剑断结、哥伦布打碎了鸡蛋一样，将迂儒们留在了山下，自己带着侍从上山去了。迂儒们舍本逐末，将文化包装当作了文化本体，将封禅的手段当作了革命的目的。本来他们此行的使命，是要借封禅的仪式来帮助秦始皇完成革命，他们应该得意忘言，

*1　参见顾颉刚：《秦汉的方士与儒生》，上海古籍出版社1998年版。

得鱼忘筌，用其大体即可，而他们却偏要在言筌上下工夫，正所谓一落言筌，便成粪壤。

连孔子都“盖难言之”的古仪，迂儒们怎么能理得清、说得明？据《史记·封禅书》记载，曾有人问孔子“禘”之祭仪，孔子回答说：“不知。知禘之说，其于天下也视其掌。”“禘”，乃古之天子祭天之礼，孔子回答寓意深刻，自周以后，孔子未见受天命者，当然其礼不章，后儒则更不知其所指，只知道在“泰山上筑土为坛以祭天，报天之功，故曰封”；而在“泰山下小山上除地，报地之功，故曰禅”。所谓封泰山禅梁父是也。连孔子都难以说清的封禅仪，秦博士儒更是摸不着头脑。匆忙之中，有人便胡乱编出一套云：“古者封禅为蒲车，恶伤山之土石草木；埽地而祭，席用菹秸，言其易遵也。”而“始皇闻此义各乖异，难施用”。很生气，“由此绌儒生”。遂自行上山，将儒生们留在山下，不得观礼。于是，按秦之祭礼，“上自泰山阳之巅，立石颂秦始皇帝德，明其德封也。从阴道下，禅于梁父”。

不料，中途遇暴雨，授博士儒以口实。始皇绌儒生，使“不得与用于封事之礼”，对于博士儒来讲是个沉重的打击。封禅仪是国人皆知的一件大事，又是儒者职责所在，其王道之追求可归结为“革命”二字，而“革命”的合法性，最终要通过天子受天命的仪式来确认。《史记·太史公自序》提到司马谈，当武帝建“汉家之封”时，他被阻滞洛阳，“不得与从事”，竟“发愤且卒”。博士儒当时的愤怒与尴尬，由此可想而知。始皇自行封禅，中途遇暴雨，使他们立刻有了发泄的机会，讥刺始皇为“无其德而用其事者”，“遇雨”乃是天命的预兆。“讥语”非同小可，它表明秦始皇不具备应天命之德，博士儒在内心并没有认同秦始皇为正统的易姓革命者。

在儒者看来，王权虽然至尊，但是还有超越王权的道统在，这道统有尧舜之时天下为公的禅让传统，也有汤武以来易姓而治的革命传统。秦以兼并得天下，就道统而言，其格低下；以政统言之，其规模之大，虽然前所未有，但以皇帝名号，而无道统支持，有高于尧舜、俯视汤武之势，而无尧舜、汤武之德，也不能算是真正的革命者。“德”与“势”往往是一对矛盾，在理论上，“德”虽然总是占着上风，而在实际中，“势”却成为政治文化的“马首”，儒生当然也要唯“马首”是瞻。“德”可以修养，而“势”不可修养。荀子称孔子为“圣人之不得势者”，孔子无“势”，因而难以向圣王转化。而始皇要成为圣王却有着得天独厚的条件，儒家主张人皆可以为尧舜，作为大一统之王，他当然也不例外。既然以圣为王这条路不通，儒家就只好走以王为圣的道路。荀子的弟子说荀子“宜为帝王”不过说说而已，秦始皇才是儒家圣王的理想人选。博士儒将孔子束之高阁，转而趋奉始皇，极力将秦霸道提升为王道，将兼并升华为革命，并纳入儒家道统来诠释，其结果是连儒家道统也被“君道同体”的始皇所兼并。当迂儒们被始皇甩在山下时，他们才发现自己已经成了王权的“敝屣”，成了荀子嗤之以鼻的“贱儒”和“小人儒”。他们的“讥语”正是有感于此而发，当然他们并没有想到此“讥语”，正是埋葬自己的伏笔或祸机，清人胡秉虔说：“此焚坑之祸所自起也。”

［3］儒法斗争与王圣运动的终结

秦博士第四次参与议政是提出封建制问题。在这一问题上，儒家与法家、秦博士儒与李斯的公开冲突开始。三十四年（前213），“始皇置酒咸阳宫，博士七十人前为寿”。博士长周青臣进言曰，始皇“以诸侯为郡县，人人自安乐，无战争之患，传之万世”。齐人淳于越颇不以为然，反唇相讥说：“臣闻之，殷周之王千余岁，封子弟功臣自为支辅。今陛下有海内，而子弟为匹夫，卒有田常、六卿之患，臣无辅弼，何以相救哉？事不师古而能长久者，非所闻也。今青臣等又面谀以重陛下之过，非忠臣。”*1

淳于越所言，不单纯是为秦国的长治久安，“封建”是春秋战国直至秦统一以来山东六国的共同愿望。自春秋以降，诸侯争霸，最高理想也只是恢复周天子一统天下、诸侯分封垂拱而治的局面。孔子的“郁郁乎文哉，吾从周”，恐怕也是各霸主们的政治目标。《吕氏春秋·慎势》就有“观于上世，其封建众者其福长，其名彰”的赞叹，而“兴灭国，继绝世”几成天下之共识，唯法家除外。

早在秦统一之初，当时的丞相王绾等就提出过封建一说，他说：“诸侯初破，燕、齐、荆地远，不为置王，毋以填之。请立诸子，唯上幸许。”始皇下其议于群臣，“群臣皆以为便”。然而当时还是廷尉的李斯则坚决反对，他认为设郡县易治，“置诸侯不便”，秦始皇以为是。这是关于“封建”问题的第一次交锋，但是矛头尚未公开，矛盾亦未激化。而这次却不同，始皇一下其议，丞相李斯立刻直指博士儒：“今陛下创大业，建万世之功，固非愚儒所知。”他先把持不同政见的博士儒定性为不识时务的“愚儒”，然后历数博士儒的罪状：一是“不师今而学古，以非当世，惑乱黔首”；二是“私学而相与非法教，人闻令下，则各以其学议之，入则心非，出则巷议，夸主以为名，异取以为高，率群下以造谤”。最后，他斩钉截铁，痛下杀手：“如此弗禁，则主势降乎上，党与成乎下。禁之便。”

尽管博士在秦是一种官职，官属太常，秩比六百石。但在李斯看来，与其说博士儒是秦之博士官，毋宁说是私学的代表或代言人。因此，他提出：“史官非秦记皆烧之。非博士官所职，天下敢有藏诗、书、百家语者，悉诣守、尉杂烧之。有敢偶语诗、书者弃市，以古非今者族，吏见之不举者与同罪。令下三十日不烧，黥为城旦。所不去者医药卜筮种树之书。若欲有学法

*1 《史记·秦始皇本纪》。

令，以吏为师。”*[1]禁私学，焚私书，断了儒者后路，不仅要摧毁儒家的思想基础，而且要剪断儒家的社会纽带。这种政治阉割术并非起因于一时的义愤，而是蓄谋已久，借机而发。

儒法斗争，其因有四：一者因儒法之政治主张势如水火。二者因博士儒在皇帝周围摇唇鼓舌，势必威胁到军功官僚们的利益。三者因秦始皇对于东方文化的过于迷信。秦统一后，始皇之游，大部分在齐鲁之地，以齐地为最多，像东游海上、行礼祀名山大川及八神山均在齐地，方士求仙问药的东海神山蓬莱、方丈、瀛洲三山也在齐地。四者因博士有“掌教弟子”的自由，可以招生授徒，传播学说，这便是李斯所谓的“党与成乎下”。

秦始皇倒颇有大国之君的自信，他允许多种学说苟存于他的麾下，为他装饰圣王门面；只要不触犯他的专制神经，他也允许不同的意见进行争鸣，加上他对东方文化的向往，因此，帝国初期的文化倒也算得上是百花齐放。他的个性虽然刚强，但做事却并不独断独行。兼并战争时期，他甚至不惜屈己下人，以屈求伸；帝国初期，凡有国是，必请博士议论，丞相审议，最后由他来裁断，多少有那么点民主集中制的作风。然而李斯对封建制的审议，却对准了他那根专制的神经，将他灵魂深处黑暗的潜意识调动起来，加上博士儒的主张总是与他格格不入，使他很不耐烦。因此，他批准了李斯的审议，将秦国传统的文化政策推向东方。从焚一国之书到焚天下之书，从向往东方文化到以秦国传统所认同的破坏性方式来兼并东方文化，他发生了一个根本性的转变。促成这一转变的契机，从表面看是李斯的审议，而实际上则是军功官僚集团与博士集团的斗争。面对这两个集团的斗争，秦始皇的选择是不言而喻的，他的个人兴趣要服从国家利益。

秦始皇接受了李斯的建议，关闭了博士儒“出则巷议”的市场。而“有

*1 《史记·秦始皇本纪》。

敢偶语诗、书者弃市”，就等于钳住了博士儒的嘴，使他们有口难开。经此打击，趾高气扬的博士儒顿时败下阵来，变成了“特备员而弗用”的窝窝头，再也没有豪华的盛宴请他们入席，再也不能作为王权的补品而发挥其圣化的功能。当博士儒踌躇满志地排演“干圣”之戏时，他们设计的结局当然是喜剧；当人们千呼万唤的圣王如旭日东升般横空出世，以王为圣便成为政治文化的前提而呈现出喜剧的光辉。然而这喜剧的光辉投映在儒者的身上留下的却是悲剧的阴影，而秦始皇却要将这喜剧的光辉凝固下来，把它刻在永恒之石上。

据《史记·秦始皇本纪》记载，前219年，始皇“上邹峄山，立石，与鲁诸儒生议，刻石颂秦德……刻所立石”。辞曰：“皇帝躬圣，既平天下，不懈于治……远近毕理，咸承圣志。”同年，又于琅琊台刻石。辞曰：“皇帝作始，端平法度，万物之纪……圣智仁义，显白道理……群臣相与颂皇帝功德，刻于金石，以为表经。”次年，又镌石芝罘。辞曰：“大圣作治，建定法度，显箸纲纪……宇县之中，承顺圣意。群臣颂功，请刻于石，表垂于常式。”其东观刻石云：“圣法初兴，清理疆内，外诛暴强……后嗣循业，长承圣治。群臣嘉德，祗颂圣烈，请刻芝罘。”前210年，于会稽刻石，云：“秦圣临国，始定刑名，显陈旧章……圣德广密，六合之中，被泽无疆……从臣诵烈，请刻此石，光垂休铭。”如此频繁地刻石，实为前所未有。其刻石范围又远离政治中心，重点放在齐鲁之地。齐鲁之地是博士儒的根据地，也是儒学发源地和儒门圣地，而秦始皇却于此地高视阔步，如入无人之境。他的言行从未涉及孔子，博士儒等也只管攀龙附凤，哪顾数典忘祖。不仅博士儒中无孔裔，就连以博士儒为主流的“王圣”运动，也将孔门排挤在外。有秦一代，孔门被彻底地边缘化了。

博士儒等极力圣化秦始皇，言其身为“大圣”、“秦圣”，其意志为“圣志”、“圣意”，其法度为“圣法”，其功业为“圣烈”，其德行为“圣德”，其政治为“圣治”，而对于孔子的圣化却无任何说法。当他们为自己捧出的“君道同体”的圣王而欢呼时，孔子却被他们冷冷地置诸一旁，笼罩在他们的悲剧的阴影里；当“王圣”运动终结，喜剧的光辉随那圣王而去，连一丝残照也未给他们留下之时，博士儒就变成了博士驴，等待他们的依旧是卸磨杀驴的命运。

二、儒者革命与汉初统一

中国历史上，统一的愿望变成意识形态，是从春秋时期开始的。春秋以前，夏的统一，恐怕也与我们今天理解的统一相去甚远。夏入主中原，可能拥有一些附属小邦，殷的情况与夏相似，直到周邦封建，中国才有了一种统一的国家形式。到春秋时，周室衰弱，内乱不止，外患亦起，各诸侯国内部篡弑、僭越等现象时有发生，诸侯国之间攻城略地之战，此起彼伏，无有宁日。杂处于中原的戎狄趁机骚扰诸夏，尤其蛮楚，不断挥戈北上，大有饮马黄河、问鼎中原之势。

在这种时局下，出现了以齐桓、晋文为代表的霸政时代。霸主代行天子事，以国际仲裁身份，稳定中原局面，干预各国内乱，并率诸夏“攘夷”，保护中原文化。不仅华夏文化传承与光大，要归功于这“霸政”时代的霸业，而且诸子百家兴起，也以这霸业为基础。

尽管史称“春秋无义战”，但与战国时期的兼并战争相比，却仍然显示出某种优雅的贵族气质。两国交兵，先循外交之惯例，遣使往来，称引诗书，或诙谐幽默，或聪慧机敏，风流文雅竟至于“不学诗，无以言”。而战国兼并战争已全无文化品位，或是阴谋诡诈，或是杀伐征战，必置对手于死地而后已。春秋时期两国交兵，兵车常为几十乘，至多一二百乘，武士多为贵族。战国时期就不同了，各国在变法之后，社会动员能力日益增强，变法彻底如秦国者，竟至于全民皆兵，非耕即战。战争双方使用的兵力，动辄数万、数十万。史载秦将白起坑杀赵国败卒数十万，战争规模之大，胜负之残酷，由此可见一斑。孟子曰：“争地以战，杀人盈野；争城以战，杀人盈城。”*1

顾颉刚先生认为，《禹贡》中的“九州”不是夏的制度，而是战国时势引起的区划土地的一种设想，这种设想建立在统一的意志上，它说明战国人关于统一的意志，已经超越了文化、宗族、家国的历史情感，而强烈地诉诸大一统的国家形式以及与之相应的王权。

1. 王道与霸道的串联

王道与霸道，作为两个不同的政治范畴，春秋时期就已出现。孔子和墨子都使用过王、霸概念，不过，当时并非两个对立的概念，只是在政治身份和政治功能上有所区分。王是统一的君主，霸指“挟天子以令诸侯”的准君主，王与霸都被肯定，没有政治路线的含义，而明确地把它们划分为两条政治路线的是孟子。

自孔子发愿“吾从周”后，王道遂以儒家为代表。以王道统一天下，虽由孟子明确提出，但确为儒家一贯思想。王道的核心，在周公是“德治”，在孔子为“仁政”，周公以“德治”王天下，孔子以“仁政”王天下。霸道虽以法家为代表，但作为霸者的政治实践却始于齐桓、管仲，至吴起、商鞅发扬光大，直至秦统一。以霸道概括尚武精神和兼并行为的也是孟子，他称之为“以力假仁”，如齐桓、晋文之业。然而由于所处时代不同，儒家内部对王、霸的态度和说法也不尽相同。

［1］春秋霸业——“尊王攘夷”

孔子处周天子式微之际，为复兴王道，奔车之上，衣宽不悔。然而春秋

*1 《孟子·离娄上》。

时代，王道未必复兴，霸业却轰轰烈烈。孔子以“圣之时者”的通达，多次称赞管仲和齐桓公的霸业。子路问孔子：管仲事公子纠而又相桓公，是谓“未仁乎”？孔子立刻回答：“桓公九合诸侯，不以兵车，管仲之力也。如其仁，如其仁！”子贡又以同一问题发问，曰：“非仁者与？”子曰：“管仲相桓公，霸诸侯，一匡天下，民到于今受其赐。微管仲，吾其被发左衽矣。”*1

顾颉刚先生说，一部《左传》，其中差不多半部是“楚国北侵史”，那时大家光有种族观念，没有世界观念，觉得最高功业是“尊王攘夷”，最不幸的是“蛮夷猾夏”。齐桓公在管仲的辅佐下，以“尊王攘夷”为旗号，维持诸夏封建格局，使中原文化生生不息。*2

傅斯年先生干脆说：“孔子的国际政治思想，只是一个霸道，全不是孟子所谓王道，理想人物即是齐桓、管仲。”*3在孔子及当时人的世界观里，国际政治主要指诸夏与周围蛮邦之间的紧张关系，诸夏若没有一个具有集合力的霸主，是很难对付异族入侵的。傅斯年先生认为，孔子的政治思想，“内谈正名”为“尊王”，“外谈伯道”为“攘夷”，而齐桓、管仲的“霸政”路线，说到底也还是“尊王攘夷”四个字，孔子称管仲以“仁”，予桓公以“正”，也是基于这四个字。

而孟子是坚决反对霸道的。孟子生当战国时期，由于兼并战争使封建格局分崩离析，杂处中原四围之地的蛮夷戎狄之人亦多被同化，人们渐渐以文化中国的概念取代种族观念，“攘夷”已失去了现实意义；而统一战争中的周王朝，早已沦落为一个连名义上都无足轻重的小国，“尊王”也就成为过

*1　《论语·宪问》。
*2　顾颉刚：《顾颉刚古史论文集》（第二册），中华书局1988年版。
*3　顾颉刚编著：《古史辨》（二），上海古籍出版社1982年版。

去的历史。

［2］革命——王道之绝唱

战国时期已无“共主”可尊，而且兼并战争使得各国在内政、外交上均用霸政，而此时的霸政已全无“尊王攘夷”的作用，仅仅是争城夺地之战。孟子因此而痛斥霸道，主张以王道统一天下，并对霸、王两道作了明确区分，所谓“以力假仁者霸”，而“以德行仁者王”。“力”与“德”是两条对立的政治路线，他以此为据，指点江山，评判战国时局。

出于对战国时局的考虑，他对春秋霸业进行了反省。在反省中，他不仅没有文化上劫后余生的感激之情，而且还对霸业的缔造者们大加挞伐，以“春秋无义战”否定了轰轰烈烈的霸政，并声明他耻于与管仲相比，甚至齐宣王问“齐桓、晋文”之事，他亦以“仲尼之徒无道桓文之事者”来回答，甚至宣判：“五霸者，三王之罪人。”*1

这已不是单纯的历史观，而是对战国时局的热切观照，是他对现实进行选择和评价时采用的一种历史的表达方式。他选择“三代”作为永恒的王道范式，要现实向三代看齐，要今王向先王看齐，就等于宣布他背离了现实的发展趋势。其实，今王并不反对先王，也并非要与先王争高低，而是要求政治从实际出发，圣化以今王为前提，法古应适可而止。孟子无见于此，而以王道滔滔雄辩，使今王敬而远之，这是他的学说不见用于当时各种政治势力的主要原因。

孟子认为统一不难，而根本在于行仁政。“以德服人者，中心悦而诚服也”，故“王不待大，汤以七十里，文王以百里”。而“以力服人者”，则必然穷兵黩武，其结果得不偿失。至少在孟子看来，他还没有见到以“力”统一天下者，而“三代之得天下也以仁，其失天下也以不仁”，却是很好的

*1 《孟子·告子下》。

历史教训。因此，他反复强调“仁者无敌”，并预言：“诸侯有行文王之政者，七年之内，必为政于天下。”*1他还告诫梁惠王，王如施仁政于民，可使制梃以挞秦楚之坚甲利兵矣。*2

行仁政，不在于占有土地之多寡，而在于得民之多少；而得民，就是要“得民心”。孟子说：“得天下有道：得其民，斯得天下矣；得其民有道：得其心，斯得民矣；得其心有道：所欲与之聚之，所恶勿施尔也。”*3在儒门后学竞以攀龙附凤为贵，以高唱功利以趋时为高时，孟子却独以民本主义为民请命，行侠天下，虽不为世所用，亦算尽了一个思想者的责无旁贷的使命。他向国人大声疾呼：“今夫天下之人牧，未有不嗜杀人者也。如有不嗜杀人者，则天下之民皆引领而望之矣。诚如是也，民归之，犹水之就下，沛然谁能御之？”因此，他告诫诸侯王们，天下只有那“不嗜杀人者能一之”*4。他诅咒兼并战争：“所谓率土地而食人肉，罪不容于死。”并以民的名义宣判：“善战者服上刑，连诸侯者次之，辟草莱、任土地者次之。”*5

对于穷兵黩武、视民命如草芥的暴君，他主张“诛一夫”，以顺天应人的革命手段去之而后快。所以孟子绝不是偃兵主义者，他的用兵原则是民心向背，是以至仁伐至不仁。“至仁”犹汤、武，“至不仁”犹桀、纣，“汤放桀，武王伐纣”*6，是“诛其君而吊其民，若时雨降”*7。他说，若“今天下之君有好仁者”，民归之必“犹水之就下也”，“虽欲无王，不可得

*1 《孟子·离娄上》。
*2 《孟子·梁惠王上》。
*3 《孟子·尽心上》。
*4 《孟子·梁惠王下》。
*5 《孟子·尽心上》。
*6 《孟子·离娄上》。
*7 《孟子·梁惠王上》。

已”。*1“故君子有不战，战必胜矣。”*2

孟子的王道统一观，建立在以民为本的圣人革命的基础上，它有两个基本点，一是行仁政以“一民心”，二是行天道以“诛一夫”，儒家理想中的圣王便从这“一民心”和“诛一夫”中产生。圣王难求，为求圣王，他周游天下，即便滕、梁小国之君，他亦不吝口舌，以王道说之。然而面对现实，他有时也不得不退而求其次，王道无觅，只好去改造霸道。于是，他发现“霸”能“以力假仁”，毕竟懂得“仁”的作用，先王境界太高，今王怎能一蹴而就？王道也不妨循序渐进。由此他提出“仁政”的梯次，说：“尧舜，性之也；汤武，身之也；五霸，假之也。久假而不归，恶知其非有也。”*3“假之”的境界虽然最低，但它却是行仁政的有效途径，而“久假而不归，恶知其非有也”的推论，使他相信在霸道中似乎也可以历练出圣王。

但这并不说明孟子在理论上已向现实妥协，恰恰相反，“当今之世，如欲平治天下，舍我其谁也”的豪言壮语，表明了他要用“王道”造就“新圣”的决心。他对自我的旁若无人的评价，乃基于对王道的坚定不移的信念。历史的发展果然应验了他的预言，秦虽以霸道得天下，可不久即为楚人所推翻。他手持光芒四射的王道，立于天人之际，古今之交，不仅对于先王有发言权，而且对于今王也有否决权。然而，他播下的是龙种，收获的却是跳蚤。在“诛一夫”的革命呼声中，顺天应人的新的革命桂冠却落在一个“市井小儿”的头上，虽然令人啼笑皆非，却亦恰如一诗人所言，世无英雄遂使竖子成名耶？！

*1 《孟子·梁惠王上》。
*2 《孟子·公孙丑下》。
*3 《孟子·尽心上》。

［3］“王霸并用”之荀学

梁启雄先生《荀子简释·自叙》云：“孟子专尚王道，荀子兼尚霸道；二子持义虽殊，而同为儒家宗师。”荀子生卒年难以确考，但他活动于公元前3世纪是确定无疑的；而孟子的活动大约始终于公元前4世纪（前385—前304）。孟子逝世后不久，荀子便接踵而至。历史翻开了新的一页，荀子所见所闻与孟子已大不相同。

在统一的问题上，荀子的主张更为切合实际。荀子主王道，兼尚霸道。孟子以力称霸，荀子则认为霸不单恃力，还以信，单纯的恃力者称强。所谓王、霸、强，是荀子对当时的各种力量及其政治路线的外向型区分：“王夺之人，霸夺之与，强夺之地。夺之人者臣诸侯，夺之与者友诸侯，夺之地者敌诸侯。臣诸侯者王，友诸侯者霸，敌诸侯者威。”王者“仁眇乎天下，故天下莫不亲也。义眇乎天下，故天下莫不贵也。威眇乎天下，故天下莫敢敌也。故不战而胜，不攻而得，甲兵不劳而天下服，是知王道者也”。霸者“存亡继绝，卫弱禁暴，而无兼并之心，则诸侯亲之矣。修友敌之道以敬接诸侯，则诸侯说之矣”。“故明其不并之行，信其友敌之道，天下无王主，则常胜矣，是知霸道者也。”强者“以力胜之也，则伤人之民必甚矣，亦伤吾民必甚矣”。因此“地来而民去，累多而功少，诸侯莫不怀交接怨而不忘其敌，是以大者之所以反削也”。“知强大者不务强也，虑以王命，全其力，凝其德”，“天下无王霸主，则常胜矣”。*1

在以利益分配为核心的内政方面，荀子提出“王者富民，霸者富士，仅存之国富大夫，亡国富筐箧、实府库”*2等四种分配原则，其对象分别为民、士、大夫、家族。在利益分配上，重民者王，重士亦霸，以官僚集团为

*1 《荀子·王制》。
*2 《荀子·王制》。

重心则国将不国，以家族利益为中心则死到临头。而“仁人在上，百姓贵之如帝，亲之如父母”*[1]。“得百姓之力者富，得百姓之死者强，得百姓之誉者荣”，“三得者具而天下归之”，“天下归之谓之王”。*[2]他依然坚持了儒家传统的以民为本的王道统一路线。

但残酷的现实使他对通往理想的王道之路作了补充与修正。统一毕竟是综合国力的较量，所以他并不排斥霸道，他认为霸道是王道的补充，王霸可以相通，“上可以王，下可以霸”*[3]。不仅如此，他还为“强者之道”辩护：“为人主者莫不欲强而恶弱，欲安而恶危，欲荣而恶辱”*[4]，在这一点上，尧、舜与桀、纣，并无不同。更何况在实际事务中，王、霸、强之道都有可能用上。因此，他不仅对王、霸、强作了详细的分析，而且他在《王制》《王霸》等篇中还提到了“王者之法”、“霸者之法”及“亡者之法”，指出“义立而王，信立而霸，权谋立而亡”*[5]。他反对以权术立国，其思想虽有趋于功利的一面，但还不至于不择手段，在某种程度上依然信守着道统的高贵和庄严。

对于霸道，他还是有遗憾的，如同他叹秦无儒，以为霸道虽信，但缺少礼的规范和义的滋养而难持久。他说：“子产取民者也，未及为政也。管仲为政者也，未及修礼也。故修礼者王，为政者强，取民者安，聚敛者亡。”*[6]为政之极，为礼义治国，在《王霸》中，他谓仁人必“挈国以呼礼义”。“礼”即“分”，与法相似；义即是“仁”，为政治道德准则。“行一不义，杀一无罪，而得天下，仁者不为也。”他认为，有史以来能以

*1 《荀子·富国》。
*2 《荀子·王霸》。
*3 《荀子·君道》。
*4 《荀子·君道》。
*5 《荀子·王霸》。
*6 《荀子·王制》。

“义”而“一天下”者，唯汤、武二人：“汤以亳，武王以镐，皆百里之地也，天下为一，诸侯为臣，通达之属，莫不从服。无他故焉，以济义矣。是所谓义立而王也。”而春秋之霸业，“德虽未至也，义虽未济也，然而天下之理略奏矣，刑赏已诺信乎天下矣，臣下晓然皆知其可要也。政令已陈，虽睹利败，不欺其民；约结已定，虽睹利败，不欺其与。如是，则兵劲城固，敌国畏之；国一綦明，与国信之；虽在僻陋之国，威动天下，五伯是也”。

看得出来，他对霸道充满信心，只要补上礼义这一课，霸道亦能统一天下。荀子对“五霸”的历史认识，基于他对现实的乐观态度，而“性恶论”正是他敢于直面人类丑恶而又乐观坚定的个性表达。他能以礼义“起伪化性”，以“礼义”感化士兵，当然就能以礼义引导今王，再造王圣。当秦昭王询问荀子“儒之用”时，荀子即以“立仁与义”说法，其言“儒之用”，就在于为像秦这样已具备“赏罚以信”的霸主申之以仁义。当他叹惜秦无儒时，这悠悠之叹，说明他已从秦兼并中看到了统一的微曦，也看到了无礼义的统一必留遗憾。事实已然告诉我们，他那意味深长的遗憾确有先见之明，秦的短命和汉的“霸王道杂之”，已为“荀子一叹”作了何等丰富的历史注释。

2. 儒门的演变——从博士儒到革命儒

荀子在齐稷下学宫三为“祭酒”，以博学、深思、明辨风靡稷下；入秦以后，荀学在秦国传播，其后学韩非、李斯等以异化之荀学为秦所用；秦统一后，受荀学影响的齐儒亦纷纷入秦，竟为博士以媚秦，成为帝国初期“王圣运动”的始作俑者。谭嗣同在《仁学》中说：“二千年来之政，秦政也，皆大盗也；二千年来之学，荀学也，皆乡愿也。惟大盗利用乡愿，惟乡愿工媚大盗。”此乃博士儒之写真也！

荀学与秦政关系密切，但荀学亦非铁板一块。以地域言之，有三晋之荀学如韩非者，有楚国之荀学如李斯者，亦有齐国稷下之荀学如博士儒者。以学术言之，则有出于儒入于法本于黄老如韩非者，有以“霸王道杂之”如稷下齐儒者。秦时所谓儒法斗争，就其门派和学脉而言，实为荀学内部之争，而斗争之焦点则在李斯。先是李斯与韩非争，使韩非死于非命；继而李斯又与齐儒争，同室操戈之惨烈，竟甚于列国兼并。焚书以后，齐儒式微；继而坑儒，遂生演变。

［1］“神化”：皇帝与方士的故事

博士儒以齐儒居多，齐儒受城市文明及商业影响，有实用主义和自由化倾向。当秦始皇兼并六国，有意开创一个新的大一统的文化盛世时，他们一方面迎合秦始皇，倡导“王圣”路线，另一方面在表现出向往王道的浪漫主义的文化激情的同时，他们也将机会主义的小算盘带到秦的政治文化中。几番参政、议政后，他们发现自己打错了政治算盘，并与秦始皇分道扬镳，结果莫名其妙地死到临头。

秦始皇泰山封禅后，以为革命已经完成，圣王已受天命，圣化已然终结，故其政治文化转而趋于神化。如果说他通过圣化已成为千古一帝，那么他还要通过神化成为万世不死的神仙。因此，他将博士儒晾在一边，转而对方士宠幸有加。《史记·封禅书》载：“邹衍以阴阳主运显于诸侯，而燕齐海上之方士传其术不能通，然则怪迂阿谀苟合之徒自此兴，不可胜数也。”司马迁以为方士乃学邹子之术而误入歧途者，其怪迂、苟合或同邹子，但阿谀之心态则为方士所自有。

阴阳五行之术与儒家革命论相结合，因博士儒而用于政治，虽有怪迂、苟合之处，但仍不失思想之庄严；然而落入方士之手，又为始皇笃信不移，于是等而下之之徒甚嚣尘上，趋炎附势者也蜂拥而至。身临其境的秦始皇与司马迁的感受恐怕是截然不同的。秦始皇钟情于东方文化，当然也包括东方的神仙在内。神仙说盛行于战国齐燕之地，从《封禅书》里知道燕国人宋毋忌、郑伯侨、羡门子高等是修仙道的，齐威王、齐宣王、燕昭王都是他们的信徒，曾不断地“使人入海求蓬莱、方丈、瀛洲”三神山。“及至秦始皇并天下，至海上，则方士言之不可胜数”。因此，在秦始皇身边，除博士儒集团外，还有一个方士集团。博士是秦朝请来议政的山东文人，帝国初期凡有国家大事必与之商议。对于方士始皇则“尊赐甚厚”，虽无政治待遇，亦备受青睐。尤其在焚书以后，方士更是朝夕往来于“天地人主”之间。

博士儒以五行说或革命论来证明秦的统序，却未能消除他对秦二世或三世乃至万世的隐忧；而方士则告诉他，只要服用不死药，他本人就可以长生不死，可保万世江山。博士儒喋喋不休要他做一个“垂拱”的新圣王，而方士则可以让他做一个自由自在的神仙。在博士儒的簇拥下，他刚刚品尝完做圣王的滋味，然而在他永不停息的脚步下，在他无限超越的胸怀里，圣王不过是他得以稍息的小驿站，而非终极目标。他以为古之五帝三王“假威鬼神，以欺远方。实不称名，故不久长”*1。因此，他真心诚意地相信神仙，以祈生命永恒。

燕人卢生为了开脱自己久寻仙药未果之罪，曾以“真人至”劝始皇，曰：“真人者，入水不濡，入火不爇，陵云气，与天地久长。”始皇于是曰：“吾慕真人，自谓‘真人’，不称‘朕’。”*2其态度天真而又诚恳。对于寻仙求药，他不怕投资，也从不气馁，更不曾怀疑过方士。始皇二十八年（前219），齐人徐市上书，“言海中有三神山，名曰蓬莱、方丈、瀛洲，仙人居之”。始皇“于是遣徐市发童男女数千人，入海求仙人”。三十二年（前215），“始皇之碣石，使燕人卢生求羡门、高誓”。同年，“因使韩终、侯公、石生求仙人不死之药”，“燕人卢生使入海还，以鬼神

*1 《史记·秦始皇本纪》。
*2 《史记·秦始皇本纪》。

事，因奏录图书，曰：‘亡秦者胡也。’”始皇遂发兵三十万北击胡人。“焚书”后，他仍然相信卢生的“真人”说。

然而“焚书”却使方士们坐立不安。卢生首先为自己开脱，他对始皇说，求药不得，求仙不遇，是因为人主不能“微行以辟恶鬼”，“今上治天下，未能恬淡。愿上所居宫毋令人知，然后不死之药殆可得也”。很明显卢生是想让始皇淡于政事，深藏不露，使臣下难以了解他的行踪，便于自己控制即将败露的局面。如果说始皇行为诡秘，因“中人”泄其不满“丞相斯”一事而尽捕杀之为暴君，那么制造暴君的正是这样一些为了一己之私的方士。在人人自危的局面下，方士深感即便将始皇藏起来，久无仙药，也难逃一劫。遂有侯生与卢生相谋，罗列始皇罪状，以此为“未可为求仙药”的借口，“乃亡去”。

至此始皇方悟被愚弄，不可一世的皇帝被几个跳梁小方士捉弄，其震怒可想而知。于是不由分说“使御史悉案问诸生”，“犯禁者四百六十余人，皆坑之咸阳”，与“焚书”仅一年之隔。“坑儒”事件举世震惊，长子扶苏为儒生请命，他一怒之下，遣子戍边。然而始皇本意，是要惩戒犯禁的方士，他说：“吾前收天下书不中用者尽去之。悉召文学方术士甚重，欲以兴太平，方士欲练以求奇药。今闻韩众去不报，徐市等费以巨万计，终不得药，徒奸利相告日闻。卢生等吾尊赐之甚厚，今乃诽谤我，以重吾不德也。诸生在咸阳者，吾使人廉问，或为妖言以乱黔首。”从坑杀的四百六十多人来看，其中有不少是儒生。在咸阳，儒生但为“自除”，“转相告引”连累了不少人。有秦一代，方士以燕齐之地为多，尤以齐地为盛，如徐市、安期生等均为齐人，而博士儒中也以齐人居多，其中必有沾亲带故者，或有一身兼方士与博士二任者，他们同气相求，互相照应，有史为证：“方士徐市等人入海求神药，数岁不得，费多，恐谴”，乃诈曰“为大鲛鱼所苦”，而始皇亦“梦与海神战”，博士为其释梦曰：“水神不可见，以大蛟龙为候……

当除去，而善神可至。”*[1]明显编造伪辞为徐市开脱。

“焚书”与“坑儒”性质不同，“焚书”的目的是大一统的帝国为统一学术而采取的措施，而“坑儒”则是秦始皇个人受方士愚弄后，基于个人私愤而痛下杀手，不涉及秦朝的政策问题。当然李斯等人借此机会搞扩大化，故意将儒生牵连进去也是可能的。平心而论，秦始皇确为“千古一帝”。车同轨、书同文的文化胸襟，纵游山川、刻石颂德的历史气魄，均为史无前例的大手笔。立博士，议帝号，推五德，封禅仪，弹指一挥，改元受命便告完成。回首天下，他以为中国太小，他要开发大九州；纵横时空，他要做一个无生无死的神仙。但在与方士打交道时，他输了。一个敢于与神斗法的英雄，输于荒诞无稽的幻想，输在方士为他设计的圈套中。他耗费钱财与生命，回报他的却是暴君与死亡。尽管他仍执着地使“博士为仙真人诗”，传令天下乐人“弦歌之”，但他还是在迷惘、悲伤与愤怒中死了。

［2］民本主义的兴起：儒者革命与农民起义

“焚书坑儒”后，三十七年（前210）始皇死。二世以侏儒之材承英雄之业，秦亡指日可待。二世虽未取消博士制，但博士已名存实亡。而民间之儒者，有的在“焚书坑儒”之际，便隐姓埋名，抱残守缺，为儒脉延续香火，《论衡·佚文》云：“五经之儒，抱经隐匿。”至此，秦博士儒的“王圣”之梦，可谓灰飞烟灭。而儒家的圣化革命却并未停止。圣化的中心，从朝廷转向民间；圣化的道路，从仕途转向江湖；圣化的主体，从官本位的博士儒转向民本位的革命儒。

其实，早在秦统一之际，儒者对秦统一所持的立场便截然不同，或如齐儒之参政、议政以“王圣”，或如楚儒之制造革命舆论，或如鲁儒持不合作态度，或如晋燕之儒任侠以栖身江湖。秦王朝不过二世，风声鹤唳，无有一

*1　《史记·秦始皇本纪》。

日太平，先是幽燕之侠图穷匕首现，继而楚人宣言三户亡秦，更有三晋义士椎击博浪沙，遑言戍卒揭竿而起了。天下苦秦久矣，而其实仅有十余年，此物理之时间与心理之时间的差别，秦政之下，人民惶惶不可终日，乃度日如年之谓也。

连博士儒也混不下去了，民间之儒者当然就更没法活了。他们在等待，等待着革命的号角。一个胸怀大志的农民，发出掀天揭地第一声。当他喟叹"燕雀安知鸿鹄之志哉"，当他发出"天下苦秦久矣"的革命宣言时，儒者如闻天命，"耳顺"之极。我们感谢司马迁留下了这宝贵的历史资料，但他对这位历史人物的评价却未达到应有的高度，至少没有达到当年孔子评价荷蓧丈人的高度。他也许就是农家许由一派的传人，一个隐于农民中的革命者，他在起义中所表现的高度的文化素质，在继踵而起的历代农民起义中也是罕见的。

一个能使"鲁诸儒持孔氏之礼器往归"的农民，一个能使孔子的孙子为其博士、卒与其俱死的农民，是不能简单地以"其事至微贱"、"才能不及中人"来评价的，更不能以"以秦灭其业，积怨而发愤于陈王也"来解释儒者"负孔子礼器往委质为臣"的行为*1，他们必定是在这位"陈王"身上，看到了他们心向往之的圣人品质。孟子曰人皆可以为尧舜，在圣化这一点上，众生平等，不分贵贱，农民也有圣人气象。郭沫若云，陈涉在其仓促之间，还设置了博士，可见他并不是一位像楚霸王那样的有勇无谋的贵族暴徒，也不像刘邦那样动辄谩骂儒者的流氓无赖，司马迁把他写得太少了。*2暴徒也好，流氓也罢，都可以另当别论，可郭沫若对陈涉的评价在我们看来还是很中肯的。

*1 《史记·儒林传》。

*2 郭沫若：《青铜时代》之《秦楚之际的儒者》，人民出版社1954年版。

“焚坑”之后，儒与秦势不两立，江湖革命儒兴起，与受秦迫害的儒余孽会合起来，形成了历史上前所未有的儒者革命队伍。适值秦末农民起义爆发，两股革命洪流在民本主义的旗帜下统一起来，这是儒家有史以来第一次用真刀真枪来印证“汤武革命”的理论。儒之主张天下兴亡匹夫有责，主张人皆可以为尧舜，主张“汤武革命顺乎天而应乎人”，其主张皆与“陈王”合。陈涉虽为“瓮牖绳枢之子，氓隶之人，而迁徙之徒也”，然而他却以匹夫之身替天行道，虽无“仲尼、墨翟之贤”，但其鸿鹄之志亦得圣人之一体；他“斩木为兵，揭竿为旗”*[1]，率先攻秦，义无反顾，乃“诛一夫”之革命也。此数者，皆圣人之品质，英雄之本色也。

秦以兼并得天下，非正统受天命者。以前天子受命（受上命帝抚有四方），必革去前代天子所受之命，因此革命就是受命。但是二者也有区别，以汤武革命言之，汤革命所受之命为帝命，武王革命所受之命为天命。天命与帝命的区别在于，帝命是人格化的，而天命是必然性的；帝命是神本位的，天命是民本位的。秦虽是兼并战争的赢家，按传统革命理论，却无受命资格，秦统一既非以神为本的帝命，也非以民为本的天命，秦要受命须另辟蹊径。因此，五德终始说应运而起，以五行相生相克作为秦受命与革命的依据。秦始皇推五德终始，登泰山封禅，以证明他是真正的受命者和革命者。但他所受之命，既非帝命，亦非天命，而是以王朝为依据自然循环的五行之命。

其实五行说是对天命观的结构——功能性阐释，五行相生相克之命是天命的程序化和模式化，它用虚拟的自然规律的相互作用代替民本主义的终极关怀，将天命导入一个自然循环的王朝演算系统，以为天命可以用相生相克的辩证逻辑演算和推导出来，这便是源于《周易》而由荀子发展起来的“制

*1 《史记·陈涉世家》。

天命而用之”的思想的工具化。工具化的天命观扬弃了它所固有的本体——“民”，耽溺于此的秦始皇以为玩一次数学游戏就完成了革命，他哪里还会去关注民生、了解民心所向呢？以规律性扼杀人性，将民本主义弃之如敝屣，以此为前提，他不仅可以坚持其一贯的“轻民”、“弱民”的法家立场，而且还可以将这一立场提到新的天命观的高度，为其用民无度找到天命的依据。

按儒家圣化革命的理念，受命于天者必受命于民。王是作为民的代表而受命于天的。而秦始皇宁可受命于神，也不愿受命于民；在“神本”与“民本”之间，他选择了“神本主义”的政治路线。然而他的神本政治所追求的并非形而上的超验的上帝，而是经验的以生命可以感知的“五行”的神仙。如果说追求上帝还可以获得某种“神王合一”的虚幻的崇高感，那么追求神仙则注定了要受到物质方面的生理和精神方面的生命的嘲弄，并以实证的方式来确认自己以失败而告终。

［3］楚汉相争——霸道与王道的演义

秦统一天下，乃历史必然性的预演，而非必然性的终结；秦之亡于天下，亦是历史必然性的选择，而非必然性的易辙。统一之路，不因秦二世而亡而不行，也不因群雄并起沧海横流而阻塞。秦以兼并行统一之道，其并天下之日即其失天下之时。六国之复辟，楚王之霸业，乃拨乱反正之过渡，为历史必然性的小插曲。

统一当以革命行，以革命行则“顺乎天而应乎人”。秦汉之际发生了从兼并到革命的历史变奏，这一变奏揭示了此后中国历史的一个特殊规律：凡以武力并天下、以阴谋篡王权者其国早夭，秦与隋二世而亡，西晋亦一短命之侏儒；而以革命得天下者，如汉、唐与明，皆有二三百年国运。革命的模式，就其大体而言，为儒者革命与农民起义相结合，其形成，则在秦汉之际，为革命儒首创。

（1）孔甲：革命之圣裔。最早响应陈涉起义的革命儒，为孔子八世孙孔甲。孔甲，名鲋，《史记·孔子世家》言其“年五十七，为陈王涉博士。死于陈下”。他是孔氏家族为革命牺牲的第一人，真正实践了“杀身以成仁”的革命精神。他带着礼器投奔陈涉，并非是走投无路时的机会主义的选择，而是受着儒家自孔子创宗以来便已形成的民本主义的感召。那波澜壮阔的革命大洪流，不断地应验着儒者的“民贵君轻”的预言，印证着那沛然莫御的“载舟覆舟”的力量。革命是人民的盛大节日，新的圣王要在革命的洪流中诞生。有着强烈的历史使命感的儒者，对此焉能无动于衷？革命的先知理应成为革命的先导。

孔甲的行动具有警世与引导作用，它标志着儒者与秦王朝的决裂，它标志着儒学运动的新方向。儒学从故纸堆里走出来，从礼仪教条中走出来，到革命的实践中去，检验圣贤之学，发扬圣王之道。孔甲的选择具有划时代的意义，不仅开了儒家革命与农民起义相结合的先河，而且为此后历史的发展指明了方向。尤其他能以圣人之裔，而与农民共患难，同生死，可谓孔孟之后，儒家革命第一人。在他的感召下，儒者纷纷投入民本主义的革命洪流中，去开创历史的新局面；连博士儒也洗心革面，面对滚滚而来的革命洪流，跃跃欲试了。

（2）张良：儒之侠者与智者。张良，本是一位儒者，《史记·留侯世家》言其“尝学礼淮阳”。其祖其父世为韩相。年少时，即遭父死弟丧之不幸。适秦灭韩，又逢国破家亡之厄运，从此他仗剑江湖，与暴秦为敌，为革命之侠者——“弟死不葬，悉以家财求客刺秦王”。

儒家传统中本有侠义精神在，孔言成仁，孟曰取义，皆为侠义之根柢。儒分为八，“漆雕氏之儒”，即儒门中之任侠一派，其于秦汉之际，多为革命儒是理所当然的。但张良是否出于“漆雕氏”之门，我们尚难以断言，不过任侠而行，则如出一辙。

为刺秦王，张良“东见仓海君，得力士”，与之“击秦皇帝博浪沙中，误中副车”。此一击，惊天动地，为革命之先声，非大智大勇不能为，非侠肝义胆不敢为。一击失败，他便洒脱而去，其思想亦由革命之恐怖主义转向革命之民本主义。因此，当陈涉起义时，“良亦聚少年百余人”，起而响应。后来，他佐刘邦定天下，“运筹帷幄，决胜千里”，方针大计皆由其出。其学术，王霸并用，由霸道而进于王道，并以王道为归依。起义初期，他以霸业说项梁，劝项梁立韩国公子成为韩王以掠韩地；然而楚汉相争时，当郦食其劝刘邦封六国之后以“桡楚”时，他却以“八不可”谏止了刘邦。

在“八不可”中，他指出，汤、武王业已成，能置桀、纣于死地，故分封诸侯以安天下，而你（刘邦）王业未成就封六国之后，跟你起义的人能得到什么好处呢？得不到好处谁还来帮你取天下呢？况且立六国之后，乃行霸道，成霸业，项羽已有前车之鉴，继之必然重蹈覆辙；行事要效法圣王，要像圣王那样，以民为本而非以诸侯为本，行革命之王道，成统一之王业。在韩信封齐问题上，他支持刘邦，也是基于同样的王道主张和立场。

（3）“高阳酒徒”郦食其。郦食其可谓秦末风云人物，司马迁将他与陆贾并列一传。同为儒者，一个书生本色，一个酒徒本色，相映成趣。传云：“郦生食其者，陈留高阳人也。好读书，家贫落魄，无以为衣食业，为里监门吏。然县中贤豪不敢役，皆谓之狂生。”

刘邦过陈留时，他去谒见。人语其“状貌类大儒，衣儒衣，冠侧注”，使刘邦很不以为然，想以“方以天下为事，未暇见儒人也”将他打发走。他勃然大怒，瞋目按剑曰：“吾高阳酒徒也！”刘邦吓了一跳，赶快将他请来，向他请教。他见了刘邦，劈头就说，你“智不如吾，勇又不如吾”，还摆什么架子？其狂如此，刘邦反而恭敬有加，问天下事，求天下计，而“敬闻命矣”。

于是，郦生为刘邦“口画天下便事”，为其“下陈留之城”。史书皆曰

“沛公不好儒”，而个中缘由却不求甚解。其麾下之人曰：“诸客冠儒冠来者，沛公则解其冠，溲溺其中，与人言常大骂，未可以儒生说也。”如此侮辱斯文，可谓空前绝后。这不是以绿林作风和江湖习气就能解释的，而是一个时代的风气使之然。

“焚坑”以后，儒生成了过街老鼠。尤其在坑儒事件中，儒生互相告发，丑态百出；而博士儒则笑骂任汝，好官我自为之，致使天下之人皆以儒者为卑贱、苟且之徒。刘邦羡慕秦始皇，始皇东游，他于途中遥望，喟然而叹曰：“大丈夫当如是也！”于是，始皇坑儒，他也就跟着往儒冠里撒尿。问题不在于侮辱者，而在于接受了侮辱的儒生。儒冠本来是儒生的象征，当年子路曾以高贵的头颅维护着它的尊严，真正的儒者会以生命来捍卫它。刘邦一泡尿，是检验真儒与假儒的试剂，多少假儒、贱儒、小人儒，在这一泡尿下原形毕露。

当时诸将徇地过高阳者数十人，“皆握齱好苛礼自用”之人。在秦政权里混不下去的假儒、贱儒、小人儒，当然要直奔诸将而去，所谓物以类聚，人以群分。诸儒与诸将，皆为革命的投机者，非真能行王道以成王业者。真正的革命儒是羞与此辈为伍的，恰好刘邦的一泡尿使诸儒销声匿迹，真正的革命儒反而投他而去。

然而“高阳酒徒”来了，头戴儒冠，高视阔步而来。他气贯长虹，刘邦望之凛然而生敬意。儒者的浩然之气，战胜了豪杰的生理本能。刘邦认定，能喝酒的儒者必定是革命者，他当年就是因为喝醉了酒才走上革命之路的。刘邦求教若渴，郦生即以王道说刘邦：“臣闻知天之天者，王事可成；不知天之天者，王事不可成。王者以民为天，而民人以食为天。”其立论之高，直承孟子；而行事之明，又通荀学。在刘邦麾下，他以一身兼二任，曾以杀手取陈留，又以说客下齐城，白发苍苍而不让后生，不愧为一代革命之大儒。

（4）“汉家儒宗”叔孙通。叔孙通，“秦时以文学征待召博士”。陈涉起义时，二世以此问博士，博士诸生三十余人曰：此乃造反，罪死无赦，请发兵击之。二世怒形于色，诸生乃喋喋不休。独叔孙通知几，谀曰：明主在上，安敢有反者？不过几个鸡鸣狗盗之徒而已，派人抓来就是了。二世尽问诸生，或言反，或言盗；言反者下吏问罪，言盗者安然而归。独叔孙通以一言得宠，被拜为博士。诸生又妒又羡，他却反而不安。他此时心态已与诸生完全不同，诸生还想在秦混饭吃，还要以秦为靠山，他却早有二心，想乘机一走了之。

诸生于秦，受尽磨难，人格全无，忍辱偷生也就罢了，然而趋炎附势之心不死，冷落了许久，被二世顾问一下，竟受宠若惊，竞相进言，结果反落圈套。二世顾问，乃考问诸生之心术也，言为心声，是以诸生言反者必有反心，此法家形名责实之术，诸生哪懂这一套。

叔孙通乘机逃走，投在项梁麾下，参与革命。楚汉相争时，他见项羽志于霸业，转而投刘邦，他认定刘邦能行王道以成王业。在刘邦麾下，他先夹着尾巴做人，一来他是声名狼藉的博士儒，二来儒家主张忠臣不事二主，他反秦革命倒情有可原，背楚降汉则未免反复。

叔孙通见刘邦讨厌儒服，立即换上楚衣；降汉时，从儒生弟子百余人，他一个也不推荐，专门推荐他熟悉的那些江湖中人。弟子对他有意见，他解释说：在刀光剑影中打天下，你们行吗？你们等着吧，我不会忘了你们。刘邦见他乖巧可用，拜他为博士，号稷嗣君，要他继承和发扬稷下学宫的传统。后来，他为汉朝制礼仪，诸生随之，各得其所，各尽其用，皆大欢喜。史家谓其“大直若诎”，“进退与时变化，卒为汉家儒宗”。此为博士儒向革命儒转化之一例。

（5）革命的两条路线。楚汉相争，留下许多脍炙人口的故事。故事的主角项羽和刘邦，被历史作了一次又一次的诠释，被后人赋予了不同的“其命维新”的时代意义。当秦末的历史完成了从兼并向革命的转变时，战国时代的霸道与王道也从观念的争鸣走向实力的较量，从思想的交锋变成兵戎相见。真理是恶，是必然性的恶，要用无量头颅来祭奠，要用无量鲜血来检验，这就是楚汉相争。

汉高祖刘邦，从起于沛县到称帝，纵横战火，九死一生。虽出于市井，却幸得楚风熏染，个性中颇有老庄屈骚之质。楚文化，巫风甚炽，却无厉鬼自罹之习，其人多耽于玄思幻想，行为则多浪漫自由。因此才演绎出刘邦与项羽这种惊天地、泣鬼神的楚汉之争。

项羽有“力拔山兮气盖世”之勇，却以妇人之仁落空鸿门宴；当破釜沉舟乘胜之时，却为衣锦还乡所累；兵败不肯过江东，终致别姬自刎。唯楚人才能有此大起大落、跌宕起伏之悲歌。刘邦正相反，屡挫屡起，屡败屡战，常以市井之谋，自如地行走于江湖英杰之间，待机蓄势，进退有据。一朝得势，竟也有丈夫还乡、与父老把盏饮乐的英雄气概，一曲“大风起兮云飞扬”，尽展其潇洒不羁的江湖儿女之情。此楚风楚韵，与中原齐鲁缙绅之传统迥异。故项羽从不蓄儒养士，而刘邦对儒则或溲溺儒冠，或嬉笑怒骂，极尽污“儒”之能事。

当项羽为霸业所累时，刘邦却在革命儒的引导下，高举王道旗帜为民请命。项羽灭秦，意在报复，志在复辟，其历史之图景，为战国之雄主与春秋之霸业，而非三代之治也。人语其败，曰：有一范增而不能用也。范增何人也？一江湖术士也。其教项羽以霸术，乃一阴谋小人也。鸿门宴上，项羽不忍，犹有仁者之心；而范增翻云覆雨，益见小人作态也。刘邦起自民间，没有历史包袱，其思想唯民心之所向，乃所谓“以百姓之心为心”者也。其属下子房、郦生等教刘邦，不乏奇谋秘术，皆因势利导以入王道。子房教兵法曰：沛公殆天受也。陆贾著《新语》，而高祖心悦诚服矣。王道六字经：得人心，得天下。孟子说：唯不嗜杀人者能一天下。此非无当之言，乃革命之真谛也。

此六字，范增无一字教项羽。项羽杀人，他从不劝谏。项羽坑秦降卒二十余万，他身为亚父，却无一言劝谏，暴秦已灭而暴楚横行，以暴易暴而失天下人心。项羽火烧阿房宫，他不劝。秦虽无文，犹向往之；暴楚无文，竟毁灭之。始皇焚书，犹留余地；项羽焚书，竟付之一炬。杀秦子婴，弑楚怀王，他不劝，致使项羽先失秦民之心，又失楚人之心，先不敢据关中，而终不敢回江东也。

陈涉首义而败，范增斥之曰：不立楚后而自立，其势不长。他劝项梁立楚之后为"楚怀王"，争取楚人支持以成霸业。陈涉与项梁，分别代表着秦末革命的两条路线，陈涉代表着农民起义与儒者革命相结合的王道路线，而项梁则代表着贵族造反与六国复辟相结合的霸道路线。项梁初起事时，亦尊陈王，经范增开导，仍立楚后，以霸道号召六国贵族之裔。项梁之时，两条路线结成统一战线，共诛暴秦；项梁死后，刘邦、项羽虽分道扬镳，仍合力攻秦。入秦之后，两条路线始背道而驰：刘邦入秦，与秦民约法三章——杀人者死；而项羽入秦，坑秦卒，屠咸阳，杀子婴。刘邦入秦，秋毫无犯；而项羽入秦，"烧秦宫室，火三月不灭，收其货宝妇女而东"。

即以霸道言之，项羽之霸业也入末流，不仅与春秋霸业相去甚远，就连与战国时代秦国之霸业也难相提并论。霸而有道，其道在信，五霸挟天子服诸侯以信，秦用耕战之士并天下以信。而项羽自命西楚霸王，其分封诸侯却乏信可言，其分封之原则，或用阴谋，或任亲信，迁刘邦于汉中，徙义帝于长沙，封降将于三秦，霸无信不立，从此天下纷纷矣。先是田荣以齐地反，继而陈余又说赵王以击张耳，刘邦也乘机兵发汉中，还定三秦。项羽腹背受敌，东征西讨，虽然所向披靡，却也疲于奔命。项羽每战必胜，然而越胜越弱；刘邦屡战屡败，却越败越强。何也？形势使之然也。霸亦有势，其势在地利也。秦以地利而成霸业，从穆公到始皇，二十余君皆为霸主，正如汉初贾谊所言：岂世世贤哉？其势居然也。

项羽入秦，非不知秦地利也，然而却不据关中之地势东向以制天下，何也？孟子曰：地利不如人和也。项羽嗜杀秦人，焚秦宫室，掠秦财富，秦人恨之入骨也，项羽据秦地，如坐针毡，如临火山，能安然稳居也？其欲东归之深意在此，却以衣锦还乡为寄托，乃自欺欺人尔。其弑义帝，又失楚人之心，遂有英布、彭越之徒起而效之，于是干戈起于肺腑，而祸患生于肘腋。

然而项羽亦非常之人也，其失势如此，以一人而敌天下，犹战无不胜，攻无不克，且有美人、宝马形影不离，可谓孤独之英雄，遇千古之知己也。故其虽败，却极具审美之价值，可供后人缅怀而凭吊也。项羽嗜杀人，出于真性情，其疾恶如仇，所恨必杀，却不以阴谋杀人。得一范增以为亚父，不以仁义教之，而以阴谋教之，乱其性情而助其残暴，致使天下得而复失，一代英雄，终于乌江自刎。

英雄之死，乃个人之不幸，亦民族之不幸。如以英雄行王道，则文、武、周公之治，必复兴于秦楚之际，中国历史也将因之而开新局面；如革命之王道以英雄主义为根柢，则我华夏之民族必为一天行健自强不息之民族，何至于作茧自缚，渐渐退化而积贫积弱也。

三、 汉初儒学更始与儒术复兴运动

历史发展到汉初，出现了似曾相识的场景。正如周灭殷后，周公殚思竭虑寻找殷亡周兴的经验教训。汉初，除叔孙通一班儒者为汉制礼作乐外，更有革命之儒者对秦亡汉兴进行反思。

1. 拨乱反正与继续革命

［1］马背上的思想家——陆贾

（1）革命之儒者。

陆贾是汉初一代学儒。楚汉之际，他一直不变儒者身份，不改书生本色，在刘邦面前时时称诵《诗》《书》。当刘邦以“马上”事业贬斥《诗》《书》时，他立即反驳说：“居马上得之，宁可以马上治之乎？”使刘邦“不怿而有愧色”。

论“马上”事业，刘邦不如项羽，更不及始皇，这一点刘邦自己最清楚。然而秦朝亡了，项羽败了，这两个不可一世的“马上”英雄，都变成了明日黄花，变成了过眼烟云，对此，他不能无动于衷。

于是，他让陆贾“试为我著秦所以失天下，吾所以得之者何，及古成败之国”。陆贾“乃粗述存亡之征，凡著十二篇”。每奏一篇，他无不称善，号其书曰“新语”。

汉人编诸子之书，皆以“子”为书命名，独有孔子言论被称为《论语》，刘邦以“新语”二字为陆贾书命名，除了肯定其论古代之得失可为新朝立法外，亦由该书言必称孔子代孔子立言也。班固把陆贾的《新语》、萧何的“律令”、韩信的“军法”、张苍的“章程”、叔孙通的“礼仪”，列为定汉家天下的五大支柱。而钦定之《新语》则开了汉初孔子圣化的先河，为汉代新儒学的兴起“导夫先路”。

《新语》一书，也有疑其伪者，如《四库全书简明目录》云：“《新语》二卷旧本题汉陆贾撰。凡十二篇，与汉书本传合，卷数亦与隋志合。惟道基篇末引谷梁传，则非贾所及见，盖依托也。……其大旨主于崇王黜霸，而归于修身用人，持论亦不悖于圣贤。”不仅疑其书伪，而且对书的评价也不高。从“主于—归于”到“不悖于”，除了“崇王黜霸”四字恰如其分，其余皆为低调。以“修身用人”总结该书，泛泛而不得要领，以“不悖于”来作评价，折扣也未免过分。

其书不伪，有余嘉锡先生《四库提要辩证——〈新语〉》一文考之甚详，此不赘述。其实《新语》为陆贾所作，自来目录家已有定论，至《提要》作者始有异议，而疑古思潮又推波助澜，遂成一学术疑案。余先生之文，不仅考证精详，而且评价得体，其论陆贾云："要之贾在汉初，粹然儒者，于诗书煨烬之余，独能诵法孔子，开有汉数百年文学之先。较之贾、董为尤难，其功诚不在浮丘伯、伏生以下。" *1

陆贾之政论，雄辩而潇洒，简明而扼要，犹有诸子气象和策士风采，故司马迁目之为"当时之辩士"。当时所谓辩士，不光指权术策论之辩士，如苏秦、张仪等，亦指学理主义之辩士，如孟子和荀子。孟子"辟杨、墨"，荀子"非十二子"，皆一时之辩士。

陆贾承战国遗风，兼有这两种气质。作为策士，他曾"以客从高祖定天下"，为汉家平南越，为刘氏灭诸吕，足智多谋，可媲美张良；作为儒者，他弘扬《诗》《书》，传《谷梁春秋》，令时儒汗颜；更有《新语》一书，高举孔子大旗，为帝王立心，为汉家立法，"究先圣之壸奥"，"及时君之门闱"，又令贾生望其项背，使"董仲舒相被服焉"。班固谓其"身名俱荣，其最优乎"！ *2王充赞《新语》："虽古圣之言，不能过增。" *3尤为难能者，他虽善权变，却无曲学阿世、非唯帝王是从。当时刘邦麾下之儒，张良以策士而非以儒者为帝王师；郦生以王道高视阔步，却要佯为酒徒；叔孙通更是低眉顺眼识时务，摘儒冠而著楚服。唯有陆贾，不改儒生本色，不仅冠冕堂皇，而且口诵《诗》《书》，表现出革命儒的高贵气节。这一点，对于后来儒家命运的改变，对于儒家道统的建立都非常重要。

（2）"素王"之移植。

*1 顾颉刚：《古史辨》第四册上编。
*2 《汉书·郦陆朱刘叔孙传》。
*3 《论衡·案书篇》。

秦汉之际，有两条圣化路线，一是秦朝博士儒，趋炎附势，走王圣路线，结果却落了个焚书坑儒的下场；另一是楚汉时期的革命儒，他们坚持儒家圣人革命的理想，欲以革命造就民本主义的圣王。王圣路线与圣王路线，差之毫厘，谬以千里。博士儒走王圣路线，以王为圣，结果走进死胡同。一旦君道同体，儒学便成多余，所谓道统——尧舜之治，文武之道，周孔之教，便自然解构。没有道统，儒生何处安身，儒学何以立命？革命儒走圣王路线，以圣为王，建立起道与王相对二分的道统体系，这个体系的核心便是圣王。

以圣为王，就是要以孔子为王。陆贾一扫自荀子以来儒家的“圣人之不得势者”的自卑情结，他言必称孔子，主张“法圣人”，认定孔子的使命不是据乱世为王，而是为汉家立法，做万世师表。因此，孔子虽非现实之王，却是理念之王，所有的现实之王都要向他看齐，因为他为现实之王建立了范式和标准——王道。所有现实之王都是相对的，他们鱼龙混杂，良莠不齐，在五行相生相克中轮回；唯有理念之王是绝对的，他超越五行，成为永恒之王，这样的王只能是“素王”。所谓“素王”，通常的理解是指有王之德而无王之位者。其实这样的理解是片面的，仍然受着“圣人之不得势者”的影响和支配。

“素王”一词，最早出自《庄子·天道》：“以此处上，帝王天子之道也；以此处下，玄圣素王之道也。”成玄英疏曰：“夫有其道而无其爵者，所谓玄圣素王，自贵者也。”成疏“素王”，如盲人摸象，得其一肢一节，而自以为全体。其实庄子所谓“素王”，乃无为之圣人。圣与王的关系，是静与动、下与上的关系，庄子贵静而居下，故其结语曰：“朴素而天下莫能与之争美。”以圣人为素王始于庄子，以帝王与素王相提并论也始于庄子。但认为圣人高于帝王，庄子并非始作俑者。比庄子年长几岁的孟子，早就提出孔子贤于尧舜，用庄子的话来说，就是素王高于帝王。孔子曰：绘事后素。子夏引申为“仁先礼后”，以之喻圣与王，则“素”为圣，“绘”为王，乃内圣外王；再引申之，则内圣为素王，外王为帝王。

然而汉之学者又多谓孔子自号“素王”，如郑玄《六艺论》云：“孔子既西狩获麟，自号‘素王’，为后世受命之君制明王之法。”贾逵《春秋序》亦云：“孔子览史记，就是非之说，立素王之法。”又有《古微书·论语纬》：“子夏曰：‘仲尼为素王。’”此皆荒诞不经之论。考之古籍，最早称孔子为“素王”者，是汉武帝时的董仲舒和刘安。《汉书·董仲舒传》引董之文曰：“孔子作《春秋》，先正王而后系万事，见素王之文也。”《淮南子·主术训》曰：“孔子之通，智过于苌宏，勇服于孟贲，足蹑郊菟，力招城关，能亦多矣。然而勇力不闻，技巧不知，专行教道以成素王，事亦鲜矣。”在此之前，贾谊《过秦论下》已言及“素王”，其言曰：“诸侯起于匹夫以利会，非有素王之行也。”此“素王”，仍泛称而非确指，似称孔子而难以确认也。其实早在《新语》中，陆贾就有意从圣人和无为两方面入手来建构道统。如上所述，无为的圣人就是“素王”，他将“素王”的胚胎，从庄学移植到儒学之中，使之在儒学道统中发育成熟。他看到了天道的微曦，他听见了“素王”的胎动，他像先知一样引导着“素王”的到来。

然而他偏偏不捅破“素王”的窗户纸，他把这个轻巧的任务留给了他的后学们。他说了一句话——“法后圣”，这句话一句顶一万句，于是不可一世的“马上”英雄，跟他走进了孔子庙堂。清人严可均《铁桥漫稿·新语叙》说他“述《诗》《书》《春秋》《论语》，绍孟、荀而开贾、董”。后来董仲舒发现，后圣就是“素王”，于是瓜熟蒂落，他在思想的丛林里捡到了金苹果。宋代欧阳修评价汉儒说：“甚矣，汉儒之狡陋也！孔子作《春秋》，岂区区为汉而已哉！”*1狡则狡矣，陋则未必。汉儒立“素王”，固

*1 《欧阳文忠全集·后汉鲁相晨孔子庙碑》。

然深谋远虑，但它更多的是顺应了思想运动本身的“理性的狡计”。汉儒知有汉，而不知有宋，正在情理之中，似不必以“区区为汉”而求全责备。陆贾可谓汉初“素王”运动的“第一推动者”，其学深而其智远，怪不得连对孔、孟都吹毛求疵的王充，对他却推崇备至。

（3）陆学之由来。

陆贾法孔子，其学术思想沿荀子一脉而来，受荀学传人浮丘伯影响。据《史记》《汉书》《盐铁论》所载，浮丘伯和李斯俱事荀子，后李斯为相，浮丘伯则居“白屋之下”，安贫乐道。《新语》书中多引《谷梁传》，其春秋之学来自浮丘伯，其诗义亦为浮丘伯一系的鲁《诗》说。他敢言“书不必起于仲尼之门，药不必出于扁鹊之方”，*1亦荀学之传统也。荀学之徒曾谓荀子“宜为帝王”，尊师之意超过了敬祖。荀学与孟学在评价孔子上有一个很大的不同，孟子尊人性，而孔子为首倡者，因此，孟子认为“孔子高于尧舜”，为“生民所未有”；可是荀子主张“化性起伪”，“起伪”则以尧舜为人文初祖，“伪”，人为也，人为必借势，而孔子不得势，故荀学之徒皆曰：尧舜高于孔子。

荀学本不醇，韩非、李斯得其霸道，蜕变为法家，而其学术之传人，亦多主王霸并用。荀学“执两用中”，在两端造就了民本位的革命儒和君本位的异化儒，在中间还培养了官本位的博士儒。陆贾之于荀学，非一脉相承之传人，而是“私淑相闻”，其崇王黜霸似在孟、荀之间。他从荀学出发，而其王道信念却趋近于孟子。正如韩非从荀学出发，而其霸道观点终归于法、术、势三位一体。有见其王道信念者，称他为醇儒；而略知其学术者，又称他为通儒。其学广博，又多才艺，《汉书·艺文志》中，《诸子略》儒家有陆贾二十三篇，《兵书略》兵权谋家亦言及陆贾一书，而《新语》仅十二

*1 《新语·术事》。

篇，当在二十三篇之中，其余十一篇，似为兵权谋家言。*[1]《诗赋略》著录《陆贾赋》三篇，《文心雕龙·才略篇》云："汉室陆贾，首发奇采。"

陆贾之学出于荀子，不仅可由荀学传承之脉络间接而知，而且可以《新语》一书直接为据。《新语》开宗明义之《道基篇》与《荀子》之《天论篇》惟妙惟肖，"其思想和文字结构，都有似《天论》"*[2]。《明诫篇》之"天道不改而人道易也"的思想，自始至终，贯串全篇，"近人唐晏已揭出其本于荀子的《天论》"*[3]。然而也有思想方法相似而根本宗旨迥异者，如陆贾主张"法后圣"，而荀子主张"法后王"，"法圣"与"法王"是儒门内部的两条路线，"法圣"是圣王路线，"法王"是王圣路线。"后圣"即孔子，"后王"则文、武、周公之谓也。儒门内部关于孔子与尧舜孰高孰低、孰优孰劣之论，非无谓之争也，看似不着边际的空谈、大同小异的争论，往往也埋伏着讳莫如深的杀机，有时同室操戈之残酷更甚于敌对双方兵戎相见。儒门内部的路线斗争汉初还不明显，不断高涨的革命激情暂时将矛盾掩盖着。

（4）仁义之倡导。

儒者革命，高举仁义之帜，作为批判的武器；陈胜揭竿而起，用武器的批判，诉求着仁义。而秦帝国的短命，归根结底就在于不仁不义。"秦以刑罚为巢，故有覆巢破卵之患；以赵高、李斯为杖，故有倾仆跌伤之祸。"革命者应该"仁义为巢"，"贤圣为杖"，*[4]"仁者道之纪，义者圣之学。学之者明，失之者昏，背之者亡。"*[5]"齐桓公尚德而霸，秦二世尚刑而

*1　见王利器：《陆贾新语校注·序》。
*2　李学勤著：《失落的文明》之"陆贾的易学"，上海文艺出版社1999年版。
*3　李学勤著：《失落的文明》之"陆贾的易学"，上海文艺出版社1999年版。
*4　《新语·辅政》。
*5　《新语·道基》。

亡。”*1“尚德”的根据是人性善，仁义出自人性，发而为政则为德；“尚刑”的根据是人性恶，荀子尚以“化性起伪”使人向善以“尚德”，至韩非、李斯之徒，则完全基于人性恶以“尚刑”。天道永恒而难行于世者，在人不在天，“世衰道亡，非天之所为也，乃国君者”。*2“未有上仁而下残，上义而下争者也。”*3否则，“天道不改而人道易”，必重蹈秦亡之覆辙。

陆贾还以为秦“刑罚纵横而无所立，百端回邪而无所就”，是由于统治者欲望无度所致，所以立仁义、行德政，始于无为之治。“君子之为治也，块然若无事，寂然若无声，官府若无吏，亭落若无民”，无声无息，如春雨之润物，“犬不夜吠，鸟不夜鸣，老者息于堂，丁壮者耕耘于田，在朝者忠于君，在家者孝于亲”，*4“夫道莫大于无为，行莫大于敬谨”，*5专任无为则为道家者言，而辅以“敬谨”，则颇有几分儒者气象。儒家言无为，不是以无为本，而是以仁义为本，“敬谨”者，仁义之貌也，儒者之行也。

（5）教化——人性大一统。

汉初，不光是黄老政治主张与民休息，儒家同样看到了休养生息的重要性。只是儒家以为休养生息并不是对民什么都不做，教化应与休养生息并行。针对秦以吏为师，以法为教，陆贾重新提出“教化”有着特别的意义。他认为：“尧舜之民，可比屋而封；桀纣之民，可比屋而诛者，教化使然也。”*6教化的主体是圣人，而其理念为人民性。人民与天命或天道相对应，每一个个体都是人民的一部分，也都具有人民性，教化就是要启

*1 《新语·道基》。
*2 《新语·明诫》。
*3 《新语·无为》。
*4 《新语·至德》。
*5 《新语·无为》。
*6 《新语·无为》。

发个体的人民性（如孟子之立“四端”），或改造个体性（如荀子“化性起伪”），两者殊途同归，其最终目标都是要以人民性来兼并个体性，实现人性大一统。因此，陆贾把教化提升到“功与天地参”的高度，他说：“《传》曰，天生万物，以地养之，圣人成之，功德参合而道术生焉。”*1圣人之“道术”就是教化。

在《新语》一书中，教化采取了“孔子曰”的形式。如果说叔孙通的阿谀，还带有博士儒的痕迹，而马背上的思想家陆贾，却以革命者的精神，表现出儒者“从道不从君”的阳刚气象。当刘邦以“马上得天下”来否定《诗》《书》时，他当即回答：“宁可以马上治之乎？”他不再像博士儒那样，在王权面前奴颜婢膝，而是作为帝王师友，以仁义开启刘邦。虽然他在王道面前放弃了自我，这是儒者的通病，可是在王权跟前，他却显示了一个思想者和革命者的高贵与尊严。为了圣化儒学和孔子，他提出了一套完整的教化史观。

他说：“先圣乃仰观天文，俯察地理，图画乾坤以定人道。民始开悟，只有父子之亲，君臣之义，夫妇之道，长幼之序。于是百官立，王道乃生。”此为上古炎黄时代。“中圣乃设雍辟庠序之教，以正上下之仪，父子之礼，君臣之义。”指三代之时。然而“后世衰废”，有后圣出，继往开来，延续王道，“乃定五经，明六艺，承天统地”。*2此孔子之谓也。乱世必有新圣出，适时为天下立法。三代之后，世衰不已，故“孔子承衰而作功，圣人不空出，贤者不虚生”，*3天生之材必有用也。正如孟子所云：“五百年必有王者兴”，孔子自称为“从周”之人，陆贾亦以孔子为三代以

*1 《新语·道基》。
*2 《新语·道基》。
*3 《新语·思务》。

下“后圣”第一人。

（6）孔子为汉立法。

孔子与“先圣”、“中圣”一样，理所当然要为后世立法。在《思务》篇中，陆贾明确提出法圣人的主张，“自人君至于庶人”都要法圣人。他还引用“孔子曰”来开导当时之君：“行夏之时，乘殷之辂，服周之冕……虽非尧舜之君，则亦尧舜也。”陆贾与荀子之徒不同，他并没有为孔子是圣人之不得势者而耿耿于怀。他认为孔子“虽非尧舜之君”，但已是尧舜之圣，既然“圣人不空出”，孔子就该生当乱世，“遭君暗臣乱，众邪在位，政道隔于王家，仁义闭于公门”。他以为孔子因此而叹“无如之何者，吾末如之何也”，正是“言道因权而立，德因势而行，不在其位者，则无以齐其政”。*1但陆贾并没有为孔子惋惜，反而为孔子庆幸。孔子虽不能“移江河，动泰山”，但能“调心在己，背恶向善”，“诵诗书”，倡礼乐，皆“凡人所能为也”，此乃“回也不改其乐”之谓也。*2虽有困厄，孔子亦在所不惜。

《本行》篇云：“夫子陈蔡之厄……倥偬屈厄，自处甚矣。然而夫子当于道，二三子近于义，自布衣之士，上□天子，下齐庶民，而累其身而匡上也。及闵周室之衰微，礼义之不行也，厄挫顿仆，历说诸侯，欲匡帝王之道，反天下之政。身无其立而世无其主，周流天下，无所合意，大道隐而不舒，羽翼摧而不申。”孔子只好“追治去事，以正来世，案纪图录，以知性命，表定六艺，以重儒术。……科第相序，为万□□□而不绝，功传而不衰，诗书礼乐，为得其所，乃天道之所立，大义之所行也”。政不济而以教补之，以道救之。

*1 《新语·慎微》。
*2 《新语·慎微》。

孔子之“道”，虽不为当时所用，却是后世乃至于万世之法，均载于儒家经典之中，因此，圣化孔子就要圣化儒家经典。他把儒家诗、书、礼、乐提升到自然法典的高度：“阳气以仁生，阴节以义降，鹿鸣以仁求其群，关雎以义明其雄。《春秋》以仁义贬绝，《诗》以仁义存亡。乾坤以仁和合，八卦以义相承。《书》以仁叙九族，君臣以义制忠，《礼》以仁尽节，《乐》以礼升降。”*[1]

他告诫刘邦，圣人之道贵在“执一”，“圣人执一政以绳百姓，持一概以等万民，所以同一治而明一统也”。*[2]“一”就是仁义，“盖圣人之教，所齐一也。夫善道存于身，无远而不至”。*[3]内心存有“善道”，然后即可“不言而信，不怒而威，岂恃坚甲利兵，深刑刻法”。*[4]而这一切落实到汉初的政治情况，刘邦只要“卑宫室而高道德”就已经是仁人圣君了。因此，陆学之要旨，仁义而已。

［2］继续革命的儒生——贾谊

作为儒家复兴运动的使者，汉初继陆贾之后，又有贾谊。贾谊生于公元前200年，晚陆贾四十年，当贾谊二十年少便见用于文帝时，陆贾已是年届六十的老者。同为汉臣，是否倾心相见，可惜史无记载。陆贾晚年为文帝出使南越，不越十年，便寿终正寝，而贾谊正当盛年。

刘邦得天下，大封同姓及功臣，明曰：“非刘姓不得王，非有功不得侯。”所谓“有功”，乃指军功，即以军功助刘氏得天下者。“高祖以征伐定天下，而缙绅之徒骋其知辩”，因此，儒者被受封爵位者寥寥无几。叔孙通官至太常博士，迁太子太傅；陆贾官至太中大夫；贾谊亦为太中大夫，后

*1　《新语·道基》。
*2　《新语·怀虑》。
*3　《新语·怀虑》。
*4　《新语·至德》。

为诸王子太傅，皆无爵位。汉承秦制，观念亦袭秦风。汉初之时，儒者、文学、贤良等，于皇帝身边掌承问对一如既往，而赏军功、封爵位亦循秦制。不仅如此，汉初在各个方面均无创设，汉高祖于定陶称帝时，只是“悉去秦仪法，为简易”。*1文景之治，尚黄老无为，而又因循秦法，从根上就有矛盾。秦禁文化、无分封、抑商贾、黜游侠，至汉而百业皆举，其弊亦出。

（1）汉初形势观。

秦末汉初商贾又重新活跃起来，从汉初鬻官的情形来看，以贾致富者比比皆是。《史记·货殖列传》云：“汉兴，海内为一，开关梁，弛山泽之禁，是以富商大贾周流天下，交易之物莫不通，得其所欲，而徙豪杰诸侯强族于京师。”正所谓：“千金之家比一都之君，巨万者乃与王者同乐。岂所谓‘素封’者也？非也？”

与此同时，任侠之风甚炽，钱穆先生认为，“汉兴，而闾巷之侠起”，他们无所不为，“以意气情谊收匿亡命共为奸利，甘触刑辟而市权势者则为任侠”，“乃至作奸剽攻、铸钱掘冢之类”。*2因此，他们与商贾一样，同为汉初威胁中央集权的不稳定阶层。

另外，还有一个不可忽视的阶层，即秦遗留下来的儒生们。由于汉初尚黄老无为，循申、韩之法，不重文学儒术，他们大都散落于民间。适逢汉初分封诸侯王，诸王广招游士，他们趋之若鹜，像吴王刘濞，就有齐人邹阳，吴人枚乘、严忌等投他而去；梁孝王也有齐人羊胜、公孙诡等；而淮南王则招宾客方术士数千人；曹参相齐，召齐诸儒数百人；河间献王盛召经术士，山东儒者皆以跟随他而骄傲。这些游士食客散走于诸王之间，辞赋奢靡，纵横是非，亦是汉家祸萌。

*1 《史记·刘敬叔孙通列传》。
*2 钱穆：《国史大纲》，商务印书馆1997年版。

正如班固所云："是时，匈奴强，侵边。天下初定，制度疏阔。诸侯王僭儗，地过古制，淮南、济北王皆为逆诛。"*1对于这种局面，贾谊早有预见，他披肝沥胆以言之："臣窃惟事势，可为痛哭者一，可为流涕者二，可为长太息者六，若其他背礼而伤道者，难遍以疏举。"*2其势犹"夫抱火厝之积薪之下而寝其上，火未及燃，因谓之安"。于是他"数上疏陈政事，多所欲匡建"。师古云："匡，正也，正其失也。建，立也，立制节也。"的确，文帝时，"诸法令所更定，及列侯就国，其说皆贾谊发之"。*3他的主张并非纸上文章，而是"有所列论，多见实施"。*4

（2）改元正朔论。

贾谊之论预言着一个新时代来临，汉以"革命"得天下，然而却不以"革命"坐天下，坐在秦的旧制里，无论如何不能算作一个新王朝。因此，不仅为天下安危计，亦为王朝正统计，汉王朝都应该继续革命，要在观念、制度、风俗等方面建立新制度，使天下从秦制的藩篱和桎梏中解放出来，走向儒家所倡导的王道格局。于是，革命呼唤着孔子的幽灵，而《春秋》则成了继续革命的法典。

以继续革命"匡建"汉家天下，贾谊为首倡者。班固"赞"引刘向言曰："贾谊言三代与秦治乱之意，其论甚美，通达国体，虽古之伊、管未能远过也。使时见用，功化必盛。"其赞评虽不为过，但却并没有看到贾谊在秦军国主义向汉文治主义过渡中的历史作用。其实在这一过渡中，作为思想的先导，贾谊有幸处于与周公相似的历史环境中，同样都面临着继续革命的问题，虽无周公之建树，但继周孔之志，倡文治政府，以文化取代军功，贾

*1　《汉书·贾谊传》。
*2　《汉书·贾谊传》。
*3　《汉书·贾谊传》。
*4　杨幼炯：《中国政治思想史》，商务印书馆1998年版。

谊可谓功不可没。

当陆贾向刘邦质问“宁可以马上治之乎”时，刘邦虽赞同他的仁政主张，却不能即刻从“马上下来”，还要以垂死之躯，扬鞭策马，东征西讨，剪除异姓王，稳定新政权。陆贾也来不及考虑除旧布新的问题，便被刘邦召为马前卒，游说诸侯，助刘氏定天下。所以刘邦的仁政，也只能是简化秦之苛法，其他一切均待来者续之。

其实革命儒在马上年代，就已经打开了圣化之门。不光是叔孙通和陆贾的努力，改变了刘邦对儒者的看法；秦的暴政以及秦对儒者的迫害，也使儒者赢得了普遍的同情；儒者纷纷参加革命，革命儒的理想主义和英雄气概，使农民起义成为儒家民本主义实践，使儒学及儒者得到广泛认同。刘邦欲废立太子而争执不下，张良智使吕后请出“四老”，震动朝野，加之叔孙通为太子傅，以死谏。刘邦自知大局已定，当他“行自淮南还，过鲁”时，便“以大牢祠孔子”*1。

汉初，百废待兴，政弱而民野，于是贾谊著《新书·礼篇》以论“礼”：“礼者，所以固国家，定社稷，使君无失其民者也。主主臣臣，礼之正也；威德在君，礼之分也；尊卑大小，强弱有位，礼之数也。”仁礼并行是德政的双翅，秦世“商君遗礼义，弃仁恩”，“行之二岁，秦俗日败”，*2但汉独行仁政而与礼无所建树，亦不可取。既行仁政，就必须导之以礼。他说：“故道德仁义，非礼不成；教训正俗，非礼不倍；分争辩讼，非礼不决；君臣、上下、父子、兄弟，非礼不定；宦学师事，非礼不亲；班朝治军、莅官行法，非礼威严不行；祷祠祭祀、供给鬼神，非礼不成不

*1 《汉书·高祖纪》。
*2 《新书·时变》。

庄。”有了礼以“立君臣，等上下，使父子有礼，六亲有纪”，*[1]仁政才有节度，“失爱不仁，过爱不义”，礼的本质就是等分秩序。

鉴于秦以严刑而亡的教训，贾谊认为礼是最完美的一种统治形式，是最接近人性的。“以礼义治之者，积礼义；以刑法治之者，积刑罚。刑罚积而民怨背，礼义积而民和亲。”*[2]如禹治水一样，礼的优越性在于疏导，而刑则是堵塞，“夫礼者禁于将然之前，而法者禁于已然之后”，“贵绝恶于未萌，而起教于微眇，使民日迁善远罪而不自知也。孔子曰：‘听讼，吾犹人也，必也使毋讼乎！’”*[3]

当然贾谊并不是完全否定法的作用，他以为：“若夫庆赏以劝善，刑罚以惩恶，先王执此政，坚如金石；行此之令，信如四时；据此之公，无私如天地耳，岂顾不用哉？”*[4]但基于儒者的立场，以及秦末暴刑的教训，他一再强调法的弱势：“今或言礼谊之不如法令，教化之不如刑罚，人主胡不引殷、周、秦事以观之也？”*[5]所以他认为，礼“可以为万世法程”，可以造福于子孙后代。

贾谊还为新王朝制定礼仪规范，并被文帝逐渐实施。《新书·阶级》中，他提出了“刑不至君子”之礼，“君之宠臣虽或有过，刑戮不加其身，尊君之势也”。秦之大臣无廉耻之行，以其重刑，“投鼠而不忌器之习也”。《汉书·贾谊传》载：“丞相绛侯周勃免就国，人有告勃谋反，逮系长安狱治。卒亡事，复爵邑，故贾谊以此讥上。上深纳其言，养臣下有节。是后大臣有罪，皆自杀，不受刑。”《新书》中有不少礼治主张，并多有实

*1 《新书·俗激》。
*2 《新书·时变》。
*3 《新书·俗激》。
*4 《汉书·贾谊传》。
*5 《汉书·贾谊传》。

行，诸如“众建诸侯而少其力”等。

如前所述，刘邦入秦，约法三章；汉初之制，除此而外，基本上出自丞相萧何之手，萧何虽有一些“因民之疾秦法，顺流与之更始”的做法，但没有什么系统性的建树。惠帝废“挟书令”，受到儒者的欢迎；文帝去“肉刑”，也受到百官及百姓的称赞。汉初稍有变革，即为天下拭目。贾谊由博士迁至太中大夫，第一件事就是上书文帝“悉更秦法”。司马迁说：“贾生以为汉兴至孝文二十余年，天下和洽，而固当改正朔，易服色，法制度，定官名，兴礼乐，乃悉草具其事仪法，色尚黄，数用五，为官名，悉更秦之法。孝文帝初即位，谦让未遑也。诸律令所更定，及列侯悉就国，其说皆自贾生发之。”*1从材料来看，贾谊的建议，使秦的旧律得“所更定”，对于改元正朔，文帝却没有同意，司马迁语其“谦让未遑也”。

改元正朔虽是一场形式上的革命，但其耗费也会令这位尚俭的皇帝害怕。史载文帝曾想建一露台，“召匠计之，直百金”。文帝却说：“百金中民十家之产。”*2除了节俭的习性之外，还有个时机问题。改元正朔，是以诏告天下重受天命的形式，以此来确立新王朝的合法性，汉自诛“秦一夫”后，高祖未暇受命，而文帝自以为德未及、功未至，亦不敢受此大命。贾谊以为汉之天下未稳，实为天子未受天命，所以他极力劝文帝：“自禹以下五百岁而汤起，自汤以下五百余年而武王起。故圣王之起，大以五百为纪。自武王以下，过五百岁矣，圣王不起，何怪矣！及秦始皇帝似是而卒非也，终于无状。及今，天下集于陛下，臣观宽大知通，窃曰足以操乱业，握威世，若今之贤也。明通以足，天纪又当，天宜请陛下为之矣。然又未也

*1 《史记·屈原贾生列传》。
*2 《汉书·文帝纪》。

者，又将谁须也？……陛下何不以为之？”*[1]并以此为“天降大命以达吾德也”*[2]，他自信“世未尝无圣也，而圣不得圣王则弗起也”，*[3]他认定文帝有圣王品质。《史记·文帝本纪》载文帝朴素，“恶烦苦百姓”；对南越的僭称与匈奴的违约，均“以德报之”；“吴王诈病不朝，就赐几杖”；劝谏言辞急切者，亦不怪；大臣有受贿者，“乃发御府金钱赐之，以愧其心”；后宫衣服、帷帐均以节俭为上，而“专务以德化民”。

然而贾谊却因谄而受厄，惜哉！其生不逢时也。以文帝无为，谊生早矣，若生于汉武之时，谊之才用不可限量也。因贾谊被黜，改元正朔之事暂停下来。但事隔不久，有鲁人公孙臣继贾谊之志，又“上书陈终始传五德事，言方今土德时，土德应黄龙见，当改正朔服色制度”。这次文帝没有推让，“下其事与丞相议”。时北平侯张苍为丞相，张苍“好书律历。秦时为御史，主柱下方书”。“明习天下图书计籍，又善用算律历”。因此，“丞相推以为今水德，始明正十月上黑事”，仍是秦制。张苍请罢公孙臣说。*[4]然而“十五年，黄龙见成纪”，应该是天降符瑞了，文帝“复召鲁公孙臣，以为博士，申明土德事”，看来是想认真对待这件事。但不想中间横插一个方士赵人新垣平，装神弄鬼，“事觉，夷三族”，改元正朔之事受其影响和牵连又作罢。文帝也只进行了郊祀五帝的活动，还是没有举行受天命的仪式。连司马迁都忍不住而叹曰：“孔子言：‘必世然后仁。善人之治国百年，亦可以胜残去杀。’诚哉是言！汉兴，至孝文四十有余载，德至盛也。廪廪乡改正服封禅矣，谦让未成于今。呜呼！岂不仁哉！”

（1）革命守成策。

*1 《新书·数宁》。
*2 《新书·劝学》。
*3 《新书·大政下》。
*4 《汉书·张苍传》。

贾谊《过秦论》，出发点虽在“仁义”二字，而落脚处却在“攻守”之势上。汉初的形势，正如贾谊所言：“进取之时去矣，兼并之势过矣。”*1霸术从前台转向幕后，一味进取的法术之士和专事兼并的耕战一族，已不再是历史舞台的主角。儒虽难以进取，但可与守成。守成非“萧规曹随”之谓也，黄老之守成与儒家之守成迥异，黄老守以清静无为，而儒家却主张继续革命，以革命守成。

汉取秦而代之，只是完成了“易姓革命”，在儒家看来，革命的目标绝非改朝换代那样狭隘，后世所谓“为天地立心，为生民立命，为万世开太平”，其实是儒家一贯立场。革命的原则是“立心”和“立命”，“立心”是教化——“立人之道曰仁与义”；“立命”是受天命，帝王受命非为一己之私，而是为民请命——向天请命。如果说陆贾之《新语》旨在“立心”，那么贾谊之《新书》则归于“立命”；如果说“立心”之导向以“素王”为师表，那么“立命”之导向则以帝王“受天命”。“立心”乃孟学之原则，而“受命”则荀学之立场。

汉不受命则无以言成，更无成可守。马上得天下不足以言成，成的标志是受命于天，是为民立命。汉承秦制，一如既往，所异者不过易姓而已，因此，汉初政治之守成，守的不是汉家之成，而是亡秦之成。汉以革命得天下，“诛一夫”乃革命之原点，而非革命之终点。革命成功，说到底就是要受天命。汉家受天命，革命才具有合法性，儒家的外王运动才算真正完成，才谈得上所谓“守成”。“守成”，守的就是天命；要守住天命，就要把握“道”与“术”。

“道者，所以接物也，其本者谓之虚，其末者谓之术。虚者，言其精微也，平素而无设施也；术也者，所以制物也，动静之术也。请问术之接物何

*1　《新书·时变》。

如？曰：仁、义、礼、信、公、法。”*[1]道虽“虚无”，却能“经天地，纪人伦，序万物，以信与仁为天下先。”*[2]体“道”之虚，行“道”之实，这就是所谓“德”了。“德”有“六理”、“六美”。“六理”谓“道、德、性、神、明、命”，“六美”谓“道、仁、义、忠、信、密”。“道者，德之本也；仁者，德之出也；义者，德之理也；忠者，德之厚也；信者，德之固也；密者，德之高也。”*[3]“六理、六美”载于典籍则为“六艺”：“竹帛谓之《书》，《书》者，此之著者也；《诗》者，此之志者也；《易》者，此之占者也；《春秋》此之纪者也；《礼》者，此之体者也；《乐》者，此之乐者也。”*[4]儒家经典也因之而上升为自然法典，成为天经地义的文本了。

守成不仅要以民为本，更要以圣为师，因为芸芸众生“必待圣人之教”，“圣人之教”当然要从“六艺”入手。六艺者，圣人之学也；学校者，素王之政也。圣化既是革命论，更是守成策。因此，他无法容忍汉初政界包括文帝在内的思想观念上的鄙俗。文帝曾有诏曰：“且夫牧民而导之善者，吏也。”*[5]针锋相对，贾谊奋笔上书：“夫移风易俗，使天下回心而向道，类非俗吏所能为也。俗吏之所务，在于刀笔筐箧，而不知大体。陛下又不自忧，窃为陛下惜之。”*[6]这一“惜”，使多少刀笔吏恼羞成怒，贾谊得罪的不是一两个军功官僚，而是整个官僚集团。儒家以民为本，怎能以吏为师，以吏为师是官本位，而非民本位。贾谊在《大政》，通篇论“民”：“闻之于政也，民无不为本也。国以为本，君以为本，吏以为本。”得民之

*1 《新书·道术》。
*2 《新书·修政语上》。
*3 《新书·道德说》。
*4 《新书·道德说》。
*5 《汉书·文帝纪》。
*6 《汉书·贾谊传》。

福是谓天福，而失民之灾，是谓天灾，“故夫民者，至贱而不可简也，至愚而不可欺也”，“圣王之戒也”，“戒之哉！戒之哉”！

儒者圣化有二，一曰“立心”以化己，二曰“立命”以“劝民”。贾谊之教化，重在化民而非化己。“愚民可劝也”：“道之以德教者，德教洽而民气乐；殴之以法令者，法令极而民风哀。哀乐之感，祸福之应也。”*1民风随教而异，以德教民，则人皆可以为尧舜；以法教民，则普天之下莫非囚徒。儒者的职业不是杀伐，而是教化，因此尚“德”不尚“刑”。不是所有的儒者都有做“王者师”的幸运，大部分儒者还要以“愚民”为教化对象。“愚民”不是贾谊的发明，早在孔子就已经分出“上智”与“下愚”的不同，从此教化“下愚”便成为儒者的专业。戴着“下愚”的眼镜来看民，正如贾谊所言：“夫民之为言也，瞑也；萌之为言也，盲也。故惟上之所扶而以之，民无不化也。故曰：民萌。民萌哉，直言其意而为之名也。”*2后来的“启蒙”一词即由此转化而来。“启蒙”本身虽含有不平等的意味，但启蒙运动和启蒙者却因此而被圣化。“民”的本质是“萌”、“盲”，儒家所谓“启蒙”，就是以儒为教，以圣为师；其治国平天下，既非耕战，亦非吏事，而是以圣启蒙，使民圣化。

但贾谊并没有能够改变汉初的惯识，景帝时，仍诏曰“夫吏者，民之师也”。*3这已不是习惯问题，而是政治立场问题。汉初黄老之学本与法术相通，太史公言申、韩，皆曰本于黄老而主刑名，其因循守旧，既为客观形势使然，亦是主观立场的要求。而贾谊以笔为旗，引领天下，以为改变现状尤要在教育太子、尊礼大臣、阐扬文教、移风易俗上下工夫，引导当时议论从

*1 《汉书·贾谊传》。
*2 《新书·大政下》。
*3 《汉书·景帝纪》。

法律刑赏转向礼乐教化，使王权主义由申韩之术转入儒家。其言椎心，其行泣血，以至于忧郁而终。

2. 儒者的进取与儒术复兴

［1］汉初儒术之兴起

楚汉相争之际，诸儒纷纷重出“江湖”，除革命儒外，各司其业，亦“斐然成章”，为儒学复兴之大业，尽一己之能。高祖诛项籍，举兵围鲁，鲁中诸儒诵习礼乐，弦歌之音不绝。司马迁叹曰：“非圣人之遗化，好礼乐之国哉！”于兵荒马乱之时，弦歌之音不绝如缕，似乎预示了儒学开太平的使命。司马迁以为：“夫齐鲁之间于文学，自古以来，其天性也。故汉兴，诸儒始得修其经艺，讲习大射乡饮之礼。”可能在秦排儒以后，诸儒潜回儒学故里，“喟然兴于学”。

“然尚有干戈，平定四海，亦未暇遑庠序之事也。孝惠、吕后时，公卿皆武力有功之臣。孝文时颇征用，然孝文帝本好刑名之言。及至孝景，不任儒者，而窦太后又好黄老之术，故诸博士具官待问，未有进者。”*1这就是从秦末到汉初文景之时儒学的概况。

但儒学以圣化为使命，因此，身为儒者不甘寂寞，即便“焚坑”之时，亦有诸儒百啭不停，“低眉浅唱”。汉初虽有叔孙通、陆贾、郦食其等干世主、做帝王师，但因汉初的政权结构以军功官僚为主，其政制基本上承袭秦制。因此，自刘邦死后，儒者的进取受挫，受挫的原因首先应该归结到汉初社会的政治经济状况。

汉初统治者鉴于秦短命，始悟治大国若烹小鲜，朝中上下均尚无为而治。刘邦进关中，去秦苛律繁法，与百姓约法三章，简明扼要，无为而治，

*1 《史记·儒林传》。

深受疲于秦法的百姓欢迎。太史公曰："孝惠皇帝、高后之时，黎民得离战国之苦，君臣俱欲休息乎无为，故惠帝垂拱，高后女主称制，政不出房户，天下晏然。刑罚罕用，罪人是希。民务稼穑，衣食兹殖。"*1文帝即位后，不兴土木、和亲安边，内治亦颇简约，以致诸侯跋扈，朝廷松散。孝景承文帝之治，亦无所作为，以致七国之乱，不得已弱侯削藩，天下复安。

文景之治，得益于无为而治，而汉初最早提出无为而治的却是儒者陆贾。其《无为》曰："道莫大于无为。"就像荀子"援法入儒"一样，他"援道入儒"是基于秦亡的残酷现实："事逾烦天下逾乱，法逾滋而天下逾炽，兵马益设而敌人逾多。秦非不欲治也，然失之者，乃举措太众、刑罚太极故也。"因此，他以为只有无为而治，仁政才能落到实处。虞舜"弹五弦之琴，歌《南风》之诗，寂若无治国之意，莫若无忧天下之心，然而天下大治"。他描述的虞舜无为而治，本是为了行仁政，不想却成了后续儒者有所作为的障碍。当时并没有一种学派力量阻止儒学的进取，汉初无为而治的局面，虽然冷遇了儒学，同时也为儒学的发展提供了一个相对安静的政治环境。

我们从当时的儒学在中央和地方的分布中，可以清楚地看到汉初儒学势力消长的概貌。中央自刘邦改变了对儒者的看法后，以叔孙通为太子傅，以陆贾为王者师，及以太牢祭孔，行仁义之政。文景时，置儒博士七十余人，其中有治诸子百家之言的，也有治五经的，可考的有《诗》《春秋》《论语》《孟子》《尔雅》等。大儒申公、贾谊、公孙臣等均为文帝博士。贾谊还为长沙王、梁怀王太傅。

在地方，儒学的声势远比中央浩大。如前所述，汉初所封同姓诸侯王，俨然一独立小王国，他们招贤纳士，使地方诸儒纷纷投效。如刘邦弟楚元王

*1 《史记·吕太后本纪》。

好《诗》，“少时尝与鲁穆生、白生、申公俱受《诗》于浮丘伯”*1。后令诸儿皆读《诗》，并拜老同学申公等三位名儒为中大夫。献王兴修礼乐，征集儒籍，立毛氏《诗》和左氏《春秋》博士，《汉书·景十三王传》言其“从民得善书，必为好写与之，留其真，加金帛赐以招之。由是四方道术之人不远千里，或有祖先旧书，多奉以奏献王者，故得书多，与汉朝等”。而且“所得书皆古文先秦旧书，《周官》《尚书》《礼记》《孟子》《老子》之属，皆经传说记，七十子之徒所论。其学举六艺，立《毛氏诗》《左氏春秋》博士。修礼乐，被服儒术，造次必于儒者。山东诸儒多从而游。”

武帝为太子时，其少傅就是申公的弟子王臧，武帝幼时就受到儒学的熏陶。汉初儒术复兴，从中央到地方，可谓山雨欲来风满楼。尤其诸侯王必欲有所作为，他们推波助澜，挂起儒术复兴的风帆。然而现实中，儒学毕竟受着一种氛围的束缚，一种力量的扼抑，无为而治的氛围和军功官僚的势力，使儒术复兴一再受挫。

［2］文治与武功之争

司马迁说：“自汉兴至孝文二十余年，会天下初定，将相公卿皆军吏。”*2从刘邦开始，至武帝以前，丞相一职，不是军功者任，便是吏出身者任。高祖时不论，文景时恃军功为相者，有周勃、陈平、灌婴、周亚夫、申屠嘉等；以吏升迁者，有张苍；位至三卿者，周昌、任敖等均为小吏出身。这些人在中央身居要位，形成一庞大的军功官僚集团，造成汉初的“军功政治”局面。军功政治在平定诸侯王叛乱、稳定边疆上颇为有力，在文治上却无所建树。他们多信奉黄老之术，形成了一股思想势力，对于学术也无为而治。

*1 《汉书·楚元王传》。
*2 《史记·张丞相列传》。

因此，朝中除置博士儒外，还有治百家之说的博士；地方诸侯楚元王、河间献王兴儒学；而淮南王则以道家为主，兼治他说，《淮南子》一书便是百家之言的汇总；丞相曹参为齐相时，“尽召长老诸生，问所以安集百姓，如齐故（俗）诸儒以百数，言人人殊，参未所定”。所以曹参请来“胶西盖公”，以“其治要用黄老术”，“相齐九年，齐国安集”。*[1]但曹参并未因此而废儒。

汉初儒学受压抑，压力来自于官僚集团，后来才发展为与黄老术的意识形态矛盾，其起因是儒学圣化，欲为汉家政治之主导。陆贾虽为汉初一大思想支柱，但与军功官僚集团没有发生矛盾，他并没有想以文治政治取代军功政治。而贾谊则不同，他开始进攻，批判黄老无为政治，欲以儒家文礼之治取代军吏之治。

他以危言告诫文帝，汉家天下是“抱火厝之积薪之下而寝其上，……然而献计者类曰：‘无动为大’耳。夫无动而可以振天下之败者，何等也？悲夫！俗至不敬也，至无等也，至冒其上也，进计者犹曰‘无为’，可为长太息者此也”。*[2]但当时似乎没有人与之进行思想上的争论，而是对他个人进行迫害。当文帝“议以谊任公卿之位”时，“绛、灌、东阳侯、冯敬之属尽害之”。毁之曰：“洛阳之人年少初学，专欲擅权，纷乱诸事。”“于是天子后亦疏之。”*[3]

史载绛侯周勃“为人木强敦厚”，“不好文学，每召诸生说士，东向坐而责之：‘趣为我语。’其椎少文如此”。*[4]而灌婴、东阳侯张相如、冯敬与周勃为同属。对于冯敬，贾谊有评曰：“陛下之臣有悍如冯敬者。”可见

*1 《史记·曹相国世家》。
*2 《新书·孽产子》。
*3 《汉书·贾谊传》。
*4 《史记·绛侯周勃世家》。

与贾谊对立者，皆为一时军功之权臣。

贾谊乃颇为自负的少年文学之士，文帝每有诏令下，“诸老先生未能言，谊尽为之对”。文帝悦之，虽“最为少”，却“超迁，岁中至太中大夫”。*1如此而引起周勃之属的不满。贾谊被排挤后，鲁人公孙臣又议“汉土德事”，丞相张苍以其善律历而罢之。因有“黄龙”符瑞现，文帝召公孙臣为博士，“草土德之历制度”，正式准备改制。“张丞相由此自绌，谢病称老。”张丞相虽然失败，但公孙臣也未成功。太史公曰：“张苍文学律历，为汉名相，而绌贾生、公孙臣等言正朔服色事而不遵，明用秦之颛顼历，何哉？”*2原因也许很多，但主要是由儒家主张以文礼之治取代军吏之治导致的结果。儒者的继续革命，革到了自诩为革命功臣的军功官僚集团的头上。

晁错为文景时博士，虽非纯儒，但与以袁盎为首的军功官僚集团的斗争，正说明汉初学派斗争不明显，而文人与军功官僚集团的矛盾突出。袁盎出身舍人，“不好学”，文帝时为郎中令。与丞相周勃、大将军窦婴素善，亦为申屠嘉的座上客，应为同属。晁错原本“学申商刑名”之学，文帝时遣晁错往济南受《尚书》于秦老博士伏生，故错“以文学为太常掌故”。其以《尚书》称说，得幸太子，号为“智囊”；曾以法术说文帝，但不见用。“袁盎诸大功臣多不好错”。太子即位，是为景帝，错“宠幸倾九卿，法令多所更定”，引起丞相申屠嘉不满，但无机会下手，适逢削藩引起“七国之乱”，才使袁盎、窦婴等乘势而起，借机以清君侧，诛晁错。司马迁也认为，晁错“后擅权，多所变更”，终于导致了这场权力斗争。

［3］革命与“反革命”

*1 《汉书·贾谊传》。

*2 《史记·张丞相列传》。

儒者的扩张在遭到军功官僚集团的压制后，又受到来自另一方面的力量制扼，这一力量是逐渐形成的。如前所述，无为而治的氛围，是儒学得以复兴的基础，但当儒学要求再进一步发展时，便感到这种氛围的压力了，所以从贾谊起，儒者就开始批判无为政治。

随着无为政治的发展，在朝中形成了以窦太后为首的喜好“黄老”的政治势力，其时跟随高祖打天下的军功官僚相继去世，于是儒术与黄老术的冲突便凸显起来。《史记·外戚世家》云：“窦太后好黄帝、老子言，帝及诸窦不得不读黄帝、老子，尊其术。”自此，黄老之术虽尊，但也只局限于后宫和外戚之间，并未因此而排儒。而“诸博士具官待问，未有进者”*1，乃文景之时“不任儒者”政策的延续。

真正导致两家在意识形态领域冲突的，是关于“革命”的问题。“革命”成为两家争论的焦点。据《史记·儒林传》载，辕固生为孝景帝博士，以治《诗》闻，与黄生争论景帝前。黄生以为：“汤武非受命，乃弑也。今桀纣虽失道，然君上也；汤武虽圣，臣下也。夫主有失行，臣下不能正言匡过以尊天子，反因过而诛之，代立践南面，非弑而何也？”辕固生驳曰：“夫桀纣虐乱，天下之心皆归汤武，汤武与天下之心而诛桀纣，汤武不得已而立，非受命为何？必若所云，是高帝代秦即天子之位，非邪？”这是一个从革命者向执政者转变时都要碰到的两难问题，是发扬革命传统继续革命成为圣王，还是扬弃革命传统做一个明哲保身的现实君主，这是截然不同的两条路线。景帝对此未置可否，只是以“食肉不食马肝，不为不知味；言学者无言汤武受命，不为愚”为“御断”。“是后，学者莫敢明受命放杀者。”

而两者发生进一步冲突则是因辕固生起。史载：“窦太后好老子书，召辕固生问老子书。固曰：‘此是家人言耳。’”太后恼怒，大骂：“安

*1 《史记·儒林传》。

得司空城旦书乎？”（骃案：《汉书音义》曰“道家以儒法为急，比之于律令”。）程千帆先生《俭腹抄》之“家人”考，引《汉书》颜注：“家人，言僮隶之属。”又引俞正燮《癸巳存稿》卷七《家人言解》略云：“家人言，本意谓仁弱似妪媪语，而家人又适为宫中无位号者。”而“宫中之家人，则后妃女仕”。《汉书·外戚传》言窦太后在“吕太后时以良家子选入宫”，后吕出宫人赐诸王各五人，被赐予代王。辕固生语本意在表明儒学为国史正经，而《老子》为诸子家人，无意中触及窦氏出身卑微。窦氏盛怒之下，“使固入圈刺豕”，亏有景帝暗以兵刃相助，才使辕固生幸免于命丧野猪之口。

直至武帝即位，儒术方兴，儒者始进。窦婴、田蚡俱好儒术，推荐名儒赵绾为御史大夫，王臧为郎中令，儒者始以文居朝中公卿之位。上台伊始，二人劝武帝“迎鲁申公，欲设明堂”，准备以儒学为国教，“以礼为服制，以兴太平”。在推行儒术的同时，儒者对窦氏“宗室无行者，除其属籍”，令“列侯就国”。当时由于列侯多娶公主，故“皆不欲就国”，纷纷“以故毁日至窦太后”。“太后好黄老言，而婴、蚡、赵绾等务隆推儒术，贬道家言，是以窦太后滋不说。”

建元二年（前139），“御史大夫赵绾请勿奏事东宫”，欲直接剥夺窦太后的权力。窦太后怒曰：“‘此欲复为新垣平邪！’乃罢逐赵绾、王臧，而免丞相婴、蚡。”*[1]又“使人微得赵绾等奸利事，召案绾、臧，绾、臧自杀，诸所兴为者皆废”。*[2]应劭《正义》云：“王臧儒者，欲立明堂、辟雍，太后素好黄老术，菲薄五经，因故绝奏事太后，太后怒，故令杀。”儒术不仅公开向黄老挑战，而且要争至尊地位。从辕固生鄙斥《老子》为“家

*1 《史记·儒林传》。
*2 《史记·武帝本纪》。

人言”中，可见儒术之霸气远在黄老之上，其宽容之风度又远在黄老之下。虽然政治斗争不讲风度，但窦太后也只是就事论事，仅治赵绾、王臧之罪，而未牵连其他儒者或累及儒学。

不过这件事毕竟教育了窦太后，她也开始了黄老之学的教化工作。《史记·万石张叔列传》载：“万石君家以孝谨闻乎郡国，虽齐鲁诸儒质行，皆自以为不及也”，“建元二年，郎中令王臧以文学获罪。皇太后以为儒者文多质少，今万石君（石奋）家不言而躬行，乃以长子建为郎中令，少子庆为内史。”以提倡“不言”压制儒学，因大权在握，倒也不在乎说什么和怎么说。史称石奋“无文学，恭谨无与比”，其子石庆为齐相时，“举齐国皆慕其家行，不言而齐国大治”，齐人为他立石相祠。在窦后看来，以万氏家族治国远在儒者之上，至少不会威胁到她的地位。窦氏以皇后、太后、太皇太后居位四十五年，是黄老之术在中央的砥柱。

［4］儒术经世——杂儒与循吏

窦太后死后，汉武帝便施展了他的“霸王道杂之”的雄才大略。萧萐父先生有“儒家夙以‘杂’见称”之语*1。《荀子·法行》记南郭惠子称“夫子之门，何其杂也”。武帝好儒，好在一个“杂”字；汉廷尊儒，尊在一个“霸王道杂之”。公孙弘能以一介布衣封侯拜相，不仅因其治学阳儒阴法，而且也因其为人阳奉阴违。史载公孙弘为齐人，“习文法吏事，而又缘饰以儒术，上大说之”。主父偃学术也“杂”，早年学“长短纵横之术，晚乃学《易》《春秋》、百家言”。*2出于纵横家，而归于儒杂家，与公孙弘出身“贫吏”而入于儒颇为相似，难怪司马迁将二人列于同传。

儒术兴而黄老衰，汲黯位列九卿时，公孙弘、张汤不过一小吏。但公孙

*1　萧萐父：《吹沙纪程》之“秦汉新儒家”，上海文艺出版社1999年版。
*2　《史记·平津侯主父列传》。

弘却因以儒饰法而受宠以至于封侯拜相，张汤亦升为御史大夫。汲黯虽不满“陛下用群臣如积薪耳，后来者居上”，但也无可奈何。面对“天子方招文学儒者，上曰吾欲云云”，他一针见血地指出：“陛下内多欲而外施仁义，奈何欲效唐虞之治乎！”*1汉家惯例，“常以列侯为丞相”，然“唯弘无爵”，于是武帝亲为诏，“以高成之平津乡六百五十户封丞相弘为平津侯”*2。汉家以布衣为相得封侯者，自公孙弘始；儒之利禄之途，至公孙弘而大开。清人方苞以为，“儒之途通而其道亡”*3，而皮锡瑞辩曰：“欲兴经学，非导以利禄不可。”*4

《史记·儒林传》云：“公孙弘为学官，悼道之郁滞，乃请曰：……为博士官置弟子五十人，复其身。太常择民年十八已上，仪状端正者，补博士弟子。郡国县道邑有好文学，敬长上，肃政教，顺乡里，出入不悖所闻者，令相长丞上属所二千石。二千石谨察可者，当与计偕，诣太常，得受业如弟子。一岁皆辄试，能通一艺以上，补文学掌故缺。其高弟可以为郎中者，太常籍奏。即有秀才异等，辄以名闻。其不事学若下材不能通一艺，辄罢之，而请诸不称者。臣谨案诏书律令下者，明天人之分际，通古今之义，文章尔雅，训辞深厚，恩施甚美。小吏浅闻，不能究宣，无以明布谕下。治礼次治掌故，以文学礼义为官，迁留滞。请选择七秩比二百石以上，及吏百石通一艺以上，补左右内史、大行卒史；比百石已下，补郡太守卒史：皆各二人，边郡一人。先用诵多者，若不足，乃择掌故补中二千石属，文学掌故补郡属，备员。请著功令。它如律令。自此以来，则公卿大夫士吏彬彬多文学之士矣。”至此，汉初军功官僚集团终于被以儒者为主体的士人官僚集团所取

*1 《史记·汲郑列传》。
*2 《史记·平津侯主父列传》。
*3 方苞：《望溪文集》“书儒林传后”。
*4 皮锡瑞：《经学历史》“经学昌明时代”。

代。不过这样的取代，对于意气风发以革命为己任的儒者来说，似乎并不光彩，他们失落了崇高，却获得了王权主义的现实回报。

倒是那些还没有升至公卿之位的彬彬文学之士，在基层和地方的工作多有成绩。他们不仅称誉吏职，颇有地方政绩，而且身兼师职，恪尽教化功能，班固称他们为“循吏”。循吏“通于世务，明习文法，以经术润饰吏事”。余英时先生以为：“从思想源流的大体言之，循吏代表了儒家的德政，酷吏代表了法家的刑政。”*1汉世循、酷并用，正表明了“霸王道杂之”的王权主义的本质。文翁兴学以化蜀，“至今巴蜀好文雅，文翁之化也”；黄霸先教化而后诛罚，时人叹曰：“然自汉兴，言治民吏，以霸为首”；龚遂以明经为官，时渤海郡盗贼猖獗，遂因“渤海遐远，不霑圣化”，以王道治之，使盗贼自动放下屠刀，拾起锄犁耕地。此三人者，为当时循吏之代表。*2

其实，儒之本业为教，除了教化民众，还要教育太子。贾谊早就提出以儒学教育太子，《保傅》《傅职》等篇，专论“教者”之道。以圣人之德教育太子，太子一朝为帝，就可以成为儒家理想中的圣王。所以贾谊连任两太子傅，即长沙王、梁怀王太傅；韩生孝文帝时博士，景帝时为常山王太傅；辕固生景帝时博士，为清河王太傅；晁错为景帝师；兰陵王臧“以事孝景帝为太子少傅”，即为武帝师。其实从广义而言，博士职掌承问对，即有师教之义。当时的大儒董仲舒、胡毋生等皆景帝时的博士。此二者，实为儒术复兴的根本。

*1　余英时：《士与中国文化》。
*2　《汉书·循吏传》。

四、儒术的胜利与圣王大一统

1. 儒术“应帝王”与儒学之兼容

终有汉一代，儒术兴衰与帝王更迭息息相关；而儒学由艰难的复兴之路，到孔子圣化的完成，与帝王的政治需要密不可分。建汉之初，刘邦依靠叔孙通、陆贾二人，为汉家奠定王道框架，支撑汉初政治的五大支柱，唯叔孙通的“礼仪”、陆贾之《新语》为秦汉之分水岭，其他如萧何之“律令”、张苍之“章程”，均以秦制为基础，或者暂以秦之条文为是，而韩信之“兵法”与“治术”基本无涉。

《古文苑》卷十载汉高祖《手敕太子文》：“吾遭乱世，当秦禁学，自喜，谓读书无益。洎践祚以来，时方省书，使人知作者之意，追思昔所行，多不是。”这位马上英雄的反省，并非一时心血来潮，而是出于对儒术的再认识和不断反思。对于陆贾《新语》，每奏一篇，他未尝不称善；过山东，他以太牢祭孔；以叔孙通为太子太傅，用儒学教育太子，这一切均令时儒瞠目结舌，叹为观止。可以说正是这个粗豪无比的马上英雄，开了孔子圣化和儒术复兴的先河。

刘邦要废太子，叔孙通以“太子天下本，本一摇天下震动，奈何以天下戏”来责备他，他便答曰：“吾听公”；又见太子身边四位老儒，遂曰：“彼四人为之辅，羽翼已成，难动矣。”*[1]他对儒术的再认识，并非从书本中来，更非从道听途说中来，而是从实践中来。辩士随何被他骂为腐儒，当随何反驳道：“陛下使何与二十人使淮南，至，如陛下之意，是何之功贤于步卒五万人骑五千也。然而陛下谓何腐儒，为天下安用腐儒，何也？”他立

*1　《史记·留侯世家》。

刻改正曰："吾方图子之功。"*[1]惠帝在位仅七年，而与他最亲近、对他影响最大的应该是师傅叔孙通。一向圆滑的叔孙通，竟不惜以"以颈血汙地"保太子位，不仅震撼了刘邦，而且使太子敬惧，两代帝王亲自体验了儒学的道德力量。

文景之世，政治上的黄老无为之术，是在儒家王道大框架下进行的。班固赞曰："汉兴，扫除烦苛，与民休息。至于孝文，加之以恭俭，孝景遵业，五六十载之间，至于移风易俗，黎民醇厚。周云成康，汉言文景，美矣！"从汉高祖到文景父子，尊崇儒学，一以贯之。正如阎步克所言，汉初"那每每是借着儒家'仁义'之旗，未必是以'无为'为称、以'黄老'为宗的"。*[2]当汉武帝英年即位，儒学的春天便如雷如电沛然而来。

建元元年（前140）冬十月，武帝新即位，即"诏丞相、御史、列侯、中二千石、二千石、诸侯相举贤良方正直言极谏之士。丞相绾奏：'所举贤良，或治申、商、韩非、苏秦、张仪之言，乱国政，请皆罢。'奏可"。*[3]所罢者虽未提及黄老，但明绌申、商已表明对黄老的态度，只等窦老太去也；同年"议立明堂。遣使者安车蒲轮，束帛加璧，征鲁申公"。拟以儒礼为汉天子正名受命，因建元二年窦太后迫赵绾、王臧自杀而暂时偃旗息鼓。

元光元年（前134），武帝再次下诏令举贤良方正文学之士上书对策，"欲闻大道之要，至论之极"。武帝第一册问曰："大从上古之治道到受命之天道，微涉于人之性情、夭寿仁鄙，问因何可以天人相应，施治道之则，以至'德泽洋溢'、'延及群生'也？"武帝第二册问曰："盖闻虞舜之时，游于岩郎之上，垂拱无为，而天下太平。周文王至于日昃不暇食，而宇

*1 《史记・鲸布列传》。
*2 阎步克：《士大夫政治演生史稿》，北京大学出版社1996年版。
*3 《汉书・武帝纪》。

内亦治。夫帝王之道，岂不同条共贯与？”为具体的儒之治道问题。而第三册问仍是天人相应问题，曰：“盖闻‘善言天者必有征于人，善言古者必有验于今’。故朕垂问乎天人之应，上嘉唐虞，下悼桀纣，浸微浸灭浸明浸昌之道，虚心以改。”*[1]他对昔之唐虞之世，“画象而民不犯”，“周之成康，刑错而不用”，称羡不已。然而怎样才能“上参尧舜，下配三王”呢？武帝希望儒者“咸以书对”，“于是董仲舒、公孙弘等出焉”。*[2]

三册问之后，武帝断然决定，罢黜百家，独尊儒术。董仲舒为一代名儒，公孙弘亦为一时名相，引领天下，风靡儒学。元朔元年（前128），武帝下令地方举贤纳廉，移风易俗。真是普天之下，莫非王土；日月所照，莫非儒乡。元封元年（前110），武帝执政三十年后，终于行儒家受命之大典，登封泰山，禅梁父，降坐明堂。诏曰：“朕以眇眇之身承至尊，兢兢焉惧付任。”“遂登封泰山。”以儒家的方式向上天、地主、人民诏告：当今天子为五百年来正式受天命者。表明武帝正式承认并接受儒家道统。班固有赞曰：“汉承百王之弊，高祖拨乱反正，文景务在养民，至于稽古礼文之事，犹多阙焉。孝武初立，卓然罢黜百家，表彰六经。遂畴咨海内，举其俊茂，与之立功。兴太学，修郊祀，改正朔，定历数，协音律，作诗乐，建封坛，礼百神，绍周后，号令文章，焕焉可述。 嗣得遵洪业，而有三代之风。如武帝之雄才大略，不改文景之恭俭以济斯民，虽诗书所程何有加焉！”*[3]

董仲舒与公孙弘同治《公羊春秋》，但两人的结局却不相同。公孙弘以儒学位至三公；而董仲舒则险遭不测，行走在政治的边缘，战战兢兢，终于以病自免，回乡穷治经学。公孙弘以儒术缘饰“文法吏事”，与他的前辈叔

*1　《汉书·董仲舒传》。
*2　《汉书·武帝纪》。
*3　《汉书·武帝纪》。

孙通相比，可谓青出于蓝而胜于蓝；而董仲舒则要立其大者，不仅要为王权建立道统，而且以道统提撕王权。

董仲舒（约前194—前114），广川人，景帝时博士。“自武帝初立，魏其、武安侯为相而隆儒矣。及仲舒对策，推明孔氏，抑黜百家。立学校之官，州郡举茂材孝廉，皆自仲舒发之。”*1公元前134年，董仲舒应诏在《对策》中提出：“诸不在六艺之科、孔子之术者，皆绝其道，勿使并进。”董仲舒治《公羊春秋》，其宗师公羊高，乃战国时齐人，相传为子夏弟子，专治《春秋》，后汉戴宏著《公羊传序》云：“子夏传与公羊高，高传与子平，平传与子地，地传与子干，干传与子寿。至汉景帝时，寿乃共弟子胡毋子都著于竹帛。”

《汉书·儒林传》云：“言《春秋》，于齐则胡毋生，于赵则董仲舒。”又云：“胡毋生字子都，齐人也。治《公羊春秋》，为景帝博士。与董仲舒同业，仲舒著书称其德。年老，归教于齐，齐之言春秋者宗事之，公孙弘亦颇受焉。而董生为江都相，自有传。”胡毋生为子夏一系，而仲舒与之同业，师承上亦应属子夏一派，《传》云“公羊氏乃齐学也”，胡毋生年老，所以齐学以董仲舒治《公羊春秋》为代表。

子夏之学的特色是一个“杂”字，战国时代的法家人物如商鞅、吴起等多出其门下，故荀子斥“子夏之儒”道貌岸然而实为“贱儒”。然荀学主王霸并用亦与之相通，后来荀子门下出了韩非、李斯，与“子夏之儒”可谓异曲同工。秦汉之际，子夏之学与荀学兼容，同为汉学儒宗。学术兼容之传统至董仲舒而放大，其学虽不如子夏深远，也不如荀子博大，而其欲兼并诸子的雄心却不在荀子之下，故其著《春秋繁露》，以儒学为中心，兼采阴阳五行、道、法、名、墨等学说，构成一个庞大的“霸王道杂之”的思想体系。

*1　《汉书·董仲舒传》。

其斥诸子之说，亦如荀子之斥“子夏之儒”，阳为兼并以黜之，而阴实兼容以存之。

《汉书·艺文志》有董仲舒百二十三篇，公羊董仲舒治狱十六篇。《后汉书·应劭传》云：“仲舒作《春秋决狱》二百三十二事。”均无《春秋繁露》名。《汉书·董仲舒传》云：“说《春秋》事得失，《闻举》《玉杯》《蕃露》《清明》《竹林》之属，复数十篇。”至《隋书·经籍志》，春秋类始著录《春秋繁露》十七卷，“繁”或作“蕃”，古字相通，盖以篇名为书名也。据统计，《春秋繁露》引用“孔子曰”或孔子之言二十多次，其中大部分散见于《论语》，而有一些不是孔子言，是仲舒假托孔子言或《公羊》先师所传言，或《公羊》不言“孔子曰”，而仲舒加之。如此热衷于“孔子曰”，乃以孔子代天立言也。《春秋繁露》，其言虽杂，其思路则一目了然，有两条路线贯穿始终，一是道统，以孔子为素王，为王立法；二是政统，主张王权至上，帝王大一统。“孔子作《春秋》，先正王而后系万事，见素王之文焉。”既为“正王”及“万事”之法，“素王之文”——道统当然高于政统，素王也就高于帝王了。逻辑虽然如此，而事实往往背道而驰，素王虽高，实际上只不过是帝王挂的一块招牌，而且多有挂羊头卖狗肉者。

2. 素王之文与帝王之政

［1］道统：儒学理性为帝王立法

汉初从陆贾开始，就一直力图在王权之上树立一个更高的道义原则，使王与道相对二分，政归于王，而道归于圣。至董仲舒始以《春秋》为依据，集汉初儒术之大成，建成以《春秋》为标准的儒家道统观。他将《春秋》二百四十二年之文，归纳为“十指”，以为是“事之所系也，王化之所由得流也”。*[1]他认为《春秋》大义，要在“正王”，而“正王”必待“素王”——孔子出。“素王”者，帝王之鉴也，帝王之绝对精神和最高理念也。

素王立法，“上揆天道，下质诸人情，参之于古，考之于今”。不仅如此，他还口含天宪，宣示天命，为素王之口诛笔伐者必有灾异降临。“故《春秋》所讥，灾害所加也；《春秋》之所恶，怪异之所施也。”*[2]“正王”，光有理性的启示还不够，还要让灾异的阴影时时跟随着理性，正如以教化“正民”须辅以刑罚，以《春秋》“正王”亦须以灾异威慑。灾异似乎虚无，捉摸不定，把握不住，然而对于人心，尤其是对于不受制约的王者之心，却有一种高深莫测的威慑力量。专制多灾异，此民心之慰藉，亦民心之反抗也。唯专制之下，乃有此无可奈何之政治文化。董仲舒于灾异津津乐道，犯了帝王大忌，后来武帝小试牛刀，让他以身试法，将他吓回老家。后儒以迷信视之，实为皮相之见。帝王对《春秋》“正王”感兴趣的，不是那如影随形、鬼使神差的灾异，而是帝王大一统。素王为帝王立法，立的就是大一统。

在“天人三策”中，董仲舒反复强调《春秋》作为“元始”的意义：“臣谨案，《春秋》为一元之意，一者万物之所从始也，元者辞之所谓大也。谓一为元者，视大始而欲正本也。《春秋》深探其本，而反自贵者始。故为人君者，正心以正朝廷，正朝廷以正百官，正百官以正万民，正万民以正四方。”*[3]这种“定于一”的想法，虽为先秦诸子所共有，但鼓吹最力、倡导最甚者为法家。法家“定于一”的思想源于“君道同体”的假设，然而

*1　《春秋繁露·十指》。
*2　《春秋繁露·十指》。
*3　《汉书·董仲舒传》。

秦亡之后，这一假设也随之而土崩瓦解。董仲舒的贡献在于，他将“定于一”的思想，从秦王朝的残砖破瓦中抢救出来，使之从一个虚无缥缈的假设，落实到一个实实在在的历史文本上，不仅给人以天人之际的联想，而且给人以古今之变的依据。于是，孔子脱颖而出，为汉家王朝“立新王之道”。

此非董生特立独行之论，亦西汉诸子之共识也。与董生同时的淮南王刘安，虽以黄老之学著称，然亦以孔子为素王。《淮南子·氾论训》云：“周室废，礼义坏，而《春秋》作。”又云：“殷变夏，周变殷，春秋变周。”直言春秋乃序王统之事。自《淮南子》、董仲舒论孔子为素王，素王之义已不在“其位”，而在“其德”，为一巍巍然传道立统之“理念王”。《论衡·超奇》云：“孔子作《春秋》，以示王意。然则孔子制《春秋》，素王之业也。诸子之传书，素相之事也。观《春秋》以见王意，读诸子以睹相指。”《风俗通·穷通》云：“仲尼制《春秋》之义，著素王之法。”董生之论，始于《春秋》奉天法古，终于孔子为汉家立法，而其根本宗旨则归于大一统。

为此董仲舒向汉武帝提出：“《春秋》大一统者，天地之常经，古今之统谊也。今师异道，人异论，百家殊方，指意不同，是以上亡以持一统。法制数变，下不知所守。臣愚以为诸不在六艺之科孔子之术者，皆绝其道，勿使并进。邪辟之说灭息，然后统纪可一而法度可明，民知所从矣。”*1不以素王为憾，不以权势为高，此董生之超越荀学也。因荀学之乡愿，而有苟且之秦博士儒；凭董生自强不息，而有儒学道统确立。董生坚信素王为帝王立法，坚信道统高于政统，此儒术所以独尊而诸子所以销声匿迹也。

*1 《汉书·董仲舒传》。

［2］政统：帝王大一统

道统以“天”、“元”、“一”等为其原生母体，政统也从这本体中产生。“道之大原出于天”，《春秋》之道统始于“一元”。“一元”为道统之绝对精神，此绝对精神表现于政统，是为帝王大一统。为此董生专著《天道无二》，论“君子贱二而贵一”：“天之常道，相反之物也，不得两起，故谓之一。一而不二者，天之行也。”

然而阴阳为二，相反相成，何贵何贱？董生断言，阳尊而阴卑。此价值判断，非自然之理也。道统和政统为二，合而为一，是为“大一统”。合之者，圣王也，故谓之圣王大一统。素王已逝，哲人其萎，道统可以溯源，政统还得“应帝王”。董生以《春秋》为政统之法典，其言曰：“《春秋》之法，以人随君，以君随天。缘民臣之心，不可一日无君。……故屈民以伸君，屈君而伸天，春秋之大义也。”*1然其落脚点却在伸君以屈民，为了“大一统”，不惜牺牲民本主义。

董生以政统之君对道统之“元”，牵强附会于以“元”伸君。《春秋》中所谓“变一为元”是其纪年的惯例，凡“一年”均作“元年”，董生引申为君之大本。他说：“《春秋》变一谓之元，元犹原也，其义以随天地终始也。”*2“《春秋》何贵乎元而言之？元者，始也，言本正也。道，王道也。王者，人之始也。”*3“谓一元者，大始也。”*4“古之造文者，三画而连其中，谓之王。三画者，天地与人也。而连其中者，通其道也。取天地与人之中以为贵而参通之，非王者孰能当是？”*5王为元、为始、为本，故

*1 《春秋繁露·玉杯》。
*2 《春秋繁露·重政》。
*3 《春秋繁露·王道》。
*4 《春秋繁露·玉英》。
*5 《春秋繁露·王道通三》。

能参天地，化万物，通贯天地人。王与圣人合一，成为“元者”——圣王，因为“唯圣人能属万物于一而系之元也”。“王者，民之所往。君者，不失其群者也。故能使万民往之，而得天下之群者，无敌于天下。”*[1]功利之心昭然若揭，圣化是为了“无敌”，与内在超越的境界全不相干。

王不仅要圣化，还要神化，“君人者，国之本也。夫为国，其化莫大于崇本，崇本则君化若神。”*[2]“体国之道，在于尊神。尊者所以奉其政也，神者所以就其化也，故不尊不畏，不神不化。”*[3]帝王神圣，至此登峰造极。或谓董生过犹不及，既曰圣化，又何言神化？授人君以神出鬼没之术，颇似方士之教始皇自隐其形，以神仙自居。武帝与始皇，多有相似之处，两人都出身于帝王世家，两人都有雄才大略，两人都好神仙方术，两人都想封禅受命。后世有以趋时媚俗斥之者，其实董生自有其苦心孤诣。

方士引导始皇为所欲为，唯我独尊，而董生在神化武帝的后面，却埋伏着他的“天谴论”。在建立起“帝王大一统”以后，王权被推到无以复加的高度，不受制约的王权可能导致的后果，秦已有前车之鉴，因此，在大一统的理论体系中，应该同时建立起对王权进行制约的机制，这个机制也许不能制度化，却可以意识形态化。

董仲舒从古今关系中发现“素王”，以“素王”为前提建立起圣化机制；又从天人关系中发现“天人感应”，以之为前提建立了神化机制。如果说圣化机制的作用，主要是论证并确立帝王大一统，那么神化机制中则含有对王权的制约因素，董仲舒将这些因素提取出来，构成与王权分庭抗礼的“天谴论”。在科学的视野里，它也许是荒谬的，可是用文化的眼光来看，

*1 《春秋繁露·灭国上》。
*2 《春秋繁露·贵元神》。
*3 《春秋繁露·立元神》。

它却有其存在的合理性。

［3］“天谴论”：帝王神化的余韵

天道与道统在儒家思想体系里经常互用，道统包容了儒家的精神理念，而天道则是儒家的终极原则；道统赋予天道以政治伦理化品格，而天道则给予道统以必然性的力量和自然性的特征。奉天法古是支撑道统的两个支柱，一旦儒者感觉到道统受威胁或力量不足时，他们就会打出奉天法古的旗号。

天道是圣化的最高原则，又是神化的终极追求，几乎所有对天道感兴趣的君主，都会在对天道的追求中，自觉或不自觉地企求君道同体。而董仲舒却喋喋不休地提醒他们适可而止，使他们时时记着自己的身份只是“天子”。“天子者，则天之子也。以身度天，独何为不欲其子之有子礼也。”*[1]天子要以“子礼”事天，“为人子而不事父者，天下莫能以为可。今为天之子而不事天，何以异是”？*[2]事父之礼，在人为孝，在天为法。天子与天是一种“天伦”关系，这种“天伦”关系，不是基于血缘，而是基于伦理，“故德侔天地者，皇天右而子之，号称天子。”*[3]

天子当然要法天，“天有四时，王有四政，四政若四时，通类也，天人所同有也”。*[4]“夫王者不可以不知天”，天意虽难见也，天道虽难理也，但他已把天道的线条理得既简单又清楚，即明阴阳，以“观天之志”；辨五行，以“观天道也”。

董仲舒的“子礼”观，对于解构君道同体有其积极意义，但是落到实处，也不过是要求“天子每至岁首，郊祭以享天”，或每遇大事，必郊祭

*1　《春秋繁露·郊语》。
*2　《春秋繁露·郊祭》。
*3　《春秋繁露·顺命》。
*4　《春秋繁露·四时之副》。

以告天。*[1]“天”作为天子的“父亲”，实际上已经沦为君主合法性的保护伞，而非制约君主的利剑。

因此，董仲舒又进一步提出了“天谴论”，告诫帝王不可得罪天，“天者百神之大君也，事天不备，虽百神犹无益也。……孔子曰：‘获罪于天，无所祷也。’”*[2]所谓“天谴”，是指当王政不当时，天便会出现某种“灾异”以警告之。“灾者，天之谴也；异者，天之威也。”*[3]

为了加强“天谴论”的说服力，他把“灾异”警示作用，视为《春秋》笔法之一。“王正则元气和顺，风雨时，景星见，黄龙下。王不正则上变天，贼气并见。”*[4]

在答武帝册问文中，他说：“臣谨案，《春秋》之中，视前世已行之事，以观天人相与之际，甚可畏也。国家将有失道之败，而天乃先出灾害以谴告之，不知自省，又出怪异以警惧之，尚不知变，而伤败乃至。以此见天心之仁爱人君而欲止其乱也。自非大亡道之世者，天尽欲扶持而全安之，事在强勉而已矣。”*[5]

富于戏剧性的是，灾异没有在武帝身上应验，他倒差一点作法自毙。然而武帝所以借机惩戒他，说明心里多少还是有些害怕，一个接受了神化的帝王，骨子里必定留着天谴的阴影，清人赵翼《廿二史札记》中专列一条“汉诏多惧词”，汉武帝以后的君主对“天谴”多少有些诚惶诚恐。

天谴说虽然不始于董仲舒，但其影响自董仲舒始，不过恐怕连仲舒也料想不到的是，以后的皇帝除在诏书中多些“惧词”外，天谴“灾异”已被皇

*1 《春秋繁露·郊祭》。
*2 《春秋繁露·郊语》。
*3 《春秋繁露·必仁且智》。
*4 《春秋繁露·王道》。
*5 见赵翼《廿二史札记》“灾异策免三公条”。

帝下嫁到臣子身上，遇有灾异便有三公作为替罪羊被免职，更甚者竟赐以自尽以谢天下。[*1]这一移花接木的转嫁灾异，使董仲舒的圣人法天和天谴说，对现实君主并无任何实际的制约作用，相反随着儒学的官学化，儒学的根本也被置换，如神本取代人本，君本取代民本。而且儒学自与诸子兼容后，其鲜明的学派性质变得模糊不清，尤其不能为后世道学所容忍的是，孔子的地位竟每况愈下。

余英时先生以为，“‘道’在汉代的地位则已远不足与‘势’相颉颃”，他以班固《典引》所云为例：“天乃归公元首，将授汉刘，俾其承三季之荒末。……故先命玄圣，使缀学立制。宏亮洪业，表相祖宗。……虽皋、夔、衡、旦，密勿之辅，比兹褊矣！”随后他指出，这里的“玄圣立制”自是指孔子为汉家立法那一套说法而言。但孔子的地位仅仅相当于皋、夔、衡、旦之类的帝王辅弼，是汉臣而不是帝师。这与先秦儒者谓“夫子贤于尧舜”（《孟子·公孙丑上》）或“孔子当圣王”、“为天子”（《墨子·公孟》），相去真不可以道里计了。[*2]

从孔子圣化的角度来看，此说未必尽然。汉以前儒学是私学，作为私学的创始人或鼻祖，任何封号都是学派内部的事情，说他“贤于尧舜”，就如同荀子的弟子说荀子“宜为帝王”一样。官学化以后，孔子取得为政统所认可的“素王”地位，素王是对孔子的最高评价，在当时儒者的信念里，素王高于帝王。但这一信念未被政统所接受，后世统治者之所以热衷于赐封孔子，是以此表明帝王至高无上。素王不可封，正如庄子言“道”，一落言筌，便成粪壤；素王一封，亦如佛头着粪，其格便低，而且愈封愈低。作为王的绝对理念，素王本来是帝王的尺度和标准，经此一封，尺度和标准又回

*1　《汉书·董仲舒传》。
*2　余英时：《士与中国文化》。

到了帝王的手上，正所谓“将欲取之，必固与之”。汉平帝元始元年（公元1年），正式追封孔子为“褒成宣尼公”，从此这位素王从理念的天国跌入政统的酱缸。

据苏舆考证，《春秋繁露》中唯一能代表董生具有民本思想的《尧舜不擅移汤武不专杀》篇却“非董子文”。遗憾的是若摒弃此篇看《春秋繁露》，在董仲舒的思想体系里，能够支撑儒学生命力的传统民本主义力量已然为神秘的上天的力量所取代，君本的呼声远高于民本，而在道统与政统的双重变奏中，现实王永远是时代的最强音，而理念王不过是渐行渐远的历史的回声。

3. 圣化的终结：圣王大一统

[1] 汉初儒者的革命情结

终西汉之世，儒者谈论最多的命题，是“素王”、“革命”及“改制”。自贾谊、公孙臣等发起，辛垣平、辕固生、赵绾、王臧等继之，至司马相如、司马迁、兒宽、公孙弘、董仲舒等，尤方兴未艾，虽屡屡受挫，但前赴后继，为汉家革命改制作了不懈的努力。

为什么儒者对改元正朔之革命，具有如此强烈的使命感？这是一个值得注意的问题。从贾谊开始，就认为自高祖即位兴汉家天下以来，一直未“受命”于天，历数、制度等均用旧制，是为不正统。然而正统的确立，需要获得合法性，而合法性的获得，则需要举行封禅受命的公开仪式。

以封禅受命的方式获得合法性，其理论根据是儒家的圣人革命论，只要接受了这种方式，就等于接受了儒家革命的道统。儒生们虽然口口声声要确立汉家正统，然而这只不过是“明修栈道”而已，其目的还有“暗度陈仓”的一面，那就是想借此确立儒家道统的合法性。

当然除了上述理由外，还有一个原因，那就是汉儒革命，志在灭秦，不仅要进行“易姓革命”，更要进行“改制革命”。在儒者看来，只要“汉承秦制”，秦就未灭，儒家革命就尚未完成。汉家虽已夺秦之天下，但秦制仍在，他们必欲雪秦“灭其业”之恨，而耻于言汉继秦制，改制立新以除秦制，他们迫不及待。关于这一点，董仲舒所言斩钉截铁：“王者必改制。”*1

董仲舒以“王正月”为《春秋》破题：“《春秋》曰‘王正月’，传曰：王者孰谓？谓文王也。曷为先言王而后言正月？王正月也。何以谓之王正月？曰：王者必受命而后王。王者必改正朔，易服色，治礼乐，一统于天下，所以明易姓，非继人，通以己受之于天也。王者受命而王，制此月以应变，故作科以奉天地，故谓之王正月也。”*2新王一登基，就应该改制，所谓“大改制于初，所以明天命也”。*3董仲舒以《春秋》之“王正月”明孔子改制之意，所谓“王正月”，乃孔子之改元也。

司马迁亦继《春秋》之志而作《史记》，对于孔子，他推崇备至：“太史公曰：诗有之：‘高山仰止，景行行止。’虽不能至，然心向往之。余读孔氏书，想见其为人。……天下君王至于贤人众矣，当时则荣，没则已焉。孔子布衣，传十余世，学者宗之。自天子王侯，中国言六艺者折中于夫子，可谓至圣矣！”*4迁父司马谈是黄老之学者，迁随其父学，故后人以为迁是“出于黄老，而入于儒”。汉人多谓司马迁“学于董生”，他的“究天人之际，通古今之变”的思想，乃由《春秋》“奉天法古”一脉而来，董生治《春秋》，他作《史记》，“成一家之言”的抱负不亚于师。

司马迁自序曰：“先人有言：‘自周公卒五百岁而有孔子。孔子卒后至

*1　《春秋繁露·楚庄王》。
*2　《春秋繁露·三代改制质文》。
*3　《春秋繁露·楚庄王》。
*4　《史记·孔子世家》。

于今五百岁，有能绍明世，正易传，继春秋，本诗书礼乐之际？’意在斯乎！意在斯乎！小子何敢让焉。”当上大夫壶遂与他讨论孔子作《春秋》之事时，他慷慨激昂，奋厉之志溢于言表：“余闻董生曰：‘周道衰废，孔子为鲁司寇，诸侯害之，大夫壅之。孔子知言之不用，道之不行也，是非二百四十二年之中，以为天下仪表，贬天子，退诸侯，讨大夫，以达王事而已矣。’……夫《春秋》，上明三王之道，下辨人事之纪，别嫌疑，明是非，定犹豫，善善恶恶，贤贤贱不肖，存亡国，继绝世，补弊起废，王道之大者也。……拨乱世反之正，莫近于《春秋》。《春秋》文成数万，其指数千。万物之散聚皆在《春秋》。”“故有国者不可以不知《春秋》”，“为人臣者不可以不知《春秋》”；“为人君父而不通于《春秋》之义者，必蒙首恶之名。为人臣子而不通于《春秋》之义者，必陷篡弑之诛，死罪之名。”“至于君不君，臣不臣，父不父，子不子。”“故《春秋》者，礼义之大宗也。夫礼禁未然之前，法施已然之后；法之所为用者易见，而礼之所为禁者难知。”*1

壶遂却对踌躇满志的司马迁泼了一盆冷水。他说：“孔子之时，上无明君，下不得任用，故作《春秋》，垂空文以断礼义，当一王之法。今夫子上遇明天子，下得守职，万事既具，咸各序其宜，夫之所论，欲以何明？”迁不得已曰：“余所谓述故事，整齐其世传，非所谓作也，而君比之于《春秋》，谬矣。”欲盖弥彰，此亦辕固生之遇黄生也。大难之后，迁抱定忍辱负重之志，不作无谓之争。

迁继《春秋》之统，首要之事就是改正朔，他说：“汉兴未改正朔，宜可正。”并作为太史令具体参与了汉武帝改元正朔之议。其父司马谈“受易于杨何，习道论于黄子”，“仕于建元元封之间”，亦儒亦道。黄生反对儒

*1 《史记·太史公自序》。

家革命，而其学生却因不得亲眼目睹汉家封禅受命之仪而一命呜呼。谈死前“执迁手而泣”曰：“今天子接千岁之统，封泰山。而余不得从行，是命也夫！命也夫！”*1

［2］从五德到三统：革命范式的嬗变

从儒家革命的理论来看，革命的基本形式有二：一是汤武革命，乃改朝换代之易姓革命；二是周孔革命，为受命改制之文化革命。对于众说纷纭的汉初儒家革命，司马迁从历史进程中找到了它的位置，他说：“桀、纣失其道而汤、武作，周失其道而《春秋》作，秦失其政而陈涉发迹诸侯作难。”*2汉高祖应“陈涉发迹”，又随“诸侯作难”，成汤武之功，却未竟周孔之业。

汉兴三世，受命改制仍未完成。汉承秦制，既有不得不为之的必然性，也有不得已而为之的随意性。改制是一个崭新的政治课题，没有现成的模式可用，也没有历史的范例可资借鉴。文景二帝未尝不想改制，凡人皆有争心，皆有自立之心，何况帝王“飞龙在天”？帝王因袭旧制与凡人寄人篱下何异？然而二帝于改制，引而不发，存而不论，以时机未到、条件未具也。就客观方面而言，改制的政治经济条件尚未成熟；就其主观方面而言，儒家革命的理论也尚未成型。从贾谊、公孙臣到董仲舒和公孙弘，儒家革命从“大而化之”的主义，向“具体而微”的主张落实，从价值理性纲领向工具理性策略转移。

董仲舒和公孙弘，一个高举素王之旗，以《春秋》为法典，规划改制蓝图；一个自比周公，要助武帝成先圣之业。周公“朞年而变，臣弘尚窃迟之”，这个八面玲珑的政客，竟认为自己比周公还要高明。他们是周孔革命

*1 《史记·太史公自序》。
*2 《史记·太史公自序》。

在汉初的代表。在汉儒看来，汉家虽然经历了汤武革命的阶段，但周孔革命尚未完成。尽管“汉承秦统，学者耻言”，但汉袭秦制的事实，尤其是纪元、用数、名号等身边常用的制规皆秦旧制，使他们如芒在背，不得安宁；他们含耻忍辱，难以安生。

贾谊得风气之先而欲改制，欲有所为而不得为，故其椎心泣血以至于客死异乡；赵绾、王臧欲有所为而为之，稍露锋芒即遭夭折，竟也以身殉职。儒家革命之花，以无言之热血浇灌；孔子圣化之果，以有为之生命凝成。然而董仲舒大难不死，儒者从此圆滑；公孙弘左右逢源，儒术从此转向。儒家改制革命，光有董仲舒的革命理论不行，还需要辅以公孙弘的政治权术；光有素王之法，没有周公之政，革命就如同画饼充饥，永无实现之日。然而二者结合，又难免“曲学阿世”，有“儒之途通而道亡”的风险。

汉儒极欲脱胎换骨，以革命为汉家开一新王朝，为了保证革命的彻底性，他们破罐子破摔，毫不吝惜摔碎秦制的旧罐，并不在乎投鼠忌器；在倒掉秦政的肮脏的洗澡水时，他们毫不犹豫地将秦政的婴儿倒掉。汉儒革秦之命，不仅革秦制之命，革秦政之命，而且要革秦“革命”之命。他们的革命，不再沿袭秦始皇所用的“推五德终始”之说，而是用“三统”范式革了“五德终始”之命，是为“范式革命”。

“五德”与“三统”，一本乎自然，一归于历史；“五德”相生相克，“三统”循环往复，其内部皆含有革命的机制。就纯粹的形式演绎而言，“五德”也好，“三统”也好，它们都能演绎出受命与革命的结果；就其工具理性的作用而言，它们殊途而同归。

范式革命的真正意义，在于它的价值取向，“三统”说的目的，说到底就是要在历史演进的大框架中，确立古往今来的王朝统序，并为汉王朝的定位提供合法性依据和合理性诠释；同时要尽可能地釜底抽薪——抽掉秦王朝的合法性依据，使秦王朝退出天命循环的王朝统序，仅仅作为一个历史的变异而存在。

董生“三统”说以为：汤受命而王，时正白统；文王受命而王，时正赤统；《春秋》应天作新王之事，时正黑统。而《春秋》之黑统与夏黑统相吻合，按“三统”循环推算，汉统应接夏统。在托古改制流行的时代，汉承夏统也被归结到孔子。《论语》中有孔子言“行夏之时”，《史记·夏本纪》有孔子传夏小正之说，《礼记·礼运》言孔子到齐国访得夏之时，董子在《春秋繁露》中云孔子应天作新王事、作《春秋》以正黑统。有孔子尊夏在先，汉儒弃秦可谓凿凿有据。

司马迁指出：“夏之政忠，忠之敝，小人以野，故殷人承之以敬。敬之敝，小人以鬼，故周人承之以文。文之敝，小人以僿，故救僿莫若以忠。三王之道若循环，终而复始。”天道循环至汉，汉“得天统矣”*1。“天统”至汉，复始为夏。

汉儒终于把汉统接到夏统上，完成了改制的理论设计工作。对于改制，董仲舒说得非常明白：“今所谓新王必改制者，非改其道，非变其理，受命于天，易姓更王，非继前王而王也。若一因前制，修故业，而无有所改，是与继前王而王者无以别。受命之君，天所大显也。……则不显不明，非天志。故必徙居处、更称号、改正朔、易服色者，无他焉，不敢不顺天志而明自显也。若夫大纲、人伦、道理、政治、教化、习俗、文义尽如故，亦何改哉？”*2

他一再强调改制是受天命，是表明汉受命而王，而非继秦而“王”，所改的内容也无非是一些能够“自显”的、具有“标志”性的仪式之属，“无他焉”。切不可借《春秋》改制之名，而行变道之实。所以他警告说：“王

*1 《史记·高祖本纪》。
*2 《春秋繁露·楚庄王》。

者有改制之名，亡变道之实。”“道之大原出于天，天不变，道亦不变。”姓可易，制可改，政统可变，唯道永恒！天道无言，唯革命能将其“理性的狡计”昭示于芸芸众生。

［3］封禅：革命主体性的转换

公元前140年，汉武帝以少年继位，即启用儒者赵绾、王臧，安车蒲轮迎申公，议立明堂，改元建制，一时风起云涌，然为窦太后所阻。直到三十年以后，武帝才重提此事。少年天子血气方刚，刚即位就要革命，可见其提得起；革命不成，一搁就是三十年，可见其放得下。儒术受阻后，他将兴趣转向鬼神，正如司马迁所说：“孝武皇帝初即位，尤敬鬼神之祀。”*1时“海上燕齐怪迂之方士”争相聚集在他身边。李少君、薄诱忌、齐人少翁、胶东宫人栾大等，这些方士虽“莫不扼腕而自言有禁方，能神仙矣”，但皆因骗术揭穿而见诛。

其中也有言封禅事者，齐人公孙卿言，“汉祖亦当上封，上封则能仙等天矣”，赢得“上大悦”。虽为无稽之谈，但对武帝封禅或许有影响。董生对此也颇为不满，以为武帝祀神过多，唯不祭封泰山。直至神仙事“终无有验”，“天子亦怠厌方士之怪迂语矣”，这才开始注意封禅事，为封禅做准备。元光年间，武帝郊祀，“获一角兽”，以为“上帝报享”之符瑞，“于是济北王以为天子且封禅，乃上书献泰山及其旁邑”。又迁常山王于真定，“而以常山为郡。然后五岳皆在天子之郡”。“有司言元宜以天瑞命，不宜以一二数。一元曰建元，二元以长星曰元光，三元以郊得一角兽曰元狩云。”至此，开汉家以元纪年的体制。元鼎元年即公元前116年，得大鼎，武帝以为封禅时机渐已成熟。求神仙无验，而符瑞却不断出现，董仲舒在对策中也谈过“瑞应天命”之事。他说：“臣闻天之所大奉使之王者，必有非

*1 《史记·孝武本纪》。

人力所能致而自至者，此受命之符也。天下之人同心归之，若归父母，故天瑞应诚而至。《书》曰：‘白鱼入于王舟，有火复于王屋，流为乌。’此盖受命之符也。……孔子曰：‘德不孤，必有邻。’”*1

前115年，武帝曰：“古者先振兵泽旅，然后封禅。”遂发兵十万，北巡朔方。武帝好大喜功，借封禅的名义耀武扬威，使儒生不得不支持他开疆拓土的计划。只要借了这第一次，他就可以打着封禅的旗号为所欲为了。封禅已提到武帝的议事日程上，司马迁云：“自得宝鼎，上与公卿诸生议封禅。封禅用希旷绝，莫知其仪礼。”虽“颇采儒术以文之”，然“群儒既以不能辩明封禅事，又牵拘于诗书古文而不敢骋”。武帝怒，“尽罢诸儒弗用”*2，竟与秦始皇如出一辙。

《汉书·兒宽传》也说：“及议欲放古巡狩封禅之事，诸儒对者五十余人，未能有所定。先是，司马相如病死，有遗书，颂功德，言符瑞，足以封泰山。上奇其书，以问宽。”于是宽对曰：“陛下躬发圣德，统楫群元，宗祀天地，荐礼百神，精神所向，征兆必报，天地并应，符瑞昭明。其封泰山，禅梁父，昭姓考瑞，帝王之盛节也。”革命是帝王的盛大节日。然而封禅之事，“不著于经”，见仁见智，而众说纷纭。因此，他力排众议，提出“唯圣主所由，制定其当，非群臣所能列。……唯天子建中和之极，兼总条贯，金声而玉振之，以顺成天庆，垂万世之基。”武帝以为是，“乃自制仪，采儒术以文焉”。

而迁亦云：“上念诸儒及方士言封禅人人殊，不经，难施行。”遂自行事，“独与侍中奉车子侯上泰山”，从山下封到山上，又从山上封到山下。*3

*1 《汉书·董仲舒传》。
*2 《史记·孝武本纪》。
*3 《史记·孝武本纪》。

帝王一旦发动起来，素王便退居二线了，当革命进入实际操作阶段时，革命的主体就从素王转向帝王了，打着素王旗号的儒生们，也不再粉墨登场，他们自觉地退出历史舞台，让天命之光聚焦在帝王身上。革命之后，帝王就成了名副其实的圣王。这时素王的理性之光，与帝王的权威之光汇成一片，一个“参天地、化万物”，君临天下的红太阳便冉冉升起。在圣王的万丈光芒下，素王稍息了，帝王不再需要他来加冕了，相反倒是他要不断接受被帝王赐封的命运。董仲舒在大难之后，也终于销声匿迹了。总之，武帝于公元前110年即元封元年，完成了汉家之封，向天下明诰汉受天命，为万民之主。诏曰：“朕以眇眇之身承至尊……登封泰山，至于梁父，然后升禮肃然。自新，嘉与士大夫更始……其以十月为元封元年。”*1

从此，正如董仲舒云：“彼之所受命者，必民之所同乐也。”“受命而海内顺之，犹众星之拱北辰，流水之宗沧海也。况生天地之间，法太祖先人之容貌，则其至德取象，众名尊贵，是以圣人为贵也。” *2此后又封过四次泰山，然而直到元封七年（前104），才得以议具体的改制措施。《汉书·律历志》云：“至武帝元封七年，汉兴百二岁矣。太中大夫公孙卿、壶遂，太史令司马迁等言历纪坏废，宜改正朔。”于是并兒宽、侍郎尊等“议造汉历”，“夏，汉改历，以正月为岁首，而色上黄，官名更印章以五字，因为太初元年。” *3至此，一百年来的悬案终于画了个句号。以建寅为岁首（正月）的汉家历，一直沿用到辛亥革命改阳历为止。儒者们终于如愿以偿，在这些人中，想必司马迁是最兴奋的。他认为周公卒后五百年而有孔子，孔子之后五百年而有他，他是直接承孔子之道统的，所以在这一年，他

*1 《史记·孝武本纪》。
*2 《春秋繁露·观德》。
*3 《史记·孝武本纪》。

开始写《史记》，表明继《春秋》之正统。孔子的圣化完成了，圣王也诞生了，当欢欣鼓舞的人民向圣王尽情地欢呼时，灾难却一次又一次地降临在这位不曾设防的高贵的思想者的头上。他的命运应验了并进一步预示着庄子的一个预言：圣王不死，大难不止！

第五章　宋儒造圣思想论纲

中国儒学，自先秦以下，就其大者而言，有汉学和宋学。汉学以革命为纲，从秦汉之际的“易姓”革命到汉武帝时的“改制”革命，汉儒实为汉初外王运动的发动者，并在反复的政治斗争中成为运动的主体。而宋学则以造圣为纲，从心性人手，推动圣化从圣人无我向圣王专制转化。因此，在宋代理学圣人观中，“无我”是个核心问题。

关于“无我”的说法有许多，诸如“无私”、“无意”、“忘己”、“无心”及“无我”等，从不同侧面揭示了圣人的“无我”特性。宋儒认为“我是为恶成就”*1，成圣是一个不断排除自我的过程，“无我，则圣人也”*2。这个否定自我的过程，主要是在“性与天道”的追求中展开的，因此，我们可以从圣人与天、理、心性等关系中，把握圣人“无我”的真谛。

*1　《朱子语类》卷36，952页。

*2　《二程集·河南程氏遗书》卷11，126页。

一、圣人“无我”

1. 圣人与天

“天”在中国传统文化中有着特殊的意义，道是“天道”，理是“天理”，命是“天命”，性是“天性”，意是“天意”，中国传统文化将一切具有本体意义或带有必然性意味的命题都归之于“天”。当然，“天”在这里已经不是纯粹的自然意义上的天，虽然“天”的自然色彩没有褪尽，但“天”的意义主要在政治和伦理方面。这种政治和伦理的“天”，便是圣人认同的对象，与“天”认同，是走向“无我”的必由之路。

［1］圣人天地之用

何谓“天地之用”？“天地之用”便是“生生”。“天地之心惟是生物，天地之大德曰生也。”*[1]然而天地本无心，天地“生物之心”乃是“无心之心”*[2]，故不能尽其所用，“天只生得许多人物，与你许多道理。然天却自做不得……盖天做不得底，却须圣人为他做也。”*[3]圣人尽“天地之用”，首先就要“为天地立心”。朱熹说：“天地无心，仁便是天地之心。”*[4]圣人将天“生生”之德转化为人类社会的最高道德——仁，是谓人极，圣人立人极以为“天地之心”，故“圣人，天地之用也”。*[5]天生圣人“为之修道立教”，圣人行之“以教化百姓，所谓‘裁成天地之道，辅相天地之宜’是也”。*[6]圣人“心代天意，口代天言，手代天工，身代天

*1 《张载集·横渠易说》，113页。
*2 《朱子语类》卷4，60页。
*3 《朱子语类》卷14，259页。
*4 《朱子语类》卷1，5页。
*5 《二程集·河南程氏粹言》卷2，1267页。
*6 《朱子语类》卷14，259页。

事”。*[1]所作所为，一任“天然”，因为人类社会的一切“都是天做下的，圣人只是依傍他天理行将去。如推个车子，本自转将去，我这里只是略辅助之而已”。*[2]圣人就像一个车夫，但这个车夫却不是车子的主人，他只是随车而行，顺其自然。“天”何以能生出这样的圣人来？宋儒对此讳莫如深，大概就像树结果一样，一切都自然而然。

如上所述，圣人尽“天地之用”，其使命是替“天”立“人极”，即将天德转化为人伦。天德“生生”，仁的本质也是“生”，“仁本生意，乃恻隐之心也”。*[3]然而“生”与“恻隐之心”又有何关系？大概圣人“裁成天道，辅相万物”，就本乎这悲天悯人一念。圣人将“天德”转化为“人极”，是欲“生”天下，并使天下以“生”为本。因此，圣人就是“人之极”。这种“恻隐之心”，从内部驱动圣人“立人极”，当然这主要是替天行道。然而天道远，人不可见，何以知圣人“裁成”之功？人问朱熹曰：“裁成何处可见？”答曰：“眼前皆可见。且如君臣父子兄弟夫妇，圣人便为制下许多礼数伦序，只此便是裁成处。……固是万物本自有此理，若非圣人裁成，亦不能如此齐整，所谓‘赞天地之化育而与之参’也。”*[4]天道经由圣人“裁成”，转化为君臣、父子、兄弟、夫妇之道，以此作为“生”天下的准则。钱穆先生在谈到“立人极”问题时说：“人唯本于天，亦不能外于天而自存，然既已为人，则亦终不能不有所自立。故太极之外又有人极，此正是宋儒积极精神所在。”*[5]太极作为生生不息无所不包的本体，经由圣人转化为人极。如果兽亦有道，能否据太极而立“兽极”呢？人与兽皆本于

*1　邵雍：《观物内篇》之二。
*2　《朱子语类》卷76，2020页。
*3　《朱子语类》卷68，1691页。
*4　《朱子语类》卷70，1759页。
*5　《中国学术思想史论丛・濂溪百源横渠之理学》（五）；57~58页。

太极，何以会有天壤之别呢？人兽之别，归根结蒂在于人极对太极的超越。人能“自立”，是因为人的理性能为自然立法，决不是“人唯本于天”的结果。相反，宋儒却把人的“自立”，看作是对“天”的能动的顺应和有意识的服从，正如在专制制度下，人的“自立”往往表现为对王权的积极的认同和奴性的高扬。

在天人关系中，如果人的活动不能突破天的封闭性，就无法最终确立自己对于自然的主体性，就不能表现出人所特有的自由意志，而自由恰恰就是人的本质。从根本上来说，“听天由命”乃是人的自然属性的延伸，并非人的本质的显现。人的生存活动本身便是对自然的超越，然而宋儒却不作如是观，他们认为，人作为万物之灵，恰恰是对天的认同，并且与天融为一体。这种不断以意识反拨存在的结果，就是使人在精神上依附于天。宋儒认为，圣人之所以认为能“立人极”以“赞天地之化育”，是因为“圣人犹天也”*[1]。所谓“言天地，则见圣人。”*[2]如前所述，圣人的精神和行为都是“天”的自然延伸，但是，“犹天”并不全等于天，圣人也有与天不同之处。朱熹说：“圣人所以有忧者，圣人之仁也；不可以忧言者，天也。盖圣人成能，所以异于天地。”*[3]圣人有心故有“忧”，天地无心故无“忧”。“鼓万物而不与圣人同忧，则于是分出天人之道。”*[4]“忧”始于天人相分，“虽圣人亦人耳，焉得遂欲如天之神，庸不害于其事？圣人苟不用思虑忧患以经世，则何用圣人？天治自足矣。”*[5]宋儒以“忧”强调圣人不同于天的能动意义，但我们认为，“忧”在这里并没有表现出人对天的主体性和

*1 《张载集·横渠易说》，76页。
*2 《朱子语类》卷64，1594页。
*3 《朱子语类》卷70，1789页。
*4 《张载集·横渠易说》，189页。
*5 《张载集·横渠易说》，189页。

超越性。恰恰相反，它表现了人对天的依附性和人的局限性。

圣人在天人相分时忧，在天人合一时乐。人与天相分，正如婴孩脱离母体一般，忧患与生俱来。圣人之忧，表达了一种与人的自由意志背道而驰的复返自然、与天为一的愿望，就像婴孩渴望回归母体一般。这种“忧”实际上是人性之混沌初开时的原始冲动，然而却被宋儒赋予了崇高的伦理意义：圣人“穷神知化”，不能不“忧”；圣人“替天行道”，不能不“忧”；圣人“以天下为己任”，不能不“忧”。圣人之“忧”与生俱来，正是天赋予圣人的这种使命所致。透过这种“忧”的伦理意义的表象，我们可以清晰地看到其中所蕴涵的极为幼稚的人性内核，人的主体性和自由意志被封闭在这个内核之中，人的本质只能以原始的自然形态——“天性”曝光。圣人在忧患意识中建立起依附性的自我，又在天人合一的大团圆中实现无我，“曲终人不见”，“化则纯是天德也”。

［2］圣人顺天无违

如前所述，圣人尽“天地之用”，并没有充分发挥人的主体性。尽管宋儒反复强调圣人“裁成”、“辅相”、“赞化”的作用，但由于以下两个原因，使圣人的主体性损之又损。第一，圣人基于“忧患”意识的自我，显现的只是一种混沌初开的主体性，这是一种依附于天、受制于天并以天为归依的主体性；第二，圣人替天行道的过程，同时又是非我化的过程。张载指出：“意，有思也；必，有待也；固，不化也；我，有方也。四者有一焉，则与天地为不相似。”*1“意、必、固、我”说出自《论语》，在孔子只是提倡一种伦理规范，而宋儒却从天人关系上立论，将它们视为人的主体性的表征而予以排斥。在宋儒看来，“意、必、固、我”都是人的自我意识在作怪，“意，有思也”，我思故我在；“必，有待也”，“待”，“望也”，

*1 《张载集·正蒙》，23页。

“有所愿望，即是妄”。*1有“望”始于“待”，我“望”故我在；“固，不化也”，“化”为天德，故“大而化之之为圣”，圣与我对立，“不化”故我在；“我，有方也”，“方”，别也，别，天人相分之谓也，“有方”故我在。因此，去“意、必、固、我”，归根结蒂是要去掉自我，一旦“我”——这个自由意志的小精灵丧失了，人的主体性也就不复存在了。

失落了主体性的人，即“无我”之人，有一个基本特征，那就是“顺天无违”。“圣人之于天地，犹子之于父母。”*2“子之于父母”以孝顺为本，“圣人之于天地”当然也以孝顺为本。“子”之孝是一种血缘认同，圣人之顺则是本体归依。而且“子”之孝中还包括“子为父隐”或曲意以“谏父之过”。然而天则无过，所以圣人顺天唯“敬”，“敬只是一个‘畏’字”。*3“不敢违，便是畏之也”，畏天，“自是于大人、圣人言皆畏之”。*4因为圣人有“忧”，唯恐有一毫与天相悖，故“戒慎恐惧，皆所以畏天也”。这就是圣人之“孝”，是天下孝于父母者的根本，如果说人伦本于天人关系，那么“子”之孝便可以看作圣人之顺的合理绵延，理所当然是圣人立人极的一部分。然而，宋儒根据思想所观照的对象的不同，立论也有所不同，言人伦，则追根溯源，将人伦还原为天道；而言天道，则格物穷理，于人伦反求天道，因此宋儒能从“子之于父母”的人伦中，格出圣人与天地关系的天理来。以血缘关系为参照说明天人关系是儒家的一个特征，只是宋儒尤甚。为“天地立心”的圣人，看似气壮山河，实际上是一个自我意识贫乏的傀儡。圣人以整个宇宙为背景抒写自我，结果只写出了一个“顺”。圣人的自我意识从“忧”开始，通过“顺”而得到表现，以“乐”

*1 《朱子语类》卷71，1798页。
*2 《朱子语类》卷13，230页。
*3 《朱子语类》卷12，211页。
*4 《朱子语类》卷46，1173页。

而告终。圣人忧心忡忡，是因为与天相分；圣人“顺天无违”，是欲放弃自我，复归于天；圣人“乐天知命”，是因为“与天为一”。因此，圣人之“忧”，是“子”之忧；圣人之“顺”，是子之“顺”；圣人之“乐”，也是子之“乐”。圣人只知自己是天之子，而不知自己是圣人，“使有一毫自以为圣，任其自尔，则虽圣而失其圣矣”。*1前面已经说过，天地无心而圣人有心，然而圣人之心，只具有一种功能，那就是“忧”。除了“忧”本乎天经地义因而具有合法性外，其他一切功能都是人的异化，所谓“顺”就是要排除人的异化。

心的思维功能无疑是一种异化，因为“我思故我在”，故圣人“冥然无所思虑，顺天而已”。*2心的情感功能也是一种异化，因为情是生长“必、固”之性的根苗，所以宋儒一般都强调圣人无情。“天地之常，以其心普万物而无心；圣人之常，以其顺万事而无情。”*3当然圣人也是人，也有喜怒哀乐之情，“圣亦人也”*4。但圣人之情发而中节，合乎天道，与凡夫俗子不可同日而语。圣人的忧与乐，是一种以天为归依的情感，是趋于无情之情。心具有自我意识则谓之私心，“我，私意成就”*5。这种私当然更是一种异化，“以私己为心者，枉道拂理，谄曲邪佞，无所不至，不仁孰甚焉”！*6无思、无情、无私是圣人之心的三个特征，倘一言以蔽之，它们可以归结为一个字，那就是“顺”。“天地之道，至顺而已矣。大人先天不违，亦顺理而已矣。”*7

*1　《朱子语类》卷34，860页。
*2　《张载集·经学理窟》，256页。
*3　《二程集·河南程氏外书》卷3，359页。
*4　邵雍：《观物内篇》之二。
*5　《朱子语类》卷36，951页。
*6　《二程集·粹言》卷1，1256页。
*7　《二程集·粹言》卷2，1361页。

[3] 圣人与天为一

圣人以“顺天无违”的方式尽“天地之用”，尽“天地之用”的过程，便是不断否定自我“与天为一”的过程。这一过程从“忧”——自我意识的觉醒开始，以“乐”——“无我”即自我意识的圆寂而告终。因此，“乐”是圣人判明自己已臻“无我”之境的标尺。圣人之“乐”，大体可以分为三种：一是“从心所欲”之乐，二是“心广体胖”之乐，三是“大公无私”之乐。下面，我们分别言之。

“从心所欲”之乐，是从天理上言。已臻“无我”之境的圣人，“盖形骸虽是人，其实是一块天理，又焉得而不乐”！*1“左来右去，尽是天理，如何不快活。”*2圣人与天为一，如鱼得水，此谓忘我之乐。贤者尚须“畏天”，而圣人则完全是一派“乐天气象”，“乐天知命便是说圣人”。*3贤者离成圣还有一步之遥，还不能完全融进天理中去，因此，贤者还必须循规蹈矩，而圣人则可以为所欲为，因为“圣人之心，与天为一”。*4圣人完全放弃了自我，从而获得了绝对自由。在宋儒看来，自我是通向自由的障碍，要获得自由就必须否定自我。这种以否定自我为前提的自由，只是一种精神王国里的游戏，在现实世界只有专制君主方能享受到这种“从心所欲”之乐。从理论上来说，君主应该完全放弃自我，但实际上，君主的自我总是通过天理体现出来，因而在精神上获得了一种必然性的力量。

“心广体胖”之乐，是从自身上言。圣人之心何以能广大？朱熹曰：“无愧怍，是无物欲之蔽，所以能广大。”*5“心本是阔大底物事，只是因

*1 《朱子语类》卷31，798页。
*2 《朱子语类》卷29，750页。
*3 《朱子语类》卷74，1893页。
*4 《二程集·粹言》卷2，1261页。
*5 《朱子语类》卷16，340页。

愧怍了，便卑狭，便被他隔碍了。只见得一边，所以体不能常舒泰。”“愧怍”是相对于天地而言的，当天人相分之时，人的“愧怍”之情便油然而生，因为人背离了作为“生生”之父母的天地，逐万物而不返，为物欲所蔽。唯有圣人能“仰不愧于天，俯不怍于地”。虽圣人也和常人一样与天相分，但圣人却始终不忘自己是天之子。当人们在自我意识的牵引下，离天越来越远时，圣人却“顺天无违”，以求“与天为一”。因此，圣人立于天地，犹如孝子之于父母一般，能无“愧”无“怍”。“愧怍”之情每发于自我意识之中，驱除了自我意识心便“广大”，体便“舒泰”。“吾心即是宇宙，宇宙即是吾心”，乃心广大至极；“万物皆备于我”，则“体胖”之谓也。宋儒认为，这种自我意识被掏空的圣人，在心身方面能获得极大满足，圣人的主体性随着自我意识的消失而无限放大。抽掉了自我意识的“身”与行尸走肉无异，同样，淡化了自我意识的“心”与空心草也没什么两样。

“大公无私”之乐，是从人伦上言。圣人“至公无私，大同无我，虽眇然一身在天地间，而与天地无以异也。夫何疑焉？佛者厌苦根尘，是则自利而已”。*[1]宋儒认为佛的解脱，乃是自私自利，遗弃众生，而圣人的解脱，则“至公无私，大同无我”与天为一。同样是解脱，佛者要脱去的不过是一副皮囊，而圣人要脱去的则是自我；佛者保留了精神上的自我，而圣人却保留了一副物质的皮囊。这副本于自然的皮囊，是圣人与天认同的唯一根据，正如自我意识是天人相分的基因一样。虽然佛者和圣人都以忧始，但结果却迥然不同，佛者忧忧不已，而圣人却以“乐天知命”而告终。朱熹说：“仁者，私欲不萌，而天下之公在我，何忧之有？”*[2]二程

*1 《二程集·粹言》卷1，1172页。

*2 《朱子语类》卷37，983页。

也认为："仁者无忧，乐天者也。"*[1]"仁者"也可谓之圣。"仁，可以通上下而言。圣，名其极也。"故人之极"必为之圣"*[2]，"人之所以不乐者，有私意耳。"*[3]圣人无"私忧"，只有一个"公乐"，为天而乐，"圣人自然是乐"。*[4]大概"忧"必得有点自我意识的参与，而"乐"只需要一副皮囊就够了，与天同乐的圣人，只是一堆肉而已。宋儒赋予这堆肉以至高无上的意义，把它看作载天道之躯、发天道之体"大公无私"的超我的象征。

总之，圣人在向天的认同过程中，作为人的自我意识被自然化了，自我意识淡化在自然之中，当圣人与天融为一体时，我们只看到了圣而不人的踪影。天是神圣的，人认同天的结果，便会圣而不人了。因此，圣人认同天，就是在失去作为人的自我意识和自然化的过程中完成的。圣人自然化、天圣化，使圣与自然交织在一起，"圣人便是天，天便是圣人"*[5]。此时，圣人与天同样，成为人们崇拜的偶像和行为的法则。

总之，偶像和法则使圣人加入了非人的行列。抛弃了自我，得到了宇宙天地，这大概就是传统的牺牲"小我"以成全"大我"所追求的最高境界。我们从圣人人格中，可以看出这两个极端：一端无限制地压抑自我，另一端无限制地膨胀自我，这种膨胀的自我也许正是传统儒家所追求的"超我"，即"大丈夫"精神。上述可见，这种泯灭自我的"超我"的确令人怀疑。然而，"与天为一"却是圣人的必然归宿。

*1　《二程集·遗书》卷11，125页。
*2　《二程集·遗书》，《粹言》卷1，1173页。
*3　《朱子语类》卷32，798页。
*4　《朱子语类》卷32，797页。
*5　《朱子语类》卷68，1700页。

2. 圣人与理

理是宋儒独创的思想范畴。“天与命，性与理，四者之别：天则就其自然者言之，命则就其流行而赋于物者言之，性则就其全体而万物所得以为生者言之，理则就其事事物物各有其则者言之。到得合而言之，则天即理也……理者，天之体；命者，理之用。”“性即理也。在心唤作性，在事唤作理。”*[1] 理无处不在，人的心性情都是一理所现，以其性质和功能的不同而分别名之。在宋儒看来，圣人即是一块天理，决不是一个活生生的人。

［1］圣人是理的化身

如前所述，圣人尽性尽心，与天为一，都是“存天理，灭人欲”的实践，经过一系列程序的洗礼，圣人只剩下一块纯而又纯的天理，“圣人便是一片赤骨立底天理，光明照耀，更无蔽障”。*[2]剥去人欲的外皮，圣人便没有任何障碍了，一副天理的筋骨光彩照人。但圣人已不是人了。其“形骸虽是人，其实是一块天理”。*[3]圣人只是一个再现“理”的形式，是“理”所借用的一个傀儡。“虽圣人不作，这天理自在天地间。……这道理自是长在天地间，只是借圣人来说一遍过。”*[4]圣人之于理，不过现身说法而已，没有一点独立于理之外的自我。就个体生命而言，宋儒只赋予了圣人作为人的形式，圣人是纯粹的形式人，其实只是一块通体透明的天理，是天理借以显现的形式。“圣”与理是统一的，人只有与理为一，才会成为圣。而“人”则附属于理，结果圣人之表里都失去了自我。“圣与理为一，是

*1 《朱子语类》卷5，82、83页。
*2 《朱子语类》卷119，2868页。
*3 《朱子语类》卷31，798页。
*4 《朱子语类》卷9，156页。

恰好。”*[1]“心所感通者，只是理也。”*[2]“圣人性情便是理。”*[3]“圣人都忘了身，只有个道理。”*[4]圣人的血肉之躯，仿佛被天理蒸发了。当其与天理融为一体的时候，自我便化为乌有。“大而化，则已与理一，一则无己。”*[5]“其未化者，如人操持度量物，用之尚不免有差。若至于化者，则己便是尺度，尺度便是己。”*[6]圣人超越自我并没有获得一个新的自我，其“未化者”与天理还保持着一段距离，还有一点相对的自主性，所以在宋儒看来，“未化者”虽然能“操尺度”——理以易物，但“用之尚不免有差”。与理一体，己便是理，理便是己，无主客物我之分，其归结点当然是理而非我。所谓“尺度便是己”之“己”，乃“一则无己”之“己”也，非自我之谓也。在这里，理并非“己”——圣人操作的工具，恰恰相反，而是“己”——圣人成为理借以显现并作用于对象的手段。圣人之所以能成为万物的尺度，就在于只是天理的化身，这与希腊精神的“人是万物的尺度”风马牛不相及。

如上所述，圣人是一团天理，因此，“圣人一言一动，无不合于天理”。*[7]圣人从不自作主张，只是顺理而行。“凡事顺理，则意自正。‘毋意’者，主理而言。不顺理者，则只是自家私意。”“圣人只看理当为便当为，不当为便不为。不曾道我要做，我不要做。只容一个‘我’，便是意了。”“圣人做事，初无私意，或为，或不为，不在己意，而惟理之是从，又何固、必、有我哉！”*[8]“意”、“我”都与理相悖。“天理一贯则无

*1 《朱子语类》卷1，145页。
*2 《二程集·遗书》二下。
*3 《朱子语类》卷34，872页。
*4 《朱子语类》卷31，796页。
*5 《二程集·遗书》卷15，143页。
*6 《二程集·遗书》卷1，15页。
*7 《二程集·遗书》卷24，312页。
*8 《朱子语类》卷36，951~952页。

意、必、固、我之凿。”*[1]圣人与理为一，当然是“四者尽去”，而唯理是从才是圣人的行为准则。

［2］圣人无过错

“过”有两义，一如“过犹不及”之“过”，乃过分之义。“圣人与理为一，故无过，无不及，中而已矣。”*[2]这里的“无过”，就是不过分、适中的意思。“圣人尽人道，非过于理”之“过”也是此义。二如过错之义，“惟圣人能寂然不动，故无过”。“圣人无过，何待于不贰？”*[3]这里的“无过”则是不犯错误的意思。本小节所论“无过”，当然是后一种含义。

圣人何以能“无过”？细推宋儒所言，主要有以下三点：第一，圣人“不动”。“凝然不动，便是圣人。”“盖惟圣人能寂然不动，故无过。”*[4]“凝然”、“寂然”所表现的都是静态之心境，“寂然不动而仁义礼智之理具焉”*[5]。在这里“不动”并非绝对静止的意思，而是强调不以人为，依理而行。第二，圣人至善。“圣人之心纯乎天理，一念之发，无非至善。”*[6]“圣人万善皆备，有一毫之失，此不足为圣人。”*[7]圣人能无“一毫之失”，当然也就“无过”了。第三，圣人顺应。圣人与理为一，于事事物物之理无不昭然，因此，“圣人之明，直若庖丁之解牛，皆知其隙，刀投余地，无全牛矣”。*[8]圣人顺着事物的条理脉络，乘隙而行，自然游刃有余，“所欲不逾矩”，因此，宋儒说：“然则圣人亦有过乎？曰非也。圣人无过。”*[9]

*1　《张载集·正蒙》，29页。
*2　《二程集·遗书》卷23，301页。
*3　《朱子语类》卷30，776~777页。
*4　《二程集遗书》卷6，84页。
*5　《张载集·石录下》，331页。
*6　《朱子语类》卷61，1470页。
*7　《朱子语类》卷13，232页。
*8　《张载集·张子语录》，335页。
*9　《二程集·遗书》卷6，89页。

将以上三点归结为一点，便是“无我”。“无我”则“无过”。圣人“无我”则“不动”，天理自动；“有我”则不能不动，动辄必以人为。圣人“无我”则“至善”，“我”是恶的根苗，是种种物欲的集合，是自由意志的显现，所谓“灭人欲”，就是要灭这个“我”。“无我”则天理自存，本性自善，自然不会“有一毫之失”了。圣人“无我”才能“顺应”，“我”是主体性的表征，有“我”则必然对世界采取对峙的立场、主宰的态度，而这种立场、态度是与顺应的精神格格不入的。因此，“无我”是顺因的一个必要的前提。宋儒认为，只有放弃自我，才能进入对象之中，顺理而行，顺之则“无过”，至少其过不在我。显而易见，“无过”首先必须“无我”，而“无我”的根底就在于“存天理，灭人欲”。

圣人“无过”的提出，对于宋儒来说具有重大意义，它以最直接的方式，最通俗的提法，肯定了圣人权威的绝对性和真理性，因而最具现实性。尽管圣人“无过”的根据在于与理为一和唯理是从，但是我们无法确认这一点，即无法以客观的尺度来检验。天理的阐释权握在圣人手中，而且我们也无法知道圣人是否放弃了自我。宋儒在最需要论证的地方放弃了论证，将最不可靠的条件当做自明的前提，更何况天理本身又是君君臣臣父父子子等以伦理为本位的内容，而这些内容正是圣人权威合法性的基础。宋儒没有提供一个客观的对峙的力量以制约圣人，并保证其客观性，天理的制约是虚幻的，因为圣人本身便与天理为一。在民主政体中，最高权威定是受制于一个客观的力量，那就是宪法。而专制制度中的圣人，只要他愿意，就可以无法无天（天道、天理），既不受法律的制约，也不受道德的制约。圣人“无过”否定了一切制约，它只肯定了一点，那就是圣人权威的绝对性和真理性。

3. 圣人之心

心、性、义、理是理学家津津乐道的问题，但宋明理学对这几个概念的哲学处理比较含混，这主要是由于他们只注重这几个概念的社会伦理功能及其与政治的关系，因而忽视了对这些概念的内涵进行分析。前面我们从圣人与天、圣人与理的关系中探讨了圣人无我的问题，现在我们将在圣人与心这部分里继续讨论这个问题。

［1］圣人心统性情

“存心养性”在宋儒是老生常谈，心与性的关系由此也可略见一斑。“心者，一身之主宰。”*1“心”是载道的容器，因此，宋儒有“心统性情说”。“心是神明之舍，为一身之主宰。性便是许多道理，得之于天而具于心者。发于智识念虑处，皆是情，故曰‘心统性情也’也。”*2“性者，心之理；情者，性之动；心者，性情之主。”*3“性情皆因心而后见。”*4可见，心的主宰力量，就在于性必借助于心而后现，情必受制于心而后善，但在三者之间真正“一以贯之”的却是天道。“在天为命，在义为理，在人为性，主于身为心，其实一也。”*5所以“天道”之下，性与心、心与情又各是一对互为表里的关系。“心是虚底物，性是里面穰肚馅草，性之理包在心内，到发时，却是性底出来。”*6

宋儒认为，在载道上，心与性的功能是有区别的。“心与性自有分别。灵底是心，实的是性。灵便是那知觉底。如向父母则有那孝出来，向君则有那忠出来，这便是性。如知道事亲要孝，事君要忠，这便是心。”*7心的功能是“知”，“性”的功能是“行”，所谓“尽心”和“尽性”，便是知

*1 《朱子语类》卷5，96页。
*2 《朱子语类》卷98，2514页。
*3 《朱子语类》卷5，86页。
*4 《朱子语类》卷96，2467页。
*5 《二程集·遗书》卷18，204页。
*6 《朱子语类》卷60，1426页。
*7 《朱子语类》卷16，323页。

其本性和实践其本性。朱熹说："尽心是知，尽性是行。"*1即此谓也。先知而行，不知性之理何谈尽性？所谓："存得父子之心尽，方养得仁之性；存得君臣之心尽，方养得义之性。"*2父子之心是慈孝，慈孝之心尽了，仁之性便表现出来；君臣之心是仁忠，仁忠之心尽了，义之性便表现出来了。尽心就不会遗失本性。心处于性发之关口，即处于善恶之间，"心是动底物事，自然有善恶"。*3但"心本善，发于思虑，则有善有不善。若既发，则谓之情，不可谓之心"。*4尽心，所发之情皆善也；不尽心，所发之情皆恶也。所以尽心就是要尽知天道。"道以居正为大，学以尽心为要……然不极于知性知天，则心无由尽，正大之情无从可见，而道于是乎晦矣。"*5尽心"极于知性知天"，不过是光明天道而已。圣人在处理心与性的关系时，心中充满了"性之理"，在光明天道的过程中，把自我抛在一边。

〔2〕圣人心具万理

"圣人之心，浑然一理。盖他心里尽包这万理，所以散出于万物万事，无不各当其理。"*6当然心具万理，并不是说圣人掌握了各种知识的原理，而是强调由一理所出，即从"仁义礼智"出。"但事君，只知事君的道理；事父，只知事父的道理。圣人之心，浑然一理，泛应曲当，用各不同。"*7以"一"驭"多"、以不变应万变的枢机便是"无我"，即圣人浑浑然，无所用心，一切任其自然。"圣人之心昭昭融液，无丝毫间断，随事逐物，泛应曲酬，只是自然流出来。"*8"圣人之心，直是表里精粗，无不昭彻，方

*1 《朱子语类》卷64，1589页。
*2 《朱子语类》卷60，1426页。
*3 《朱子语类》卷5，86页。
*4 《二程集·遗书》卷18，204页。
*5 《张载集·附录》，394页。
*6 《朱子语类》卷21，676页。
*7 《朱子语类》卷21，684页。
*8 《朱子语类》卷21，684页。

其有所思，都是这里流出，谓德盛仁熟，‘从心所欲，不逾矩’，庄子所谓人貌而天。”*1宋儒认为，“理”与“我”的对立乃天经地义。不言自明，有“理”必须“无我”。“无我”之人的一个根本特征就是“人貌而天”，质天而形人。必性情皆是天，唯独“无我”。

［3］圣人此心虚明

圣人虚其心，即圣人心中无我、无欲，然后以理实之。“虚只是无欲，故虚。”*2“圣人此心虚明，自然具众理。”*3“心之全体湛然虚明，万理具足，无一毫私欲之间；其流行该遍，贯乎动静，而妙用又无不在焉。故以其未发而全体者言之，则性也；以其已发而妙用者言之，则情也。”*4“在天为命，秉于人为性，既发为情。唯心乃虚明洞彻，统前后而言耳。”*5性静情动，具性情皆实；只有心可虚，心虚则无欲，实之以道，则道为心之主，“自家心里有主，外患不能入”。*6“外患”便是物欲，此乃蔽性之物，因此，“惟圣人能提出此心，使之光明，外来底物欲皆不足以动我，内中发出底又不陷了”。*7“不足以动我”，并非圣人自我意志的表现，相反，恰恰说明了圣人无我。无我何以“动我”？圣人心中只有一个道，一切任道之自然成就，没有“我”在其中选择，只有道于其中“应物接物”，所以“不足以动我”，不在“我”而在道。“天地之道无非以至虚为实，人须于虚中求出实。圣人虚之至，故择善自精。”*8“虚之至”就是无我，无我，物欲便不会来，所以圣人心如明镜。物来即应，游刃有余：“圣人之

*1 《朱子语类》卷31，798页。
*2 《朱子语类》卷99，2538页。
*3 《朱子语类》卷74，1926页。
*4 《朱子语类》卷5，94页。
*5 《朱子语类》卷5，36页。
*6 《朱子语类》卷96，2467页。
*7 《朱子语类》卷96，307页。
*8 《张载集·语录中》，325页。

心，萤然虚明，无纤毫形迹。一看事物之来，若小若大，四面八方，莫不随物随应。”*[1]这就是虚心无我的实惠所在。

［4］圣人天地之心

圣人之心乃天地之心。圣人心虚无我，却实有天地万物：“圣人心体广大虚明，物物无遗。”*[2]所以圣人“其视天下无一物非我，孟子谓尽心知性知天以此。无大无外，故有外之心不足以合天心”。*[3]“盖尽心则只是极其大；心极其大，则知天，而无有外之心矣。”*[4]大其心则能知性知天，无外心则与天为一，所以圣人之心即天地之心。“圣人之心，天地之心也。天地之心可见，则圣人之心亦可见。”*[5]“圣人天地心，无时不见。”*[6]圣人之心与天地之心一样，以道而现，因此说：“心也，天也，非有异也。”*[7]宋儒将圣人之心与天相提并论，其实是强调圣人之心的载道功能，从而否定心中的私我。

［5］圣人赤子之心

宋儒认为，圣人无我当如赤子，心之所发，纯由天然。赤子之心的特点是无“伪”。“伪”者，人为也。赤子不以人为撄心，而是一任自然以发道心。圣人之心恰如赤子之心。“盖赤子之心，纯一无伪，而大人之心，亦纯一无伪。”所不同的是：赤子是无知觉的纯一无伪，大人是有知觉的纯一无伪，“大人事事理会得”。*[8]即圣人是归真返璞，而赤子则混沌未开；一个是自觉的无我，一个是不自觉的无我。心之“未发时，伪不伪皆

*1 《朱子语类》卷16，348页。
*2 《朱子语类》卷16，349页。
*3 《张载集·正蒙》，24页。
*4 《朱子语类》卷98，2518页。
*5 《朱子语类》卷115，2772页。
*6 《朱子语类》卷71，1795页。
*7 《二程集·遗书》卷25，321页。
*8 《朱子语类》卷97，1341页。

不可见。不特赤子如此，大人亦如此。曰：‘只是大人有主宰，赤子则未有主宰’”*[1]。圣人心中有道，赤子则完全出于本能。所谓“大人不失赤子心”，是“取其纯一近道也”。

如上所述，圣人尽心亦导向“无我”。“‘尽心、知性、知天’，此是致知；‘存心、养性、事天’，此是力行。”*[2]“致知”自“尽心”始，而“力行”亦从“存心”始，知与行皆由心起，可见心乃知行之本。宋儒曰“吾心即是宇宙”，故“尽己心，则能尽人尽物，与天地参，赞化育”。*[3]心能包罗万象，唯独不能有“我”。“吾心”之吾，只是一个代名词，只具有指称功能，而无实质意义。“无我”之心的本质仍然是顺应自然。因此，在“尽心”的过程中，理学家们把“我”看作天敌，必欲置之死地而后快。然而“我”作为人的本质是无法扼杀的，当“我”的合理性受到压制时，那么“我”的劣根性就会显现无余。庄子说“无私乃大私也”，即为“我”的扭曲显现。

4. 圣人之性

宋儒继承了孟子的性善论，并从“性与天道”的关系中进一步阐述了性善论的合理性，前面我们从圣人与天、理、心的关系中，揭示了圣人无我的根性，这里我们将继续从圣人与性的关系中，探求圣人实现无我的途径。

[1] 性与天道

宋儒认为，人的本性是天赋的。“天之赋予之谓命，秉之在我之谓性。”*[4]即“天命之谓性”。天德主生故善，人性本于天，其性亦善。“性

*1 《朱子语类》卷62，1515页。

*2 《朱子语类》卷60，1426页。

*3 《二程集·遗书》卷1，78页。

*4 《二程集·遗书》，91页。

之所以无不善，以其出于天也。”*1性善是天定的，与性的载体人本身没有关系。“良能良知，皆无所由，乃出于天，不系于人。”*2那么人为什么会有善恶之分呢？宋儒认为，天赋予每个人的机会是均等的，即人性皆善，但由于人之生时，气秉不同，便有了圣愚善恶之别。“性者乃万物之原，而气秉则有清浊，是以有圣愚之异。”*3秉得清气者为圣人，相反则“为愚为不肖”。圣人因得清气，善性自在，而愚不肖者，则因浊气蔽其本性而为恶，这就是宋儒的“气秉说”，弥补了孟子性善论的不足。

圣人得天性之全，因此，圣人之性便是天性的再现。“盖天之所以与我者，便是明命；我之所以为性者，便是明德。”*4天以“自然之理”与我，“明命”即是明天理，天理之在我身则必为“性”。“德”者，得也，即我得天理以为性。“明德”即见“性”，因此，“性即理也”*5。“天道即性也。”*6“所以诚明者，性与天道不见于小大之别也。”*7在宋儒思想中，理是宇宙的绝对法则。把性与天理、天道等同，似乎将人性提升到至高无上的地位，然而提升在本质上并不是一种超越，而是一种回归。超越意味着人性对天理的突破，人为自然立法，非以自然为法，尽管天理作为最高的自然法则被充分伦理化，但这种伦理并不能导致人性冲破天理，恰恰相反，它只能将人性纳入自然之中，就像人是自然的产物一样，人伦关系也不过是自然秩序的延伸。“道即性，性即道，固只是一物。然须看因甚唤作性，因甚唤

*1 《朱子语类》卷5，97页。
*2 《二程集·遗书》，20页。
*3 《朱子语类》卷4，76页。
*4 《朱子语类》卷16，318页。
*5 《朱子语类》卷4，67页。
*6 《张载集·横渠易说》，234页。
*7 《张载集·横渠易说》“正蒙”，20页。

作道。”*[1]在天为道，在人则为性，在圣人则“天人本无二，不必言合”，“天即人，人即天”也。*[2]从人性与天道的关系来看，人性本乎天道，天道转化为人道就是通过圣人“尽性”来完成的。“性，以赋予我之分而言；天，以公共道理而言。天便脱模是一个大底人，人便是一个小底天。吾之仁义礼智，即天之元亨利贞。凡吾之所有者，皆自彼而来也。故知吾性，则自然知天矣。”*[3]故圣人之性成了天道的载体，所谓“性者，道之形体也”。*[4]“若只凭说道，则渺茫无据。如父子之仁，君臣之义，自是有个模样，所以为形体也。”*[5]因此，“道虽无所不在，然如何地去寻讨它？只是回头来看，都在自家性分之内”。*[6]圣人在自己的本性中找到了依归，但那是天道，却不是自我。

［2］圣人尽性

所谓尽性，就是将“自家性分之内”的道充分发挥出来，且不使它受私欲的污染，这只有圣人才能做到。“惟尧舜为能无物欲之蔽，而充其性。”*[7]宋儒以为“物欲”是“尽性”的最大敌人，而导致“欲”的根本诱因是“我”。“我”有两个层次，一是意识层次，一是本能层次。为了去掉人的自我意识，就必须从本性上根除“自我”，“人性本善，只为嗜欲所迷，利害所逐，一齐昏了”，“嗜欲”、“利害”皆因“我”而起，凡人皆有“我”，因此，唯“圣贤能尽其性”。*[8]因为圣人秉气之清，得天之全，其本性无“我”之蔽。

*1 《朱子语类》卷5，82页。
*2 《朱子语类》卷17，387页。
*3 《朱子语类》卷60，1426页。
*4 《朱子语类》卷59，1382页。
*5 《朱子语类》卷100，2550页。
*6 《朱子语类》卷116，2791页。
*7 《朱子语类》卷55，1307页。
*8 《朱子语类》卷8，133页。

就人性本乎天道而言，天道为体，人性为用，然而宋儒又说："性是个浑沦底物，道是个性中分派条理。""率性而行，各得其分者，道。"*1在这里，性与天道的关系发生了变化，性是体，道是用。不过这个"道"是天道通过人性而显现的人道，即仁义礼智。"天只有个春夏秋冬，人只有个仁义礼智，此四者便是那四者。"*2"盖性中所有道理，只是仁义礼智。"*3"性便是仁义礼智。"*4仁义礼智作为一种伦理精神在这里被先验化为人的自然之性，构成圣人一切行为的基础和出发点，圣人尽性即尽此四者。"圣人百行皆由仁义礼智出。"*5即宋儒对人性作了一个根本倒转，人的本能，如"嗜欲"、"利害"等，被看做后天获得的社会性加以排斥，仁义礼智等伦理精神反倒成为先天的自然性。因此，在我们看来宋儒以人的社会性否定了人的自然性，相反，宋儒则认为他们所肯定并维护的正是人的自然性。但是我们必须看到，这一倒转，犹如偷梁换柱，将基于"嗜欲"、"利害"的自我意识——"我"给抽掉了。

宋儒将仁义礼智规定为人的自然属性，是基于一个"生"字。仁义礼智"犹春夏秋冬，虽不同，而同出于春。春则生意之生也，夏则生意之长也，秋则生意之成也，冬则生意之藏也"。*6"春为仁，有个生意……在夏秋冬，生意何尝息！本虽凋零，生意则常存……以见仁义礼智实有此理。不是虚说。"可见"仁义礼智四者一理"*7。这"一理"就是个生生不息之理，人的自然性，归根到底是一个"生"字。正如"生"意贯穿春夏秋冬，与其

*1 《朱子语类》卷62，1491~1492页。
*2 《朱子语类》卷71，1790页。
*3 《朱子语类》卷4，64页。
*4 《朱子语类》卷64，1568页。
*5 《朱子语类》卷6，107页。
*6 《朱子语类》卷6，109页。
*7 《朱子语类》卷6，108页。

相对的仁义礼智也充满“生”机。宋儒从生本能上把握人的自然性无疑是正确的，但是如果将“嗜欲”、“利害”等同生本能分开，那么“生”也就脱离了本能，是一种人为之“生”，即仁义礼智之“生”，使生本能政治化和道德化，将活泼的感性生命抽象为教条的宇宙意志、自然法则，人从本质上被彻底异化了。可见，在宋儒的人性论中，本我被掏空，自我在畸形发展中消失，只有超我——仁义礼智兼并了自我和本我，而超我的本质恰恰就是“无我”。人得仁义礼智而生，全仁义礼智而死，否则就不是人。把“仁义礼智”作为人的本质，只能得到像圣人这样的“无我”之人。

［3］圣人“尽性”的几种方式

宋儒在把仁义礼智确立为人的本性之后，便要求人们顺其本性——“尽性”或“率性”，同时还提出几种“尽性”的方式。朱熹说：“率性只是说循吾本能之性，便自有许多道理。”*[1]这许多道理，要而言之，可以归纳为如下几种：

第一要“无意”。张载曰：“率性之谓道，则无意也。性何尝有意？无意乃天下之良心也。”*[2]朱熹也说：“无意而安行，性也。”*[3]

第二要“节情”。性之所发为情。“仁义礼智，性也。性无形累可以摸索，只是有这理耳。惟情乃得可见，恻隐、羞恶、辞逊、是非是也。”*[4]性不可见而情可见，故以情观性。何谓情？喜怒哀乐之谓情；何谓“中”？情之未发，人皆得“中”，故虽圣愚无不同。然而情之一发，则圣愚自现。唯圣人“发而中节”。“发而中节”之谓“和”。“中，性之德。”*[5]凡人只

*1 《朱子语类》卷62，1491页。
*2 《张载集·语录中》，318页。
*3 《朱子语类》卷61，1474页。
*4 《朱子语类》卷6，108页。
*5 《朱子语类》卷62，1508页。

有“性之德”，而无“情之德”，“喜怒哀乐未发，何尝不善？发而中节，则无往而不善。”*[1]圣愚之别，唯在情之一发一念中。“中节也，天下之达道也，圣人之事也。”*[2]

第三要“至诚”。周敦颐说：“诚者圣人之本。圣，诚而已矣。”*[3]唯有“至诚”，“能尽得真实本然之全体”，即“尽性”也。“诚”有二义：一为实，即“自然不假修为者也”。“诚者，是一个自然成就底道理，不是人去做作安排底物事。”*[4]二为全，“盖诚者，圆成无欠缺也”。“诚，只是万物具足，无所亏欠。”“至诚之人，通身皆是实理，无少欠缺处，故于事事物物无不尽也。”*[5]

第四要“践形”。“践，非践履之谓。盖言圣人所为，便踏着个形色之性耳。”*[6]“形色之性”是指人体各部位的自然功能，“人皆有是形，而必圣人处方可以践其形而无歉也。”*[7]凡人的本性，为物欲——“我”所蔽，“一齐昏了”，各种感官麻木不仁，唯有圣人能尽己之“形色之性”，“故耳极天下之聪，目极天下之明，为子极其孝，为臣极其忠”。*[8]宋儒认为，人体是载道之车，“践形”就是要充分发挥人体之载道功能。“天生形色，便有本来天理在内，贤人践之而未尽，圣人则步步踏着来路也。”*[9]

综上所述，“无意”是从行为上言，尽性之行当顺应自然，弃绝人为；“节情”是从情感上言，尽性之情当发而中节，体“天下之道”；“至诚”

*1 《二程集遗书》卷22上，291~292页。
*2 周敦颐：《通书》，卷7。
*3 周敦颐：《通书》，卷7。
*4 《朱子语类》卷64，1576页。
*5 《朱子语类》卷64，1575、1563、1569页。
*6 《朱子语类》卷60，1452页。
*7 《朱子语类》卷60，1452页。
*8 《朱子语类》卷8，138页。
*9 《朱子语类》卷60，1452页。

是从态度上言，尽性的态度当自然而然，“不假修为”，以全“实理”；“践形”是从身体上言，尽性之身体当耳聪目明，天理昭然。这四个方面贯穿一个基本精神——“无我”。“无意而安行”，行动的主体当然是天而非人，人的行为或为欲望所驱使，或受意识所支配，去此二者，则为天行，即受仁义礼智支配的行为。天行之人，由于作为人的原始本能和自我意识被双重剥夺，因而不成其为人。“发而中节”之情，亦是“无我”载道之情，“圣人之喜怒，不系于心而系于物也”。[*1]“以物喜物，以物悲物，此发而中节者也。”[*2]圣人之喜、怒、哀、惧、爱、恶、欲，“莫非公矣”[*3]。圣人本无情，感于物而发，发而中节，故情感之中不带有“我”的主观成分在内，也不受“我”的价值取向所制约。

我们认为，这种“大公无私”之情是不正常的，因为在人的私的一面，如果连这一点喜怒哀乐之情和饮食男女之欲也要载道，那么不仅作为社会意义的个人不复存在，而且连作为自然意义的人也被扼杀了。当然圣人不作如是观，既然以天下为己任，就应该消灭自我。在君主专制下，这种观点具有一定的合理性和必要性。如果君主动辄有“我”，那么天下必然要受其一己之情欲的折磨。强调圣人“无我”，是从理论上制约现实君主。但实际效果却适得其反，只能造就出阴私阳公的伪圣人和伪君子。这种“无我”精神，不仅贯穿着圣人的行为和情感，而且渗透在圣人的态度甚至各种生理器官中，圣人只有以“无我”的态度对待世界，才能得世界之“实”和世界之“全”；只有以“无我”的方式处理自己的各种生理器官，才能充分发挥其自然本性。由此可见，宋儒的理论所反映的正是专制制度否定人性的一面，

*1　《二程集·文集》卷2，461页。
*2　邵雍：《观物外篇》下。
*3　《朱子语类》卷117，2834页。

并且作为一种最为积极的表现形式而展开。宋儒的思维，以人的本质的颠倒为前提，以否定人性而告终。

二、圣人向圣王转化

和先秦儒家一样，宋儒为圣人设计的路线是一条内圣外王的路线。圣人"无我"，是内圣的表现，然而圣人不独成，必以成人成物为己任。"盖大人，以天下为度者也。天下苟有一夫不被其泽，则于吾心为慊，而吾身于是人者有一毫不尽，则亦可以明明德于天下耶！夫如是，则凡其所为，虽若为人，其实则亦为己而已。"*[1]因此，圣人"修身是对天下国家说"*[2]。"修身、齐家、治国、平天下"，便是内圣外王路线的一个言简意赅的表述。宋儒将政治理想寄托在一个理想化的抽象人格上，认为政治理想的实现必须借助于一个理想人格的充分展开。因此，他们企图在以"无我"为本位的人格基础上建立王道政治的理想。在这里，宋儒的思想逐步完成了由圣到王的转化。当然宋儒所说的圣人并不都是在位之王，孔子"虽不得其位，而所以继往圣，开来学，其功反有贤于尧舜者"。*[3]"语圣则不异，事功则有异。夫子之贤于尧舜，语事功也。盖尧舜治天下，夫子又推其道以垂教万世。尧舜之道，非得孔子则后世亦何所据哉。"*[4]尧舜有位，孔子无位，孔子反而贤于尧舜，这反映了宋儒重思想轻事功的一面。圣人功业虽有不同，但"圣是地位，仁是德"却是相同的。*[5]尧舜与孔子走的都是内圣外王的路线。宋儒

*1　《朱子语类》卷15，313页。
*2　《朱子语类》卷15，307页。
*3　朱熹：《中庸章句》，《四部备要》本，《序》2上页。
*4　朱熹：《孟子集注》卷5，《万章上》，8下页。
*5　《朱子语类》卷33，848页。

之所以强调孔子高于尧舜，在很大程度上是由于他们多以传道自命，以摆脱在王权面前与生俱来的自卑感。如张载就一再声称以传王道为己任，“为天地立志，为生民立道，为往圣继绝学，为万世开太平”。*[1]这种使命感，反映了宋儒对内圣外王路线的自我实践。在这里，我们主要想探讨一下宋儒所设计的由圣向王转化的几个基本途径。

1. 圣人尚公尚同

如前所述，我们从天、理、心、性四个方面，揭示了圣人的“无我”根性。由圣向王的转化，实际上便是“无我”人格的向外辐射和扩张。所谓“内圣外王”，是指两个过程，在内圣过程中，圣人形成一己“无我”之人格；在外王过程中，圣人使一己之“无我”人格泛化，以形成社会之“无我”人格。如果说内圣是一种自我专制，那么外王便是这种专制情结的外化，导向社会专制。宋儒常说的修身，是内圣锻炼，而“齐家、治国、平天下”的一个根本原则，其本质正是排斥自我。

宋儒认为，人性秉之于天，是种种理的集合。朱熹说：“性只是理，万理之总名。此理亦只是天地间之公理，秉得来便为我所有。”*[2]这“公共之理”便是圣人致知的先天模式——“天性”。正如天性“无我”一样，天性也“尚公”，“尚公”和“无我”恰恰构成天性的正负两面。负面是“无我”，反映了天性的否定倾向；正面是“尚公”，表现了天性的肯定倾向。在宋儒看来，人性就是“大公无私”。

“公”是宋儒所认可的一种积极的价值取向，是人性光明的一面，它与“王”紧密相连。宋儒以为，诗书中，言主宰者，皆称帝；言包涵者，则称

*1 《张载集·语录中》，320页。
*2 《朱子语类》卷117，2816页。

天；言公共无私者，归于王。上下千百岁中，若合符契。贯穿这三者的是天道，帝、天、王从不同侧面表现了天道。“王”是天道之在人者，是人性之光明的集中体现。宋儒曰：“王者体天之道则万国咸宁。”*[1]“王者”将内心之光放射出来，能产生“万国咸宁”的政治效果。在这里，“王者”是圣与王的统一，当其“体天道”时则为圣，而宁“万国”时则为王。人性“至公”是圣人之道，社会“大同”是王道，由人性“至公”发而为政治，则必然要趋于社会“大同”。“公则同，私则异，同者天心也。”*[2]因此，宋儒尚公，是就人性而言；尚同，则是对社会而言。由内圣向外王的转化，便在这由“公”向“同”的一发之间。“内公”则必然导致“外同”，于是有圣人“可法”之说。

圣人之心，与天为一，无我至公。以一己之“公心”，发而“感天下之心”，圣人便向圣王转化了。“公则一，私则万殊。至当归一，精义无二。人心不同如面，只是私心。”*[3]如能以一己之“公心”，统一天下之私心，便是人性之“大同”。圣人一天下之私心，当垂法后世，“圣人是人与法为一，己与天为一”。*[4]不言而喻，“法”即圣人之言，“圣人之言，即圣人之心；圣人之心，即天下之理”。*[5]“法”的功能是尚公尚同，“法”的根据是天道。圣人向圣王转化，在这里表现为天道向“法”的转化。“法”是“圣人公心尽天地万物之理”的产物，是圣王确立的标志。

*1 《伊川易传》。
*2 《二程集·粹言》卷2，1256页。
*3 《二程集·粹言》，“遗书”，卷15，144页。
*4 《朱子语类》卷61，1474页。
*5 《朱子语类》卷120，2912页。

2. 圣人立己立人

立己是成圣，立人则为王。“己欲立而立人”，一个“欲”字，包含了圣人向圣王转化的全部契机。宋儒曰：“率性则谓之道，修道则谓之教。”“率性”是“立己”，“修道”是“立人”。“夫子之道”一以贯之，曰忠恕而已。忠，天道也；恕，人事也；忠为体，恕为用。“忠者天道，恕者人道，天道是体，人道是用。”*[1]“忠”是立己，所谓“尽己之谓忠”；“恕”是立人，即“人事”也。以立己为本，方能立人。“忠者，尽己之心，无少伪妄。以其必于此而本焉。”“主于内为忠，见于外为恕。忠是无一毫自欺处，恕是‘称物平施’处。”*[2]“忠”体“恕”用，表明：圣人立人必以立己为本。离开立己，就无从谈“恕”。“忠”与“恕”，“犹形影也，无忠则不能为恕矣”。*[3]

“恕本以推己及物得名，在圣人，则以己及物矣。”*[4]“以己及物，仁也。推己及物，恕也。”*[5]“以己及物是自然及物，己欲立，便立人；己欲达，便达人。”*[6]圣人以己及物出于自然，不假人为，己欲无我，必欲人皆无我；己欲上达天理，必欲人皆上达天理。“以己及物是大贤以上圣人之事。圣人是因我这里有那意思，便去及人”，“如贤人以下”则勉强，“便是推己及物，只是争个自然与不自然”。“以己，是自然底意思。”*[7]圣人之恕自然而然，常人之恕则需反思，这便是二者的根本区别。“忠恕一贯。圣人与天为一，浑然只有道理，自然应去，不待尽己方为忠，不待推己方为

*1 《朱子语类》卷27，674页。
*2 《朱子语类》卷27，671、692页。
*3 《二程集》卷11，411页。
*4 《朱子语类》卷6，104页。
*5 《二程集》卷11，124页。
*6 《朱子语类》卷27，691页。
*7 《朱子语类》卷27，690、691页。

恕。不待安排，不待忖度，不待睹当。如水源滔滔流出，分而为支派，任其自然。”“‘乾道变化，各正性命’，此天地无心之忠恕。夫子之道一贯，乃圣人无为之忠恕。尽己，推己，乃学者著力之忠恕。”“圣人是不犯手脚底的忠恕，学者是著工夫底忠恕。”*[1]总之，忠恕“皆只是这一个。……但圣人熟，学者生。圣人自胸中流出，学者须著勉强。”*[2]究其根源，在于圣人“无我”，如天理一块。“人循私欲则不忠，公理则忠矣。以公理施于人，所以恕也。”*[3]有“我”则不忠，顺理则无私而公，公则尽己，尽己则忠。公理施于人谓之“恕”，“公者仁之理，恕者仁之施。”*[4]“忠者天下大公之道，恕所以行之也。”*[5]“忠”是内圣，立己也；“恕”是外王，立人也，“以己及人”是圣人向圣王转化的“大本达道也”。

3. 圣人成己成物

圣人不独成，故宋儒以成己成物并举。成己成物的关键是一个“诚”字。何谓“诚”？宋儒曰：“尽性为诚。”尽性有二：尽己之性与尽物之性。尽己之性是成己，尽物之性是成物，二者兼成谓之“诚”。“诚者合内外之道。”*[6]“内”指内圣，即成己；“外”指外王，即成物。成己成物均要以“诚”为本。“诚者实有之理，自然如此。忠信以人言之，须是体现出来方见。”*[7]成己成物就是尽其实有之理，并观之以“忠信”。“忠与诚，皆是实理。一心之谓诚，尽心之谓忠。诚是心之本主，忠又是诚已用处。”*[8]“尽己为

*1 《朱子语类》卷27，698、672页。
*2 《朱子语类》卷21，492页。
*3 《二程集·外书》卷4，372页。
*4 《二程集·外书》，“粹言”，卷1，1172页。
*5 《二程集·外书》，“外书”，卷2，360页。
*6 《二程集·遗书》卷1，9页。
*7 《朱子语类》卷6，103页。
*8 《朱子语类》卷21，486页。

忠，尽物为信。极言之，则尽己者尽己之性也，尽物者尽物之性也。信者无伪而已，于天性有所损益，则为伪矣。”*[1]“伪”有二义，本义为人为，衍义为虚伪。要之，皆为私意所为。“诚”即“顺其天之所赋”，发而为忠信，“真实而无虚伪也”。“自中心而发出者，忠也；施于物而无不实者，信也。”*[2]

成己成物的宗旨，同立己立人一样，都以天理为依归，“万物皆只同这一个原头，圣人所以尽己之性，则能尽人之性，尽物之性，由其同一原故也。”*[3]所以尽己、尽人、尽物之性，尽的都是一个道理，无内外之分。“盖成己成物，固无内外之殊，但必先成己，然后能成物，此道实无伪，自能及物。自成己言之，尽己而无一毫之私伪，故曰仁；自成物言之，因物成就各得其所，故曰知。”*[4]“克己复礼，岂不是成己？知周乎万物而道济天下，岂不是成物？仁者，体之存；知者，用之发。”*[5]无我以复天理是成己，成己为仁；以成己之道“济天下”是成物，成物为智。而欲以“道济天下者”，必在王者之位。“言作礼乐，必圣人在天子之位。”*[6]“制礼作乐”便是“道济天下”，便是“成物”。仁与忠，智与恕，其本无异，只是立论的基点有所不同。忠恕是从心上立论，而仁智是从性上立论，归根结蒂，都是一理。因此，立己便是“存心”，而成己便是“养性”；立人以“事天”为本，而成物则以“济众”为本。“存心养性”是修身之德，而“事天济众”则为教化之功。如果说“养性”之成己是内圣的过程，那么“济众”之成物便是外王的过程。由己及物，意味着圣人向圣王的转化。

如上所述，成己为尽己之性，成物为尽人之性与尽物之性。宋儒认为，

*1 《二程集·遗书》卷24，315页。
*2 《朱子语类》卷21，488页。
*3 《朱子语类》卷62，1490页。
*4 《朱子语类》卷64，1581页。
*5 《朱子语类》卷64，1581页。
*6 《朱子语类》卷64，“孟子集注”卷2，“公孙丑上”。

物性与人性同出于天，气秉也同样有清浊。但人与物不同，人虽秉得浊气，善性却自在，可以通过教化以复其善性；而物秉得气偏了，则无道理可以开通。然则物性亦有善恶之分，虽难以教化，人用之却能尽其性。善则利用，即如悍马，亦可以鞭策教之使可乘；恶则陷杀，如对虎狼。*[1]显而易见，教化主要是尽人之性，对象当然是那些为浊气所蔽的芸芸众生，教化的手段也还是赏与刑："善则好之，恶则恶之；善则赏之，恶则刑之。"以赏劝善，以刑惩恶，这是成物——尽人之性。人与物固然不同，但宋儒认为，对溺于人欲或顽固不化者，亦可施以待物的手段，或如驯悍马，教之以鞭策；或如驱虎狼，陷杀而已。所以刑作为尽人之性——教化的手段之一，实际上通用于人性和物性。朱熹说，"仁固然博施济众，然必得时得位，方做得这事"，"不是人人皆能做底事"。*[2]"仁"是尽己之性，而"博施济众"则是尽人之性。"博施济众，这是个尽人之道。"*[3]不能尽己之性便不能尽人之性。尽己之性只能独善其身，尽人之性才能兼善天下。因此，时与位成为圣人向圣王转化的关键，赏刑二柄是尽人之性的两根不能缺少的杠杆。

通过以上的分析，我们发现，无论尚公尚同，还是立己立人、成己成物，贯穿其中的都是"无我"。由圣人"无我"向圣王专制转化，是宋代理学的一个基本趋势。我们认为，就个人而言，以"无我"来尽己之性本无可厚非，但如要"博施济众"，以之来立人，尽人之性，使人人都"无我"，则必然导向专制。宋儒正是这样强调的："己欲立而立人，己欲达而达人。"最危险的专制，便隐藏在这种令人感动的慷慨之中，这种慷慨实质上是对他人自我的无情剥夺。

*1 《朱子语类》卷64，1570页。
*2 《朱子语类》卷33，845页。
*3 《朱子语类》卷33，845页。

三、圣王专制——“德政”

1. 德政：王霸之辨

如前所述，内圣的现实意义是外王，外王表现为圣王专制。圣王政治是儒家所追求的理想政治，其楷模为虚拟的三代之政。在为政方面，宋儒主王道而斥霸道：“王者奉若天道，动无非天者，故称天王。命则天命也，讨则天讨也。尽天道者，王道也。后世以智力持天下者，霸道也。”*[1]王道是替天行道，霸道则是为私己而力征天下。圣人于天下“行一不义，杀一不辜，有所不为。有分毫私，便不是王者事”。*[2]而“专用刑政，只是霸者事”。*[3]霸者虽也有施仁之时，但宋儒认为这不过是假仁而已：“夫仁所以治国家而服诸侯也。皇帝王霸皆用之。……假者，文具而实不从之谓也。”*[4] “霸者，以私心感人，便要人应。”“如王者”，则“无所私系”。*[5]王霸之别，从根本上来说，乃是公私之别，霸道假仁以私，王道则无私而公。王霸公私虽异，其实殊途同归，皆归之于专制。所不同的是，一个是赤裸裸的专制，一个是以天道的名义所进行的专制。宋儒称后者为“德政”。

宋儒认为，圣王为政必以德。“人之有德，发之于政……有是德，便有是政。”“德与政非两事。只是以德为本，则能使民归。”*[6]我们在前面反复说过，圣王之德以“无我”为根柢，发而为政，故无不善。“为政以德

*1 《二程集・粹言》卷2，1243页。
*2 《二程集・粹言》，“遗书”卷5，77页。
*3 《朱子语类》卷33，550页。
*4 《温国文正司马文集》，《四部丛刊初编》缩本，卷73，533页。
*5 《朱子语类》卷72，1817页。
*6 《朱子语类》卷23，533页。

者，不是把德去为政，是自家有这德，人自归仰，如众生拱北辰。”*1“北辰”为天之枢纽，圣人为人之枢纽，人心向圣正如众星拱北辰一般。正是这种人心向圣的倾向，构成德政的心理基础。在宋儒看来，圣人有德，人皆归仰之，圣人垂拱而治，无为而天下自治。“所谓无为”，“是我有是德而彼自服，不待去用力教化来服耳”。*2“为政以德，然后无为。”*3“无为”是中国人为政的最高理想，不仅宋儒言无为，先秦儒家及诸子也都谈无为，只是各家所本不同。道家本于自然，法家本于刑法，儒家则本于圣德。“无为”作为各家的共识，乃是基于一个共同的政治文化背景——“人治传统”。

当然，无为绝非无所事事，圣人“不是全无一事。如舜做许多事，岂是无事。但民心归向处，只在德上，却不在事上。……若无德而徒去事上理会，劳其心志，只是不服。”*4“圣人所谓无为者，未尝不为，依旧是‘恭己正南面而已矣’，是‘己正而物正’、‘笃恭而天下平’也。”因此，圣人的功夫全在德上，德到则“人自感化”。“‘为政以德’，不是欲以德去为政，亦不块然全无所作为，但修德于己而人自感化。……故不待作为，而天下归之，如众星之拱北极也。”*5王者与霸者的区别也在这里，圣王德性充沛，自然流出，发而为政，必至无为；霸者人欲横流，以德饰欲，发而为政，必假人为。故无为与有为的区别，也是王霸之别。

但圣王行德政也不排斥用刑，“为政以德，非是不用刑罚号令，但以德先之耳”。“礼乐刑政，固不能废。只是本分做去，不以智术笼络天下，所

*1 《朱子语类》卷23，534页。
*2 《朱子语类》卷23，536页。
*3 《二程集·外书》卷6，379页。
*4 《朱子语类》卷23，537页。
*5 《朱子语类》卷23，533~534页。

以无为。”*[1]王道德刑兼备，德以治人心，刑以治人身。为政之术，当以治心为本，故王道以德为本，以刑辅之，这是圣王专制的特点。王政与霸政，就形式而言，没有什么区别，忠孝仁义、礼乐刑政对王霸来说都不可或缺，二者的区别，从根本上来说只有一点，即有我与无我的区别。有我为霸道，无我为王道；有我为刑政，无我为德政；有我则有为，无我则无为。

2. 德政：以民为本

“以民为本”是德政的核心，也是圣王专制的基础。圣王“以民为本”主要表现在“爱民”、“重民”与“不与民争利”三方面。

［1］圣王事天爱民

“圣人事天爱民，不恤其他。”*[2]“平易近民，为政之本。”*[3]爱民就要以“纯王之心，行纯王之政”。所谓“纯王之心”，便是“老吾老以及人之老，幼吾幼以及人之幼”；所谓“纯王之政”，便是“使老者得其养，幼者得其所”。*[4]圣人爱民如父母之爱赤子，“保民如赤子，此所以为大人”。*[5]“于民亦当求其有不能自达，此是推其慈幼之心以使众也。”*[6]亲子之情是一种最自然的感情，父母对于子女的爱是无私的奉献，宋儒强调圣人爱民如子，意在肯定圣人之爱的无私性。但圣人只爱“赤子”之民，对于“成人”之民却深恶痛绝。从心理的层次来看，成人主要以自我意识的形成为标志；从行为的层次来看，成人又以独立自主的意志和行为为标志。圣人爱民不是把民当做具有自由意志的成人，而是作为完全依附于父母的赤子来

*1　《朱子语类》卷23，534，537页。
*2　《张载集·横渠易说》，76页。
*3　《朱子语类》卷108，2688页。
*4　《二程集·文集》卷2，465页。
*5　《二程集·文集》，“外书”卷2，364页。
*6　《朱子语类》卷16，356页。

爱的，这种爱是无私的奉献与绝对的权威的结合，是一种阴柔的温情脉脉的专制。“推其慈幼之心以使众”，在心理和行为上，都必然要导致成人儿童化的倾向，使人们对圣人的依附，就像婴儿依恋父母一样；缺乏独立性，就像婴儿不能自立一样；取悦并服从圣人，就像婴儿服从父母一样。可见，爱民如子，实际上是对人民的感情的占有和专制。圣人以爱的名义进行专制，并从血缘关系中找到了专制的自然基础。

［2］圣王让利于民

“财者，人之所好，自是不可独占，须推与民共之。……宁过于予民，不可过于取民。”*1因此，为政的一个基本原则，便是“使民以时”，不可“政烦赋重”，使民“不得养其父母”。*2这就要求为政者“节用爱人”，尽量限制自己的欲望，不与民争利。“故为政者在于足民。”*3“足民”是一个相对概念，人民在何种程度上能得到满足，取决于欲望的多寡。只要能抑制人民的欲望，“足民”乃是轻而易举的事情。圣人的高明处便是向这根本处下工夫。“圣人缘人情以制礼，事则以义制之。”*4人情莫不乐利，圣人非不言利，只是制之以义，“举措合义则民心服”*5。“国不以利为利……义之所安，即利之所在。盖惟义之安，则自无不利矣。”*6若不以义制利，利必为害，必致人欲横流。“利者，众之所同欲也，专欲利已，其害大矣。贪之甚，则昏蔽而忘理义；求之极，则争夺而致怨。”*7因此，只有以义制利，才能使利利于天下，所谓“义公天下之利”*8。宋儒认识到，对众

*1 《朱子语类》卷16，369页。
*2 《朱子语类》卷16，361~362页。
*3 《张载集·正蒙》，47页。
*4 《二程集·遗书》卷6，87页。
*5 《二程集·遗书》，“粹言”卷1，1212页。
*6 《朱子语类》卷16，367页。
*7 《二程集·粹言》卷1，1187页。
*8 《张载集·正蒙》，58页。

生光讲“义”是不行的，“若徒义，则不足以得天下之心，必散财发粟，而后可以私其义。若如此说，则义在利之外，分截成两段了！看来义之为义，只是一个宜。”*[1]宋儒的所谓“足民”，即给民以“合宜之利”，这“合宜之利”说到底就是满足人们最起码的生活需要。“食色性也”，这是圣人必须为众生解决的问题。然而当人们对食色的追求超过了自然本性的需要时，“性”就转变为“欲”了。在性与欲之间存在一个节度点——“宜”，所谓“合宜之利”便落实在这个节度点上。一旦人们对利的追求超过了这个节度点，人性就变为人欲了。因此，“利非不善，其害义则不善也”。*[2]“义”，即“宜”也。在“义”的界定下，宋儒承认，“人无利，直是生不得”。*[3]

看来宋儒所说的“利”，本身并不含有善恶的道德在内，其道德的意义是由人的行为赋予的。以欲驱之则为恶，以义制之则为善。而利之善恶是由圣人来定夺的，圣人掌握了义，同时也就垄断了天下之利。圣人让利于民，便是以垄断天下之利为前提的，而且对于义的解释权永远属于圣人。在这种以义制利的情况下，圣人可以随时夺回让与民的“利”，只要他认为此“利”不合义。“言不必信，行不必果，唯义所在，大人之事。”*[4]这就是圣人之“宜”。

［3］圣王重民心

重民心是传统儒家民本思想的一个重要方面，也是人们认为儒家思想具有民主因素的主要依据之一。宋儒继承并发扬了传统儒家思想，以民心所向作为判断圣君和暴君的标准。

*1 《朱子语类》卷68，1707~1708页。
*2 《二程集·粹言》，1170页。
*3 《二程集·粹言》，“遗书”卷18，215页。
*4 《二程集·粹言》，“外书”，卷6，386页。

第一，民心即天命。“言天之变迁祸福之道，由民之逆顺取舍之故。”*1“天如何命之？”“只人心归之，便是命。”*2“若一件事，民人皆以为是，便是天以为是；若民人皆归往之，便是天命之也。”*3第二，民为天之耳目。“天岂曾有耳目以视听。”*4“天之知物不以耳目心思，然知之之理过于耳目心思。天视听以民，明威以民。”*5民心是圣人窥视天命的窗口，天命本来只是个虚拟的必然性，以民心与之相应，便落实了，民心所向即是天命所归。

但宋儒重视民心，是对“无我”的群体而言的，作为个体，民心无足轻重。“夫民，合而听之则圣，散而听之则愚。合而听之，则大同之中，有个秉彝在前，是是非非无不当理，故圣。散而听之，则各任私意，是非颠倒，故愚。”*6“天无心，心都在人之心。一人私见固不足尽，至于众人之心同一则却是义理，总之则却是天。”*7

将民心与天命统一起来，表现了宋儒的民本主义立场，这种民本主义的立场与我们所说的民主迥异。其中最根本的差别，就在于民主强调个体，而民本则排斥个体。当然，我们并不否认，宋儒的本意是想以民心制约权力，这种制约有其合理性。但是，只要我们稍加分析便不难发现，这种制约实际上是虚幻的，其虚幻不仅在于缺乏制度的保证，而且缺乏理论的保证。不管宋儒说得多么天花乱坠，民心始终都是个抽象的整体，与具体的个人往往背离。就像圣人“与天为一”便占了天一样，圣人“重民心”便占有了民心。

*1 《张载集·横渠易说》，203页。
*2 《朱子语类》卷14，259页。
*3 《朱子语类》卷16，315页。
*4 《朱子语类》卷16，315页。
*5 《张载集·正蒙》，14页。
*6 《二程集·遗书》卷23，310页。
*7 《张载集·经学理窟》，256页。

个人都是“至愚无知”的，个人的意志都是私己，只有经过圣人的整合，“私己之心”才能转化为“大同之心”，只有圣人才能从纷纷扰扰的私欲中“明天命”。在宋儒的理论中，圣人的权力实际上是不可制约的。

3. 圣王教化人民

圣人行教化是替天行道，教化的对象是芸芸众生，教化的目的是使众生圣化，趋于“无我”之境。

［1］圣王启蒙

宋儒曰：“中人以下，自弃自暴者众矣。圣人所以贵于立教也。”*[1]故圣人立教以启众人之蒙，“养其蒙使正者，圣人之功也”。*[2]“蒙以养正，使蒙者不失其正，教人者之功也。尽其道，其惟圣人乎。”*[3]“圣贤千言万语，只是教人做人而已。”*[4]宋儒认为，教化应与德政相配合，先富民、足民，然后启民之蒙，去民之昏，这便是宋儒的富而教之论。“衣食不足，则不暇治礼义；而饱暖无教，则又近于禽兽，故既富而教之。”*[5]在富民的前提下，欲行教化，还必须讲术。

宋儒曰：“以善服人者，要得以胜人也。然其术未至者，又乌能服人？”*[6]教化旨在“胜人”、“服人”，怎样才能“胜人”、“服人”呢？宋儒提出要以“神道设教”作为圣人治术的一种。“圣人则能用感，何谓用感？凡教化设施，皆是用感也。作于此化于彼者，皆感之道，圣人以神道设

*1 《二程集·粹言》卷1，1188页。
*2 《张载集·横渠易说》。
*3 《张载集·横渠易说》，“正蒙”，31页。
*4 《朱子语类》卷13，243页。
*5 《朱子语类》卷43，1103页。
*6 《张载集·张子语录》，311页。

教是也。”*[1]“天道四时行，百物生，无非至教；圣人之动，无非至德，夫何言哉！”故“圣人神道设教而天下服。诚于此，动于彼，神之道与！”*[2]神道设教的内容主要有两点，一是“用感”，二是“至德”。圣人行教化全在一个“感”字。所谓“用感”，就是“作于此化于彼”，“诚于此，动于彼”。在这里，“此”为圣人，而“彼”为众生。圣人如无量光源，苍生被其泽；圣人如“第一推动者”，苍生皆顺应。一个“化”字，一个“动”字，便是“用感”所致。“化”与“动”的对象，当然是指众生。然而圣人以何感人呢？当然是德，所谓“一德立而百善从之”*[3]。圣人以其德，启民蒙，去民昏，然后使人成其为人，这是圣人给苍生的恩赐。“盖大人，以天下为度者也。天下苟有一夫不被其泽，则吾心为有慊；而吾身于是人者有一毫不尽，则亦何以明明德于天下耶！夫如是，其所为……为其职分所当为也。”*[4]圣人将众生摄入其“用感”的灵光内，启众生之蒙，去众生之昏，这便是尽了他替天行道的职分。

［2］圣王“一刀切”

教化的作用在于“齐殊归一”，即齐众人之殊心归于一心。圣人以“道济天下”便是以道齐天下，天下不可不齐；不齐者，“一刀切”以齐之。圣人以“一刀切”治天下，天下之治便易如反掌。“知周乎万物而道济天下，然后不错。若不如此，则或得于此，或而失于彼也。”*[5]“以有限之心，止可求有限之事。欲以致博大之事，则当以博大求之，知周乎万物而道济天下也。”*[6]以一人有限之心，欲齐天下之万殊，必于“博大”处求其齐，而

*1 《张载集·张子语录》，“横渠易说”，107页。
*2 《张载集·张子语录》，“正蒙”，13~14页。
*3 《二程集·外书》卷3，371页。
*4 《朱子语类》卷15，313页。
*5 《张载集·横渠易说》185页。
*6 《张载集·横渠易说》，“经学理窟”，272页。

求齐的最简便易行且易见效的办法，便是“一刀切”。“‘壹是’，一刀也……颜师古注：‘犹如以刀切物取其整齐。’”*1宋儒认为，“理”是一把所向披靡、无坚不摧的快刀，“一刀切”乃灭私也，使万殊归于一“理”。“人心不同如面，只是私心。”*2“有己则喜自私，私则万殊，宜其难一也。”*3故圣人“一刀切”，应首先向“私心”大开杀戒，杀尽人的私心，能“使人齐入圣人之域”。*4“圣人之域”的标志是“无我”，“无我”则“广居”。“广居，无私意也”，“以天下为一家，中国为一人，何广如之！”*5如果众生皆入圣域，千私万殊经过圣炉冶炼，那么国人就会被铸成千户一家，万人一面，这便是宋儒所说的“大同”和“广居”。

[3] 圣王“反观”

圣人“齐殊归一”，除“一刀切”外，还须“反观”。“圣人所以能一万物之情者，谓其圣人之能反观也。所以谓其反观者，不以我观物也；不以我观物者，以物观物之谓也。”“夫所以谓之观物者，非以自观之也，非观之以目，而观之以心；非观之以心，而观之以理也。”*6如果说“一刀切”是行之于外的话，那么“反观”则是求之于内。“一刀切”是化人，而“反观”则是化己。圣人通过“观物”进行自我教化，即进行“无我”的训练。这种训练从关闭感觉开始，继而禁锢心灵，最后变成“天理一块”。圣人以“理”为出发点，作物我相通的假设，故能“一万物之情”，“通天下之志”，使“万物皆备于我”。“吾之心，即天地之心；吾之理，即万物之

*1 《朱子语类》卷15，307页。
*2 《朱子语类》卷15，144页。
*3 《朱子语类》，“粹言”，卷2，1254页。
*4 《朱子语类》卷14，252页。
*5 《朱子语类》卷55，1315~1316页。
*6 邵雍：《观物内篇·六十二》。

理。”[*1]圣人以“一”消灭了人的本质的多样性和丰富性。如果这仅仅是圣人的一种自我选择，倒也无可厚非，但是圣人还要以“一刀切”的方式去教化别人，就实在令人发指了。

［4］圣王以刑辅教

“圣王为治，修刑罚以齐众，明教化以善俗。刑罚立则教化行矣，教化行而刑措矣。虽曰尚德而不尚刑，顾岂偏废哉？”[*2]治民之本，虽以教化为本，但刑罚也不可缺，须是刑罚与教化相辅相成方可为治。“教人之术，若童牛之牿，当其未能触时，已先制之，善之大者。……如有不率教之人，却须置其槚楚，别以道格其心，则不须槚楚，将自化矣。”[*3]“牿”、“槚楚”，皆刑罚之喻也。圣人之治，要在防患于未然，就像小牛的角还没有长出来，就要使之适应笼头一样，对“不率教之人”，须“以道格其心”，即在心上绑一个结结实实的笼头。

圣人不仅以德感人心，以道格人心，而且使之制度化，落实在礼上。“资质好的便化，不好底须立个制度，教人在里面，‘件件是礼’。”[*4]“礼者，圣人之成法也，除了礼天下更无道矣。……治民则教化刑罚俱不出于礼外。”[*5]教化刑罚都在礼中，故礼具有政教合一的功能。寓刑于礼，可以上溯至战国时的荀子，“圣人为天下，何曾废刑来”！[*6]宋儒继承了这一传统，不仅以理杀人，而且以刑杀人。宋儒的言论，并不都是温情脉脉的，还有许多杀气腾腾的。“刑刚强之人，必须深痛，故至灭鼻而无咎也。

*1　《朱子语类》卷97，2483页。
*2　《二程集·粹言》卷1，1212页。
*3　《二程集·遗书》卷2，14页。
*4　《张载集·横渠易说》，214页。
*5　《张载集·横渠易说》，“经学理窟”，264页。
*6　《朱子语类》卷23，547页。

中正之道，易以服人，与严刑以待刚强，义不相妨。”*[1]宋儒认为，替天行道不仅是“生生”，杀人也是替天行道，故圣人杀人心安理得。对于下民，宋儒主张先刑后教，以杀启蒙，“发下民之蒙，当明刑禁以示之，使之知畏，然后从而教导之”。*[2]“九居初，最下无位者也。下民之象，为受刑之人。”*[3]《系辞》曰：“小惩而大戒，此小人之福也。”*[4]

以刑治蒙，为宋儒首标，其阴险狠毒，过于韩非。韩非杀人以法为本，宋儒杀人以理为本；法有局限，而理无处不在；法的对象是罪人，而理的对象为芸芸众生。在宋儒看来，芸芸众生皆为蒙者，治蒙之初，须威之以刑，以刑“去其昏蒙之桎梏”*[5]。故芸芸众生皆是可刑之人，只要本于天理，杀人也是教化，且不失圣人爱人之心。“圣人之于民，虽穷凶极恶而陷于刑戮，哀矜之心无有异也。”*[6]“虽曰杀之，而仁爱之实已行乎其中。”*[7]圣人做大事不以小不忍为心，只要打着天理的旗帜，就可以大开杀戒，“圣人于天下，自是所当者摧，所向者伏”。*[8]圣人之德风，众生望风披靡。在圣人软硬兼施的权威面前，众生柔化了，萎缩了，退化为麻木不仁的植物人。

4. 圣王改造个体

在宋儒的圣人观中，造圣思想极为重要。就一般而言，造圣具有两种取向，一是自下而上的取向，这是圣人的造圣，其对象为芸芸大众。宋儒的造圣思想集中反映了这一趋向，它的思想基础是人皆可以为圣人，每个人先

*1 《二程集·周易程氏传》，“噬嗑”。
*2 《二程集·周易程氏传》，“蒙”。
*3 《二程集·周易程氏传》，“噬嗑”。
*4 《二程集·周易程氏传》，“噬嗑”。
*5 《二程集·周易程氏传》，“蒙”。
*6 《二程集·文集》卷8，588页。
*7 《朱子语类》卷78，2009页。
*8 《朱子语类》卷74，1926页。

天有着致圣的基因，圣人的作用在于通过启蒙等一系列手段使之发扬光大，这一过程，我们称之为圣化。在这一过程中，每个人都将经历着极严厉的自我桎梏和痛苦的嬗变，它要不惜一切代价，拔掉人性中那个根深蒂固的“我”。

［1］造圣从人性入手

宋儒继承了孟子的“人皆可以为尧舜”的大丈夫思想，强调在圣化的道路上人人平等。传统儒家主张在平等的教育氛围下，通过读书，庶民也可能加入士阶层的行列。在这一基础上，宋儒进一步从人性的高度，提出人人平等的主张，即天赋人性，人权机会均等，人的本质都是善的。所谓“人皆可以为尧舜”，是主张人格的平等，更确切地说是“内圣”的平等。

宋儒认为，人性本善，在这一点上，圣人和凡人并无二致，“性之所以无不善，以其出于天也”。*[1]人性本是浑然一块天理，“我”便是人欲，是“我”诱使人性误入歧途。只要去掉“我”，人性自善，每个人都有成圣的可能。因为在人的本性里，都有圣人的基因。“人自孩提，圣人之质已完。”*[2]因此，只要恢复其本性，人皆可以致圣。“人与圣人，形质无异，岂学之不可致耶？”*[3]人要复其本性，“当从知耻开始，‘舜，人也，我亦人也。舜为法于天下，可传于后事，我犹未免为乡人也，是则可忧也。’此便是知耻。知耻，则进学安得不勇”！*[4]人若有耻感，便可以改变自己的命运：“孔子谓上智与下愚不移，然亦有可移之理，惟自暴自弃者则不移也。……使肯学，亦有移之理。”*[5]“人之性一也，而世之人皆曰，吾何能为圣

*1　《朱子语类》卷59，1375页。
*2　《二程集·遗书》卷6，81页。
*3　《二程集·遗书》卷18，203页。
*4　《朱子语类》卷57，1355页。
*5　《二程集·遗书》卷18，204页。

人，是不自信也。”*[1]只要不自暴自弃，充满信心，努力学习，便可成圣。因此，人生之大要，在于立志。“言学便以道为志，言人便以圣为志。自谓不能者，自贼者也。” *[2]此志不可夺，“志若可夺，则如三军之帅被人夺了。……志真个是不可夺”！*[3]“志”，即有志于成圣。既然在本性上每个人都有成圣的可能，人们就应该充分发挥主体性，突出自我以成圣。宋儒在鼓励人们成圣时，提倡人的自主性，但成圣的过程又恰恰是消灭人的主体性过程。这是一种悖论。用高扬人的自我意识来铲除人的主体性，用自我来扼杀自我，就是说人重视自我，并不是重视自己的社会价值，而是看重那一点先天的圣人基因。人的自我意识就是在于挖掘这一点基因成为圣人，这就是人一生的奋斗目标。

“为学要刚毅果决，悠悠不济事。且如‘发愤忘食，乐以忘忧’，是什么样精神！什么样骨力！”*[4]“人要为圣贤，须是猛起服瞑眩之药相似，教他麻了一上了，及其定叠，病自退。”*[5]“须是策励此心，勇猛奋发，拔除心肝与他去做！如两边擂起战鼓，莫问前头如何，只以卷将去！”“如居烧屋之下，如坐漏船之中。”*[6]这种近于发狂的奋斗精神是基于一种深深的危机感，因为圣人只给每个人制定了一条人生之路，即成圣之路。“天下自有一个道理在，若大路然。圣人之言，便是一个引路底。”*[7]“圣人作大学，便使人齐入于圣贤之域。”*[8]“夫道也者，……如道路之道，坦然使千亿万

*1 《二程集·遗书》卷25，318页。
*2 《二程集·遗书》卷18，189页。
*3 《朱子语类》卷37，982页。
*4 《朱子语类》卷34，889页。
*5 《朱子语类》卷118，2844页。
*6 《朱子语类》卷8，137页。
*7 《朱子语类》卷114，2756页。
*8 《朱子语类》卷9，152~153页。

年行之人，知其归者也。”*[1]人们只有走圣人指引的道路，方能体现“人”的价值和意义，否则便与禽兽为伍，会被作为非人来对待。在这一界定下，无论愿意与否，人们都只有通过自我奋斗，拼命挤入成圣的行列。而这种奋斗恰恰是与“我”斗，在与“我”斗其乐无穷的过程中，一个具体的有血有肉的人，在圣人的灵光照耀下蒸发掉了，剩下的只是一个抽象的道德躯壳。因此，成圣的过程，便是以自我斗争的形式非我化的过程。也只有在这种情况下，专制主义才允许人的自我充分高扬，从某种意义上来说，这是慢性自杀的过程。

［2］造圣“反求诸身”

自我斗争是从内部自觉地进行的非我化的过程，这一过程是通过修身来完成的。“性善论”决定了宋儒的学问是一种向内作功夫的道德学问。所谓“反求诸身”，就是求自身之中的善。在这一过程中，从内部一点点地蚕食自我，最后达到无我与天为一的境界，“内圣”即此谓也。

宋儒认为，真知存于本性之中，求圣之道在于自我反省，向内求索，其功夫谓“反”、“复”或“成”。这便是宋儒所说的“反身穷理”。“如何是反身穷理？”“反身是着实之谓，向自家体分上求。”*[2]“身之，言履也；反之，言归乎正也。”*[3]人的一切求知活动都是围绕着自身的本性展开，并不注重我之外的客观世界。“闻见之知，非德性之知。德性之知，不加闻见。”*[4]“德性之知”，不须通过对客观世界的认识来掌握，只要向内求索，身体力行即可。“德者，吾之所自有，非自外而得也。以仁义礼智

*1　邵雍：《观物内篇》之九。
*2　《朱子语类》卷9，158页。
*3　《二程集·粹言》卷2，1233页。
*4　《二程集·粹言》卷2，1260页。

观之，可见。”*[1]“大凡道理，皆是我自有之物，非从外得。所谓知者，便是知得我底道理，非是以我之知去知彼道理也。道理本固有，用知方发得出来。”*[2]求得本性之知，便掌握了天地万物之理。“‘反身而诚’，便是天地万物之理在我。”*[3]“世之人务穷天地万物之理，不知反之一身……善学者取诸身而已。自一身以观天地。”*[4]宋儒将致知的方向引向人自身，对于自身之外的客观世界则无动于衷。认为以有限的生命来明天地万物之理，终是微不足道的。唯有在自身上下工夫，方能求得宇宙的大本大原。宋儒的这种看法基于两个前提：一是天人无二，故由己可以知天；二是人性相通，故由己可以知人。天与人和人与人都在本性层次上相通，因此，若要知天知人，就必须在本性上下工夫。然而人的本性多为自我所障蔽，要“复性”就必须突破自我的障蔽。

［3］造圣要灭人欲

“存天理，灭人欲”是“反求诸身”的一个合乎逻辑的结果。“存天理”，是“复其本性”，“灭人欲”则是“克我”，因为我是人欲的胚胎，不“克我”则天理难以显现。

在宋儒看来，人一来到世上，天理人欲便相伴而来，二者不能共存，总在进行着“你死我活”的斗争。“人只有天理、人欲两途，不是天理，便是人欲。”*[5]而且天理人欲之争，谁胜谁负，殊难预料。“以理言之，则正之胜邪，天理之胜人欲，甚易……以事言之……邪之胜正，人欲之胜天理，却甚易。”*[6]因此，人应该“把定生死路头”，“扶起此心来斗”，斗则进，

*1　《朱子语类》卷34，864页。
*2　《朱子语类》卷17，382页。
*3　《朱子语类》卷18，418页。
*4　《二程集·外书》卷11，41页。
*5　《朱子语类》卷41，1047页。
*6　《朱子语类》卷59，1417页。

"敬"使求之于内，那么"下学上达"便是行之于外。修身养性，落到实处，就是在现实中一点一滴地实践自性，最后达到尽性，这一过程便是下学上达。

宋儒的圣人观是以"泛理论"为基础的，他们认为"理"无处不在，无所不存，只要"格物"，则理到处可见。所以他们主张，成圣须从身边的小事做起。"洒扫应对"是格物、致知、穷理的基本形式，它为"人皆可以为尧舜"提供了一种现实的运作手段，"制度文章"非人人所能为，而"洒扫应对"则人皆可为。宋儒认为，不仅"制度文章"上可以成圣，"洒扫应对"中同样可以成圣。"存天理，灭人欲"，从日常生活中做起，才具有经常性和广泛性。从表面看，"制度文章"和"洒扫应对"之间确有层次之别，但内在的模式则完全相同。"形而上者，存于洒扫应对之间，理无大小故也。"*1"其为上下大小不同，而其理则一也。"*2"一言一动，一动一作，一生一立，一饮一食，都有是非。是底便是天理，非底便是人欲。""便吃一盏茶时，亦要知其孰为天理，孰为人欲。"*3"如墨上亦有个天理人欲，砚上也有个天理人欲。分明与他劈做两片，自然分晓。"*4可见，"洒扫应对"看似小事，然而天理自在其中，只要认真去做，去体会，天理自然显现出来，"制度文章"亦从"洒扫应对"中出。"世儒之学，正惟洒扫应对便是，从基本上一节节实行去，然后制度文章从此而出。"*5"圣人之道，更无精粗，从洒扫应对至精义入神，通贯只一理。虽洒扫应对，只看所以然者如何。"*6"洒扫应对"和"制度文章"，其所以

*1　《二程集·粹言》卷11，1175页。
*2　《朱子语类》卷49，1209页。
*3　《朱子语类》卷36，963页。
*4　《朱子语类》卷78，2017页。
*5　《张载集·经学理窟》，288页。
*6　《二程集·遗书》卷15，152页。

然者，皆为理。“下学上达”，反映在自性方面，是“克己”和“乐天”，所谓“克己，下学也”，“上达则乐天”。*1当其向社会性转化时，则表现为“洒扫应对”和“制度文章”。“洒扫应对”是练“克己”的功夫，从“洒扫应对”上达为“制度文章”，从主观方面，要“深究‘精义入神’底事”，即从理上讲“洒扫应对”与“制度文章”沟通。因此，我们可以把“洒扫应对”看作从事“制度文章”的一种准备，一种模拟实验。但是“洒扫应对”毕竟是打个基础，着眼于“立己”、“成己”，只有从“制度文章”上入手，才能“立人”、“成物”。“洒扫应对”可以说是修身的一种基本方式，无论正心、诚意，还是格物、致知、穷理，都可以“洒扫应对”的方式进行锻炼。而“制度文章”则是“外王”的事业，从“洒扫应对”上达为“制度文章”，实际上便是从修身走向治国平天下。

根据以上分析，我们可以看出宋儒造圣的基本思路：先让人从外界回归自身，即“反求诸身”，然后劈作天理、人欲两部分进行“存天理，灭人欲”的斗争，经过斗争，建立以“敬”为本的内心规范，再将这种内心规范以“下学上达”的方式，外化为行为规范和治国平天下的政治模式。经过这些循序渐进的步骤：外—内—外，圣人的坯子便已形成。我们认为，人皆可以为圣人的实质是，人皆不成其为人。

5. 政治伦理与圣王专制

宋儒的思想从天理人性出发，最终落实到人伦上。宋儒用一个圣人模式来涵盖所有人的个性，就像出自同一个铸范的铸件一样，而人伦就是这个圣人模式的外在显现形式，是检验人们是否成圣的一个绝对标准。人皆可以为圣人的实质，便是在人伦关系网中，找到一个恰如其分（身份）的位置，并

*1 《张载集·正蒙》，35页。

像一个死结一样，牢牢地拴在自己的身份上。

［1］儒家伦理精神的根本：天和祖

君、臣、父、子、夫、妻、兄、弟、友构成儒家的人伦网络，在这个人伦网络中，每一种身份都有一套与之相应的角色模式。宋儒曰："圣人教人有定本。……教以伦：父子有亲，君臣有义，夫妇有别，长幼有序，朋友有信。"*[1]即"君君、臣臣、父父、子子、夫妇"之道，宋儒认为此为"道之大本"*[2]，是天理之在人者。"天地设位，圣人则之，以制礼法，内有夫妇，外有君臣。妇之从夫，终身不改；臣之事君，有死无二。此人道之大伦也。"*[3]人伦出于自然，不仅表现在以天为本、对天的认同上，而且表现在追根溯源、寻祖归宗的血缘认同上。"父之所以慈，子之所以孝，盖父子本同一气，只是一人之身，分成两个，其恩爱相属，自有其不期然而然者。其他大伦皆然，皆天理使之如此，岂容强为哉！"*[4]"自天言之，只是一个气。自一身言之，我之气即祖先之气。"*[5]"'自家精神，即祖考精神。'这里尽其诚敬，祖宗之气便在这里，只是一个根苗来。"*[6]宋儒由此推论人伦关系"非是欲其如此"，而是天与血缘运行的必然结果。"有牝牡，便是有夫妇；有大小，便是有兄弟；就他同类中各有群众，便是有朋友；亦有主脑，便是有君臣。只缘本来都是天地所生，共这根蒂，所以大率多通。圣贤出来抚临万物，各因其性而导之。"*[7]圣人"各因其性而导之"，就是根据自然法则，将每个人都固定在他所特有的身份之中，身份是每个人生存的标

*1　《朱子语类》卷8，129页。
*2　《二程集·遗书》卷18，187页。
*3　《资治通鉴》卷60，1428页。
*4　《资治通鉴》卷17，383页。
*5　《资治通鉴》卷3，47页。
*6　《资治通鉴》卷25，619页。
*7　《资治通鉴》卷14，256页。

志和目的，谁也摆脱不了人伦之网。“父子君臣，天下之定理，无所逃于天地间。”*1天和祖是儒家精神的两根支柱，两个本原，自然本于天，而人文出于祖，自然主义和祖考精神成为儒家传统的两个原动力，即以人伦关系的网络而论，它从自然主义的展开中获得秩序性，从祖考精神的绵延中获得存在性，而天与祖的绝对权威性，又赋予儒家人伦纲常以必然性。

［2］儒家伦理精神的核心：孝与忠

儒家人伦纲常中，君臣和父子关系最为重要。在这两种关系中，君与臣，父与子，各自承担的伦理义务不同，所拥有的权力也有天壤之别。一般来说，君与父对于臣与子，几乎享有绝对权力，而负有的义务则微乎其微。而臣与子则恰恰相反。但是任何一种身份都处于相对的地位，即如君与父这两种身份的人，他们同时又必然要处于子与臣的地位。因此，孝与忠作为儒家伦理精神的核心具有普遍性，成为每一个人所必须承担的伦理义务。中国历代封建君主无不标榜以孝治天下，一方面表明了君主专制的家天下本质，另一方面又表明君主负有履行孝道的义务。这种孝道，实际上便源于前面所说的祖考精神。

在上述两种伦理关系中，父子关系是根本，父子关系是君臣关系的原型。“君臣，父子也，父子之义不可绝。”*2当然，如果我们一直追溯下去，它们又源于一种更为基本的天人关系。实际上君臣关系是父子关系的再现和展开，在父子关系中，个人的政治行为方式和政治心理机制已经定型，它们为君臣关系的种种定则提供了心理基础。忠本于孝，君主的权威源于父亲的权威，君主对臣民的德刑并举，实质上是父亲对子女的爱与罚的再现，即如臣谏君也可以在父子关系中找到它的伦理依据。

*1 《二程集·遗书》卷5，77页。

*2 《二程集·遗书》卷2，43页。

孝与忠在本质上都是个“顺”字，它们的区别在于所面对的对象不同，孝的对象是父，而忠的对象是君。古人云，“求忠臣必于孝子之门”，即反映了孝与忠的同一性。如前所述，“顺”以“无我”为根柢，因此，人子之顺，便是“以父母之心为心”*[1]，不能有一点主体性；不言而喻，人臣之顺，自然也要以君主之心为心，同样不能有一丝一毫的主体性。宋儒主张“事君致其身”，所谓“致身”，便是“一如送这身与他，便看他将来如何使”。这种不有其身的精神，是“不为己之私计也”*[2]。然而，君和亲也不是天生圣人，难免要犯错误，如果只是僵化地顺从，而致君亲错上加错，便是“顺”的异化。为了克服“顺”的异化，宋儒又提出了“谏”。“人情自有偏处，所亲爱莫如父母，至于父母有当训谏处，岂可以亲爱而忘正救！所敬畏莫如君父……岂可专持敬畏而不敢言！”*[3]但是，人子人臣只能“微谏”。何谓“微谏”？朱熹说：“微谏者，下气，怡色，柔声以谏也。见得孝子深爱其亲，虽当谏过之时，亦不敢申己之直，而辞色皆婉顺也。”*[4]一言以蔽之，则“敬不违”也。“‘有敬不违’者，上不违微谏之意，切恐唐突以触父母之怒；下不违欲谏之心，务欲置父母于无过之地。其心心念念只在于此。若谏父母之不从，恐触其怒，遂止而不谏者，非也；欲必谏，遂至触其怒，亦非也。”*[5]天下无不是的父母，谏的结果，只能是“子为父隐”。人臣谏君也是如此，“看来臣子无说君父不是底道理，此便见得是君臣义处”。*[6]这种文过饰非的“微谏”，只是“顺”的一种补充，其作用显而易见是强化了“顺”。作为人臣和人子，必须维护君与父权威的绝对性和

*1 《朱子语类》卷27，705页。
*2 《朱子语类》卷21，500页。
*3 《朱子语类》卷16，352页。
*4 《朱子语类》卷27，704页。
*5 《朱子语类》卷27，705页。
*6 《朱子语类》卷13，233页。

真理性，为此可以作出任何牺牲，“君要臣死不得不死，父要子亡不得不亡”，顺到生物本能也丧失了的地步，无论定以怎样荣耀而崇高的谥号，恐怕也不能掩盖人性异化的实质吧。

所谓圣化，归根结蒂就是一个“顺”字，顺天、顺地、顺应自然，“无我”是顺，专制也是顺，忠与孝便是在人事上历练“顺”。人能尽忠、尽孝，自然也就能“顺”了，这就是孝与忠能成为儒家伦理精神核心的根柢所在。宋儒认为，顺则成圣，然而在我们看来，“顺”的结果是使人不成其为人，而圣则是彻底的异化人。宋儒将所有的人都钉在孝与忠的人伦十字架上，从而终结了从“无我”走向专制的思想历程。“天网恢恢，疏而不漏”，在圣化的道路上，芸芸众生在劫难逃。

后 记："再思斋"问学记

1997年香港回归，我也回归，回到我的导师刘泽华先生的身边，开始攻读博士学位，我自称是"回炉"，回到南开大学"再思斋"的思想之炉、学术之炉里，重新锻炼自己。三年苦"炼"，博士论文终于完成。按"再思可矣"的要求，论文一搁便三年。

先生常说，完成一篇论文，要剥一层皮。对此，我深有体会。我本来就体弱，论文答辩之后，人就像虚脱了一样，有劫后余生之感。好比炼剑，我不敢说我的观点经得起千锤百炼而无瑕疵，但这篇论文在"再思斋"淬火，又在"再思斋"退火，是货真价实的"再思斋"的出品，而非思想的舶来品和赝品，我自信是确定无疑的。

"再思斋"并非培根所谓的"洞穴"，充满了五花八门的成见。相反，它是思想者的工作室，思想之锤敲打着无数的成见，我的思想之火就在这里点燃；它还是理性之光普照的广场，各种各样的观点在理性的阳光里翩翩起舞，我是其中的一个舞蹈者。

我的思想在导师刘泽华先生的书房里跳舞，"再思斋"是刘泽华先生的书房，这里的出品真是不少，当然以先生的著作为主，如《中国传统政治思想反思》《中国传统政治思维》《中国的王权主义》等，在思想史的研究方面，都有着划时代的意义。

这具有雷电之效的思想，震动了国内外学界，也发聩了弟子。弟子们不仅各有专攻，码字的业绩亦不菲。当然像我这样东奔西走之余，再来回炉的学生，在先生的指导下，也小有收获，《思想者的产业》（合著）、《中国私学百年祭》，还有这本《中国圣人文化论纲》都是在“再思斋”里酝酿出来的。

“再思斋”原来在天津南开大学北村，上大学时，我就常去，后来做先生的研究生，去的时候就更多了。那时真可谓陋室，但有一种无形的大的气象格局。我博士毕业以后，先生一家迁入西南村新居，他六十有五时才搬进去。先生在140平方米的房子里踱来踱去，高兴他这辈子居然能住上这么好的房子。

比起“再思斋”来，新居的书房大了许多，有十几平方米，全新的。范曾送来一幅画，画的是许由洗耳，美其名曰“洗耳斋”，先生“耳顺”，就采纳了。不过我还是喜欢原来的名字：“再思斋。”它朴实厚重，有农家本色。先生是农家子弟，书房也像农家一样讲究实用，没有令人啧啧的“珍本”、“孤本”，满墙的书架顶天立地，书架上排满了书，与专业有关的书，应有尽有，自给自足，如五谷杂粮，我们又称之为“刘家庄”。

“庄”的意思是“土”，不管是昔日的“再思斋”，还是如今的“洗耳斋”，“土”的色调没变。先生不仅人“土”，而且他的藏书也“土”。正像他脚上穿的那种松垮的老式粗棉线袜子，只有在农贸市场上才看得到的。现在流行的袜子，他是穿不惯的。他的书架上保存下来最早的书，要属郭沫若的《十批判书》（1956年版）和侯外庐等人所著的中国《中国思想通史》。

不过，与对待袜子的态度不同，在书架上，他还是为“后现代”留了一席之地。他常说自己不懂后现代主义的政治理论，学生有好之者，他一律称之为“后主”，并请“后主”们讲解一二。书房里有数万张卡片，那是他这一辈子读书的结晶，他看得很重。他说，收集史料如捉贼，稍纵即逝，不可放过。几十年来，他看书必抄，抄了满满几大箱。有了这样的学术积累，先生胸中似有百万兵，左冲右突皆思想，横排竖排是文章。

先生一路穷读过来，年轻时没钱买书，一家老小住在和学生宿舍相仿的筒子楼里，也没地儿摆书。筒子楼是20世纪50年代到80年代大学里中青年教师群居的特殊领地，一幢长筒形楼房，大概五六层，房间排居南北两厢。住在北间的，苦不堪言。闷热、阴冷、潮湿，更不用说常年的夕照，养就了精神迟暮、少年老成的气质。通常，南北两家默契，门窗同开，便能享受到通风纳凉的愉悦。当然各自的门框上，一定要挂一块布帘，那是维护隐私尊严的最后一道防线。中间楼道除行人外，每个房门边儿，摆着一个简易煤气灶，一张书桌凑合的案台，底下塞满了煤气罐和乱七八糟的餐具，委琐不堪。但按照传统中国人的饮食概念，那就是每家每户的“天”了。孩子们在楼道里嬉戏，挨门乱窜，吃百家饭，和老鼠一起长大。

先生的两位千金，生于20世纪60年代，常跟楼道里的一帮孩子到隔壁捣乱起哄，嘻嘻哈哈地喊着“眼镜子”，被师母严责。“眼镜子”是著名数学家王梓坤先生，与刘泽华先生为邻。王先生一人独居一室，面积奢侈，可以自由随适，书籍横竖安逸，随手可得。刘先生除却羡慕，只能去图书馆的书库里站立读书，书库是不置放桌椅的。

南开大学的老馆书库，读硕士时曾进去过，颇有怀旧式的贵族气，数十年不动如山。一排排的“书山”，几乎让人窒息。我曾在狭长的过道里狂奔，想在闭馆前惊醒每一处尘封的书卷气，去触摸先生那一辈学人当年的气息。

适值饥饿时期，先生几乎整日站在书库里，以读书“忘饥”，粮食不足，就充以知识，支撑他高大的躯体。不过，还是物质决定意识，天不遂人愿，先生终于病倒了。治病期间，先生以思想史为“良药”，流连其中，忘却病魔缠身。但营养不良的底子，造成弱势身体，从此以后，“病客”便常常登堂入室。读书中，他发现，政治思想史还是一片荒原，前人虽有开垦，但尚未脱哲学史和大思想史的樊篱，而当时治政治思想史的学者亦寥寥无几，先生遂立此志。以前读过一本书，名叫《病夫治国》，以之套用于先生，可谓“病夫治学”欤？

政治思想史本来就令人“头痛”，而要认真起来就会真的头痛，可先生恰恰就是一个认真的人。先生治史，通古今之变，求经世致用，这两点，是学理的和实践的。学理求“通”已经很难；实践求“用”就难上加难了。久而久之，先生真的头痛起来。他的头痛病时常发作，然而发作一次，思想便飞跃一次，结果先生从书房进了牛棚。

牛棚没治好他的头痛病，因为他把牛棚当作了书房。在牛棚里，他发现：马克思主义在我心中。这一发现，使他的思想进入了自由王国，有了马克思主义这碗酒垫底，什么样的酒全能喝。

“文化大革命”初始，专制主义文化泛滥，先生嗅息到了这种气味儿，厌恶而又不敢公开反对，便设法逃避各种运动。他还是个“史学革命”的小兵，就“顶”了“法家著作注释会议”的敬酒，而喝了儒法斗争的罚酒。1974年，在北京召开“法家著作注释会议”，他有幸忝列其中。与会者大谈“要用儒法斗争重新改写中国历史”，他竟然站起来说：“不！”有人阻止他发言，他倔强地表示：请让我讲完！

《光明日报》主编黎澍先生发现了他，扶持他，使他脱颖而出。1978年，先生的一位日本朋友菱沼达也教授，向先生问道：“你们当时都干了些什么，有责任吗？”又问：“你们是公民吗？”噢！先生不知该如何回答，但惊醒了。

菱沼先生是位农牧学家，20世纪30年代为反对日本军国主义坐过牢，70年代退休后到日本乡间自办一张小报，继续批评军国主义，呼吁年轻一代不要忘记历史。他自称，这是一个公民应做的事。“是啊，我是公民吗?我为宪法的尊严做了些什么？”从此，这自问，一直伴随先生的头痛，在我们的小课堂上萦绕不去。

“再思斋”曾经挂了三个条幅，最早是“神与物游”，稍后换了“难得糊涂”，后来又换成了“死猪不怕开水烫”。先生问我们，哪一个境界最高？我们都认为是“神与物游”。先生说：差矣！他指着“死猪不怕开水烫”说：是它！乍一听，如雷贯耳，我们全都为之震撼了。

这一震撼，余威未尽，至今仍在我们心中留下波澜……

我是先生学生中留在他身边的唯一女生，虽已过不惑之年，但生性敏感浪漫，似乎与严谨的学术无缘，但命运之索却硬是把我捆绑在这逻辑的链条上，使我不得不在思想史里做道场。幸得先生督课严格，每每对问题追根溯源，论必有理，言必有据，故我常常被先生唤至家中，文中所言，逐一讨论。先生胸襟疏阔，海纳百川，学生多无顾忌，书生意气，放言高论，气氛热烈到时常忘时忘食。

然而先生一丝不苟，对于学术盲点，决不轻易放过，故时常有刚出先生家门，又被先生电话追至，责问不已。偶有与先生难以沟通的阻隔时，真是灰心丧气啊！此时师母往往挺身而出，责先生语气不够缓和，然后又悄悄告密，说先生如何夸奖了我们。不过，我从未见先生当面表扬过谁，这老头！

师母的“地下工作”还是卓有成效的，使我底气十足地继续和这老头进行学术沟通的“斗争”。好在先生因材施教，并不过分强求研究方法的标准化和学术风格的一致性，而是更多地强调学术个性，主张思想立异标新。因此，我的多少有点出格的自由化的观点和浪漫主义的学风，不仅没有被压制，反而得以高扬起来，先生实在是在助长我的学术个性。

这一点，我起初并没有觉得有多么宝贵，后来我在做博士后时，才深有体会。为了坚持我的学术个性，尽管我已花了两年的工作时间，我还是选择了自动出站。我不想进入某种我难以接受的学术规范，吾爱吾师，但我不能放弃我的学术个性。现在我才懂得，追随先生十几年，真正所得者，乃由先生启迪之学术个性。由此放大，来看中国的学术和文化，因此，我特别强调了新私学和文化个体性。三年回炉，千辛万苦，“炼”就的也就是这么一点个性和主张。

在重新翻阅修改本书的过程中，我增加了三篇文章：一篇是我的硕士论文《宋代理学中的圣人无我与圣王专制》；另外两篇是我的夫君刘刚先生早年写的两篇文章《圣化：道、王、神一体化》和《王权主义批判与文化个体性自觉》。我认为加上这三篇文章，本书关于中国传统文化中的圣化问题才够完整。另外，我之所以能够坚持纯正的学术探讨和研究，得益于夫君的鼓励和敦促。夫君多年奔波于商海，但仍钟情于学术，本书中的许多观点和思想，都是在与夫君的讨论中获得的，可以说本书是我们共同的学术结晶。

李冬君

于京郊蛸蝂斋

参考书目

1. 《十三经注疏》（上、下），中华书局1979年影印。

2. 王先谦：《诸子集成》，上海书店出版社1986年影印。

3. 《二十二子》，上海古籍出版社1986年版。

4. 孙星衍注疏：《尚书今古文注疏》（上、下），中华书局1986年版。

5. 杨伯峻：《论语译注》，中华书局1980年版。

6. 杨伯峻：《孟子译注》（上、下），中华书局1980年版。

7. 梁启雄：《荀子简释》，中华书局1983年版。

8. 赵翼著，王树民校证：《廿二史札记校证》，中华书局1984年版。

9. 王夫之著：《读通鉴论》（上、中、下），中华书局1975年版。

10. 永瑢等著：《四库全书简明目录》，上海古籍出版社1985年版。

11. 段玉裁注：《说文解字段注》，成都古籍书店1981年影印。

12. 姚金铭、王燕编：《王国维文集》（四卷），中国文史出版社1997年版。

13. 吴云、李春台：《贾谊集校注》，中州古籍出版社1989年版。

14. 苏舆撰：《春秋繁露义证》，中华书局1992年版。

15. 皮锡瑞著：《经学历史》，中华书局1981年版。

16. 顾炎武著，黄汝成集释：《日知录集释》，岳麓书社1996年版。

17. 钱大昕著：《十驾斋养新录》，上海书店出版社1983年版。

18. 蒋伯潜著：《十三经概论》，上海古籍出版社1983年版。

19. 蒋伯潜著：《诸子通考》，浙江古籍出版社1985年版。

20. 郑良树著：《竹简帛书论文集》，中华书局1982年版。

21. 《战国纵横家书》（马王堆汉墓帛书），文物出版社1976年版。

22. 康殷释辑：《文字源流浅说》，荣宝斋出版社1979年版。

23. 梁漱溟著：《孔子学说的重光》，中国广播电视出版社1995年版。
24. 钱钟书著：《管锥编》（四册），中华书局1979年版。
25. 顾颉刚编著：《古史辨》（七册），上海古籍出版社1982年版。
26. 顾颉刚著：《顾颉刚古史论文集》（1、2），中华书局1988年版。
27. 顾颉刚著：《秦汉方士与儒生》，上海古籍出版社1998年版。
28. 顾颉刚著：《汉代学术史略》，东方出版社1996年版。
29. 郭沫若著：《青铜时代》，人民出版社1954年版。
30. 郭沫若著：《十批判书》，东方出版社1996年版。
31. 杨东莼著：《中国学术史讲话》，东方出版社1996年版。
32. 丁山著：《中国古代宗教与神话考》，上海文艺出版社1988年影印。
33. 刘泽华编著：《中国政治思想史》（三卷），浙江人民出版社1996年版。
34. 刘泽华主编：《中国传统政治思维》，吉林教育出版社1991年版。
35. 刘泽华著：《中国传统政治思想反思》，三联书店1987年版。
36. 顾准著：《顾准文集》，贵州人民出版社1994年版。
37. 何兹全著：《中国古代社会》，河南人民出版社1991年版。
38. 何兹全著：《中国文化六讲》，（台）清华大学人文社会学院思想文化史研究室。
39. 柳诒徵编著：《中国文化史》（上、下），东方出版中心1996年版。
40. 吕思勉著：《先秦学术概论》，东方出版中心1996年版。
41. 钱穆著：《国学概论》，商务印书馆1997年版。
42. 钱穆著：《国史大纲》（上、下），商务印书馆1997年版。
43. 钱穆著：《中国文化史导论》，商务印书馆1998年版。
44. 杨幼炯著：《中国政治思想史》，商务印书馆1988年版。
45. 童书业著：《先秦七子思想研究》，齐鲁书社1982年版。

46. 林剑鸣著：《秦史稿》，上海人民出版社1981年版。

47. 张光直著：《中国青铜时代》，三联书店1999年版。

48. 曹聚仁著：《中国学术思想史随笔》，三联书店1986年版。

49. 金春峰著：《汉代思想史》，中国社会科学出版社1997年版。

50. 王利器著：《晓传书斋集》，华东师范大学出版社1997年版。

51. 刘起釪著：《古史续辨》，中国社会科学出版社1991年版。

52. 许思园著：《中西文化回眸》，华东师范大学出版社1997年版。

53. 张岱年著：《中国哲学大纲》，中国社会科学出版社1982年版。

54. 张岱年著：《玄儒评林》，湖南人民出版社1985年版。

55. 林毓生著：《热烈与冷静》，上海文艺出版社1998年版。

56. 李学勤著：《失落的文明》，上海文艺出版社1998年版。

57. 李学勤著：《走出疑古时代》，辽宁大学出版社1997年版。

58. 杜维明著：《一阳来复》，上海文艺出版社1998年版。

59. 萧蓮父著：《吹沙纪程》，上海文艺出版社1998年版。

60. 余英时著：《论士衡史》，上海文艺出版社1998年版。

61. 程千帆著：《俭腹抄》，上海文艺出版社1998年版。

62. 钟肇鹏著：《谶纬论略》，辽宁教育出版社1991年版。

63. 余英时著：《士与中国文化》，上海人民出版社1987年版。

64. 刘宗贤、谢祥皓著：《中国儒学》，四川人民出版社1993年版。

65. 邵鸿著：《商品经济与战国社会变迁》，江西人民出版社1995年版。

66. 阎步克著：《士大夫演生史稿》，北京大学出版社1996年版。

67. 李泽厚著：《中国古代思想史论》，人民出版社1986年版。

68. 方克立、郑家栋主编：《现代新儒家人物与著作》，南开大学出版社1995年版。

69. 郑家栋著：《现代新儒学概论》，广西人民出版社1990年版。

70.《儒家思想与未来社会》（上海复旦大学国际儒学讨论会论文集），上海人民出版社1991年版。

71. 冷德熙著：《超越神话——纬书政治神话研究》，东方出版社1996年版。

72. 陈来著：《古代宗教与伦理——儒家思想的根源》，三联书店1996年版。

73. 张荣明著：《殷周政治与宗教》，（台）中华发展基金管理委员会与五南图书出版公司联合出版，1997年。

74. 杨阳：《王权的图腾化——政教合一与中国社会》，浙江人民出版社2000年版。

75. 陈学凯著：《正统论与革命观——中国传统政治文化的调节机制》，陕西人民出版社1998年版。

76. 王文亮著：《中国圣人论》，中国社会科学出版社1993年版。

77. 杨念群著：《儒学地域化的近代形态——三大知识群体互动的比较研究》，三联书店1997年版。

78.［德］马克斯·韦伯著：《儒教与道教》，江苏人民出版社1997年版。